你不了解的邮的美钞史

王智 著

辽宁人民出版社

© 王智　2023

图书在版编目（CIP）数据

你不了解的东汉史 / 王智著 . —沈阳：辽宁人民
出版社，2023.8
ISBN 978-7-205-10733-8

Ⅰ . ①你… Ⅱ . ①王… Ⅲ . ①中国历史—东汉时代—
通俗读物 Ⅳ . ① K234.209

中国国家版本馆 CIP 数据核字（2023）第 050081 号

出版发行：辽宁人民出版社
　　　　　　地址：沈阳市和平区十一纬路 25 号　邮编：110003
　　　　　　电话：024-23284191（发行部）　024-23284304（办公室）
　　　　　　http：//www.lnpph.com.cn
印　　　刷：北京长宁印刷有限公司天津分公司
幅面尺寸：170mm×240mm
印　　张：22
字　　数：290 千字
出版时间：2023 年 8 月第 1 版
印刷时间：2023 年 8 月第 1 次印刷
责任编辑：赵维宁
封面设计：乐　翁
版式设计：一诺设计
责任校对：冯　莹
书　　号：ISBN 978-7-205-10733-8
定　　价：59.80 元

序　言

纵观中国历史，如果一位帝王生活俭朴，为人谦逊，礼敬士人，治国有方，他应该算是一位合格的君主了；如果他还能征善战，多谋善断，用人得当，起兵平定天下，却不贪恋军功，那么他已经可以称得上一代英主了；如果他再是个幽默风趣、忠厚宽容、重情重义的人，那已近乎完美。然而我们今天要介绍的王朝的核心主角，除了拥有上述的功绩之外，还深爱着他的妻子，他在少年时喜欢上的邻家姑娘，最后成为陪伴他一生的皇后，这个人就是光武帝刘秀。

刘秀出生在西汉末年，在他少年时，王莽当政，朝堂中充斥着各种玩弄谶语的儒生和伪君子。后来王莽篡汉，刘秀在天凤年间，进京学习了《尚书》。在京城中，他开阔了眼界，也结交了许多朋友。当执金吾骑着高头大马在长安街头呼啸而过时，刘秀十分羡慕，又想起自己远在家乡的心上人，不禁脱口而出："仕宦当作执金吾，娶妻当得阴丽华。"

阴丽华是刘秀少年时期的梦中情人，也是后来母仪天下的皇后。虽然后来阴氏家族也权倾一时，但他们却低调谦逊，从阴识到阴兴、阴就，都对自己的身份非常敏感，因为天下人已经被王莽搞怕了，生怕再出现一个外戚，将天下带入混乱之中，就像之前的西汉那样。

所以从这个意义上说，刘秀建立的东汉并不是一个新的王朝，而是西汉的另一个版本。因此他带来的复兴被称作"光武中兴"，有人认为"中兴"即是"仲兴"，也就是第二次复兴的意思。刘秀在位33年，是东汉在位时间最久的皇帝，他活了62岁，也是东汉最长寿的皇帝，从古到今，几乎没有人说过他的"坏话"，毛主席称赞他是"最有学问、最会打仗、最会用人的皇帝"。但上天似乎把所有的眷顾都给了他，却忘记了刘秀的子孙们。

如果把所有登上皇位的东汉皇帝都算上，整个东汉一共传了8世共14帝，享国195年。这其中末代的汉献帝是董卓所立，最后禅让给曹丕，在东汉末年的动荡局面之中，根本没有实权，剩下的13位皇帝中，在位不足一年的皇帝就有5人，这5人中（后）少帝刘辩被董卓逼死，质帝刘缵被梁冀毒死，剩下3人都是襁褓中的婴孩，其余的皇帝，除去刘秀，即位时超过18岁的只有明、章二帝，而这其中，汉明帝刘庄活了48岁，剩下的皇帝则都没有活过36岁。

皇帝短命是东汉的梦魇。按照宗法制度，皇位的继承人不能是死去皇帝的长辈，这也就决定了，一旦皇帝英年早逝，甚至在襁褓中夭折，继位者很难是一位成熟稳健的天子，很大概率还会是一个小孩。主幼国疑则需要太后辅政，所以东汉临朝称制的太后有6位之多，其中汉和帝的皇后邓绥，执掌朝政长达16年。

东汉开国之初，所有人都对王莽乱政的教训记忆犹新，所以外戚集团大多选择避嫌，自我约束，低调行事，刘秀的皇后阴氏和明帝的皇后马氏都主动退让，甚至马皇后还多次压制自己的几位兄弟封侯。可等到汉章帝33岁去世，9岁的汉和帝继位时，窦太后便临朝听政，同时任用自己的兄弟窦宪为大将军。于是"潘多拉的魔盒"开启，外戚在消停了几十年之后，又重新回到了汉朝的权力中心。

严格意义上说，东汉的外戚干政并没有使帝国崩塌，相反，除了"混世魔王"梁冀以外，无论是窦宪、邓骘，还是后来的窦武，在历史上还都有着不错的名声，建立过许多被后人称颂的功勋。其中，窦宪北击匈奴，燕然勒铭，解决了困扰汉朝几百年的匈奴问题；邓骘虽说与羌人作战失利，但他在任期间，选贤举能，确实为朝廷做了许多好事，被称为"关西孔子"的杨震就是被邓骘推荐到朝廷为官的；而窦武更是清流士人的领袖，在天下广有才名，可以说正是几位外戚撑起了东汉中期的朝政，可这些外戚，最终还是败在了逐渐长大的皇帝和皇帝的亲信手里。

皇帝最重要的亲信便是宦官。如果说西汉的石显担任中书令，只是钻了制度空子的话，那么东汉的宦官则是朝廷中一股不容忽视的力量。永元十四年（102），汉和帝将帮助自己解决窦宪一党的宦官郑众封为鄛乡侯，这是中国历史上第一个被封侯的宦官，从此之后，宦官正式登上了东汉的历史舞台。之后，汉顺帝在宦官的拥立下登上皇位，汉桓帝与宦官在厕所中密谋杀死大将军梁冀，汉灵帝时期更是出现了"十常侍"乱政的局面，宦官成为东汉中后期朝政的主角，所以诸葛亮才会说："亲小人，远贤臣，此后汉所以倾颓也。"可如果真的站在皇帝的角度来说，当自己的母亲都无法信任的时候，或许只有宦官才是他们的救命稻草。

不过桓帝、灵帝所带来的一切混乱，都随着东汉末年外戚与宦官的一场大火并而灰飞烟灭。外戚与宦官玉石俱焚，最终是在西北靠镇压西羌叛乱起家的军阀董卓占据了京城，之后天下便开启了"合久必分"的大趋势，虽然汉献帝刘协在位长达31年，但东汉王朝此时早已名存实亡了。

从刘秀平定天下，光复汉室，到董卓进京，杀少帝，卧龙床，东汉的历史虽说"高开低走"，但仍然英雄辈出。汉明帝刘庄命人绘制的"云台二十八将"，各领风骚，才华横溢，戊校尉耿恭独守西域疏勒城，最后战斗到只剩13名壮士，仍强入玉门关；定远侯班超几乎以一己之力，重振西域都护府，他的儿子班勇则在朝堂上据理力争，陈述利害，终于第三次打通西域通道……无数的东汉英雄，等着你到故事发生的现场，轻轻抚去他们脸上的封尘。

历史是属于成年人的故事。当你翻开东汉这一页时，你会看到光武大帝波澜壮阔的一生，也会看到汉朝与匈奴的最后决战，以及来自西域的纷争，最后，眼看着王朝末路时荒唐的众生世相——外戚干政、宦官专权、党锢之祸、黄巾之乱，所有的忠臣与奸佞，英雄与小人，流民与权贵，都消失在历史的尘埃之中。当你翻过这一页，历史对我们之中的绝大多数人来说，都像是电影结束时，片刻沉默后的一声叹息。这一声叹息，包含着我们对于这一篇章的种种礼赞和敬畏，也带给我们在面对未来时笃定的决心。

目　录

楔　子

西汉平帝元始二年（2），也就是王莽复出称"安汉公"的第二年，大汉王朝进行了一次非常仔细的户口调查，得到的户口数是12233062，总共有人口59594978人（《汉书·地理志》）。这个数字是相当精确而惊人的，因为在汉代的税法当中，人口税要比土地税高得多，汉文帝时，土地税仅为产出的1/30，就算到了王莽时期，也仅仅是1/10，而人口税则包括口钱、算赋甚至更赋，等等。因此，人口数量就意味着经济来源，少报瞒报人口能获得巨大的经济利益。在这种情况下，这样的数字至少说明了一个问题——哪怕到了西汉末年，在许多矛盾已经非常突出的时候，整个社会应该还是相对安定的，百姓都被固定在土地上，成为西汉"编户齐民"的一分子，这些人能为国家带来比较稳定而丰厚的财政收入，维持帝国的有效运转。

可是，就在短短的20年以后，在王莽的新朝末期，这一数字变成了3500万左右，也就是说，整个国家的人口数量下降了42%。要知道，这还没有算上后来绿林与赤眉等军阀混战带来的杀戮与破坏。那么我们不禁要问，如此大规模的人口减少是什么原因导致的呢？

答案很简单，是西汉末年的自然灾害和社会动乱。当然，很多自然灾害是无法避免的，但对自然灾害的应对不当，才是让百姓流离失所的重要原因。而诸多的社会动乱则基本都是由王莽的改革造成的，整个东汉前期，光武帝、明帝、章帝三位优秀的君主所做的主要工作，就是对王莽改革的拨乱反正，让大汉王朝重新回到原本的轨道上来，同时，造成后来东汉帝国衰亡的原因，我们也能从王莽的仕途经历中管窥一二。

王莽的身份是外戚。

他的姑姑王政君是汉元帝刘奭的皇后、汉成帝刘骜的母亲。在汉元帝去世以后，成帝即位，封自己的大舅王凤做了大司马、大将军，领尚书事。之后，王凤排挤掉其他几家外戚，成帝也在皇太后的授意下，将自己健在的五个舅舅全部封侯，不仅如此，在此后他在位的 25 年中，由于皇太后的关系，王氏家族始终担任大司马，总揽朝政。也就在这一时期，王莽一步步走上了历史舞台，并最终在汉成帝去世的前一年，坐上了大司马的位置。

不过王莽还没来得及得意，成帝就在一天早上起床更衣时突然驾崩了。史书记载，汉成帝在起床更衣时，衣服滑落，无法说话，再宣太医已经无济于事。从今天看，这应该是中风的症状。接下来，在汉哀帝在位的 6 年之中，王莽先是被免去了大司马等实权职务，在京城闲居了一段时间。后来，干脆被哀帝遣送回了他的封地新都，但此时的王莽表现得谨小慎微，诚惶诚恐，在家闭门谢客，继续为天下表演着自己"圣贤"的人设。

就在王莽回到新都这一年的十二月初六，兖州陈留郡济阳县县令刘钦的妻子生了一个儿子，生产时有赤光照亮了产房。刘钦忽然想起，秋天时，自己的房前长出了三株嘉禾，每一株上都有九个谷穗，比一般的粟要长一二尺，刘钦很高兴，于是给自己的这第三个儿子取名叫"秀"。这一年，王莽刚好 40 岁，一直到死的那天，他都不知道这个孩子将会成为后来中兴汉室的光武大帝。此刻，不惑之年的王莽想的，只是如何让大家看到，他是一个多么仁慈和遵守纲常的人。

在他赋闲在新都的这三年期间，有一次他的二儿子王获杀死了一个奴婢，王莽非常生气，斥责了他，并责令王获自杀。这一行为成为天下美谈，人们都说，新都侯王莽真是一个了不起的"圣人"，朝野内外为他上书鸣冤的多达一百多人，最终在元寿元年（前2），汉哀帝还是把王莽召回了京城，只是没有任命什么有实权的官职。

元寿二年（前1），哀帝驾崩，太皇太后王政君得到消息，当天就驾临未央宫，收走了皇帝的玉玺、绶带。并召见哀帝的男宠——大司马董贤，询问他关于哀帝国丧的安排。董贤内心忧惧，不能回答，只有脱下官帽谢罪。太皇太后说："新都侯王莽，先前曾以大司马身份，办理过先帝的丧事，熟悉旧例，我命他来辅佐你。"六神无主的董贤连忙答应。王莽就这样迎来了第二次出场，只是这次的王莽，不再只是王氏外戚领袖的接任者，而是成了辅佐幼帝铲除奸佞的"再世周公"。

元始元年（1），仿照周武王弟弟姬旦"以周为号"称"周公"的故例，王莽获封"安汉公"；元始四年（4），有人上书，称"商伊尹为阿衡，周公为太宰"，所以王莽又加上了"宰衡"这一尊号，位列诸侯王之上；元始五年（5），14岁的汉平帝刘衎不明不白地死了，王莽没有拥立新君，而是册封一个小孩刘婴为太子，50岁的王莽称"假皇帝"，代行政令。

这一时期的天下，"祥瑞"不断，有外邦藩属国进贡了犀牛和白色野鸡；有人在挖井时挖出了一块上圆下方的白色石头，上面写着"告安汉公莽为皇帝"；有一个叫哀章的学生献上两个铜柜子，里面写了王莽是真天子，还写明王莽的大臣四辅、三公、四将军共11人的名字（包括哀章自己）。于是，王莽到高祖刘邦的庙前祭拜，接受了象征"天命"的铜柜。然后戴上王冠，晋见太皇太后，回来便坐在了未央宫前殿的宝座上。

一个新的王朝似乎就要开始了。

第一章

王莽改制

在王莽登上皇帝宝座之前，还发生了这么一件事：王莽之前做"假皇帝"时，由于平帝新丧，天子的传国玺一直保存在长乐宫太皇太后王政君的手里。等到王莽即位，向太皇太后请玺，太皇太后不肯给。于是王莽让安阳侯王舜去当说客。王舜是王家外戚第二代大司马王音的儿子，为人一向谨慎恭敬，太皇太后很喜欢他。

王舜见到了太皇太后，太皇太后知道他是为王莽索求玉玺，大声地怒骂他说："你们这些人的父子宗族，承蒙汉室的力量，累世富贵，不但没有回报，反而趁着人家托孤的机会夺取人家的天下，全然不顾之前的恩义，像这样的人，连猪狗都不吃他吃剩的东西，天下还有你们兄弟这样的人吗？而且你们自己用铜柜里面的策命来当新皇帝，改换正朔和服饰制度，也应该自己另刻玉玺，让它传到万世，用这个不祥的亡国之玺做甚，为什么非要得到它？我是汉朝的老寡妇，不久之后就要死了，我要将这个玉玺带进棺材里，你们休想得到它！"太皇太后边说边哭，周围的侍从都跟着流泪，王舜也跟着哭，过了很久，王舜才抬头对太皇太后说："我们已经无话可说，王莽一定要得到传国玺，最后太皇太后难道能不给他吗？"这时的王政君已经80岁了，她看王舜这个平素里自己最喜欢的晚辈如此恳切，也害怕王莽用暴力相威胁，于是一下把传国玺扔在了地上，对王舜说："我老了，也要死了，你们兄弟终究会被灭族的！"

这件事情在《汉书》《资治通鉴》等几部重要的史书中都有记载，不知大家通过王政君的话想到了一些什么？据说这传国玺是和氏璧所做（当然现在有学者认为这是不可能的，因为所谓"璧"应该是很薄的一种玉器，这传国玺很明显得有一定的厚度，二者在形制上并不相符），上面是李斯用篆书写的"受命于天，既寿永昌"8个字，经王老太后这么一摔，缺了一个角，不过王莽得到之后，还是爱不释手，让人用一块黄金把缺角补上，因此，后世也把它称为"金镶玉玺"。可是，王莽为什么非要得到这"传国玉玺"？这个问题是大家理解整个汉代许多事情的基础，也是从汉武帝到曹操，大家都试图说清楚的问题。

一、皇帝为什么是皇帝

我们这片土地的王朝更替始终存在着一个合法性的问题。据说大禹治水的时候，曾经铸过九只鼎，象征九州，同时也就象征天下，一个王朝失德，鼎就会离开他们，也就表示"天命"离开了他们。商替代夏，是因为夏桀无道，而周替代商，同样是因为商朝出现了一个暴君纣王，这些都是导致"天命"改变的原因，相反，春秋时期的霸主楚庄王去向周王问"鼎之大小轻重"，周王的大臣王孙满回答了一句"在德不在鼎"，就让楚庄王明白，周王室的"天命"未尽，鼎的轻重是不可以问的。

战国末年，七雄混战，"九鼎"不知所终。秦始皇依靠法家，统一六国，建立秦朝。之后，他发明了"皇帝"这个称呼。一般来说，我们认为这个称呼来自"三皇五帝"——赢政认为自己建立了超过"三皇五帝"的统治。另外，他废除了周公以来的"谥法"，称自己为始皇帝，以后二世而至于无穷。也正是秦始皇刻了这枚"传国玉玺"，上面的文字前半部分叫"受命于天"，这表示自己的政权合法性来源于上天，因此，也有学者认为"皇帝"是"煌煌天帝"的意思；而后半部分"既寿永昌"则表示秦朝会国运长久，永远昌盛。

后来，在秦末农民起义的过程中，刘邦先入关中，秦王子婴杀掉了权臣赵高，捧着玉玺出降，于是，刘邦得到了它，并且在建国之后，把它称为汉传国玺，带在腰间。从此，在汉朝，这块玉玺就开始变成了新的"九鼎"，成为君王合法性的象征。

西汉的建立者刘邦推翻了秦朝，打败了项羽，但他不是贵族，和他一同起兵夺取天下的，也大多不是贵族。如果大家翻看汉初功臣的传记会发现，绝大多数人只有名没有字，更没有显赫的先祖，大家都是老百姓出身，因此，汉初的功臣们被称为"布衣将相"。他们继承了秦的制度，甚至秦的信仰——直到元帝时，国家还在祭祀"雍五畤"（秦旧都雍城附近的五处神祇）。

可随着政局的稳定和西汉王朝的逐渐强大，除了这枚玉玺，汉朝皇帝们还必须要给自家的政权找到一个合法性——为什么天下是刘家的，且必须是刘家的。于是许多儒生开动脑筋，找到了答案。这个过程非常复杂，我们只说结论，那就是——汉朝刘氏原来是古圣贤王陶唐氏的后代，也就是尧的后人，因此，刘氏先祖是尧，汉朝也就有了执政的合法性。到了王莽掌权时，如果想要接受禅让，他自己就必须自称是舜的后代，只有这样，一切才能顺理成章。

我们再说回到传国玺，对于王莽来说，传国玺意味着自己是从刘氏手中合法地接受了"江山社稷"。大家别忘了，王莽不是军阀，他在整个"篡汉"的过程中，几乎没有大规模地利用过军事力量逼迫朝臣。王莽用的办法基本可以总结为表演和忽悠，在人设上，扮演一个谦卑恭谨的形象，以退为进，欲擒故纵；在天命上，靠装神弄鬼地忽悠和手下人逢迎式地进献"祥瑞"，蒙蔽太皇太后，欺骗百姓。

他成功了。可是当王莽真的坐到了皇帝的宝座上，他发现，一切才刚刚开始。他所利用的儒生，都在盯着他，看他如何恢复周礼上那个"乌托邦"

式的制度，如何拯救黎民于水火之中，如何让四夷宾服，让寰宇称颂。

王莽出手了，但他的改革从结果上看，毫无疑问是失败的，而且不是简单的失败，改革所造成的后果，让东汉用了近100年的时间来弥补。以至于他的改革被有的人称为"穿越者的革命"。

那么，王莽究竟做了什么呢？

二、改制迷思

既然王莽接受了汉朝的"禅让"。那毫无疑问，王莽为了表示自己已经得到了"天命"的认可，就必须回应自己的"天命"。所以第一步，王莽先按照之前哀章献上的铜柜子里的策命任命了自己的朝廷重臣。

四辅：

> 王舜为太师，封安新公；
>
> 平晏为太傅，封就新公；
>
> 刘歆为国师，封嘉新公；
>
> 哀章为国将，封美新公。

这"四辅"之中，太师和太傅都是根据周礼设置的"复古"职位。之前的整个西汉王朝，只有与王莽合作的孔光担任过这两个职位，而国师和国将这两个职位则是新增的，其中刘歆是王莽的首席顾问；这个哀章啥也不是，就是他进献的铜柜子，他的名字是自己写上去的。

三公：

> 甄邯为大司马，为承新公；
>
> 王寻为大司徒，封章新公；
>
> 王邑为大司空，封隆新公。

"三公"官职最早见于周礼，但职位名称并不相同。汉初基本沿用了秦的官制，继承了秦朝丞相、太尉、御史大夫的"三公"设定，太尉一职在汉武帝时被废止，改为大司马，丞相和御史大夫在汉哀帝时改名为大司徒和大司空。虽然三公地位尊贵，但实际上，汉武帝时期设置了"内朝"以后，这几个职位只有加上"录尚书事"才能出入宫廷，处理政务。

四将：

> 甄丰为更始将军，封广新公；
>
> 王兴为卫将军，封奉新公；
>
> 孙建为立国将军，封成新公；
>
> 王盛为前将军，封崇新公。

这四位当中，值得注意的是王兴和王盛，他俩的名字是哀章在写策文时瞎编的，明显取了"王氏兴盛"这个寓意，但王莽坚持认为，既然策文如此，必定是上天的安排，冥冥之中，一定有这么两个人，等待着自己去任命。于是下令派人寻找，结果找到一个看城门的小吏名叫王兴，又发现一名卖汤饼的小商贩名叫王盛，就这样，王莽依据"天命"，将二人都封为将军，赐予爵位。由此，新王朝的最高权力机构形成了。

除了任命班子成员，王莽还根据周礼，对官名做了一番修改，举几个例子，刘秀最羡慕的官职执金吾，被改名为"奋武"；卫尉改名为"太卫"；县令和县长改称"宰"；等等。这还不算完，朝廷还进行了一系列地名的更改，比如，西汉的首都地区被称为"三辅"，分别为京兆尹、左冯翊、右扶风三郡，其中京兆尹下辖 12 个县，其中 5 个县改名如下：

长安，王莽曰常安；新丰，王莽曰船利；华阴，王莽曰华坛；霸陵，王莽曰水章也；杜陵，王莽曰饶安。

如此大规模、一次性地改变原有的地名，在中国历史上十分罕见，甚至出现了一个地方被改名 5 次的情况。到后来，连王莽发的圣旨公文，都要在地名后面标注原来的名字，不然就会出现不知所云的情况。这样的随意改名，除了造成国家行政上的混乱以外，没有任何的实际作用。

其实在改这些地名之前，王莽早在汉平帝还活着的时候，就大规模地改变了国家的行政区划，虽然还是州、郡、县三级管理，但除了"州"由 13 个改为符合《尚书》的"九州"，有所减少之外，郡、县的数量都增加了 50%，以至于后来官员的俸禄开销暴涨。于是王莽下令，削减了官员们的俸禄，这样一来，造成国家腐败横行，百姓的负担更加沉重。

地名部分的改革大多数是为了刻舟求剑地照搬周礼的内容，而且这些地名本身也并未被当时的人全面接受，甚至连新朝内部，都有许多人对此感到迷惑，对于后来的东汉王朝来说，改正它并不困难，只需几道政令，一切就还是跟原来一样。但接下来的部分就不一样了。

在王莽的所有改革之中，最为神秘，也最让人困惑的就是他对于西汉币制的改革。因为，币制改革在当时看起来是完全没有必要的。汉武帝元狩四年（前 119）推出的五铢钱，是汉朝之前使用的一系列货币失败之后，找到的一种相对比较合理的货币，在金属货币的年代，钱币的面值能不能稳定，就看钱币的质量和重量。质量好的钱，既有利于保值，也更容易流通。足重的五铢钱大约为 4 克，这一时期的古希腊的钱币德拉克马、古罗马的钱币第纳尔，差不多也都是 4 克重，这就说明，这个重量其实是符合这一时期的经济发展水平的，因此，五铢钱从它被铸造以来，流通了将近 700 年。直到唐初才被"开元通宝"取代。

可是，王莽对这样稳定的货币制度，先后进行了四次改革。

第一次货币改革发生在王莽做"假皇帝"的第二年，王莽在五月间，发行了三种货币：错刀，一枚值5000钱，这是中国历史上唯一用上了错金银工艺的货币，东汉张衡就曾经写诗说："美人赠我金错刀，何以报之英琼瑶。"据说两把金错刀就能抵黄金1斤；契刀，一枚值500钱；大钱，重12铢，一枚值50钱。这三种钱跟五铢钱同时流通。这就带来一个大问题——面值和重量不对等，一枚大钱可以换50个五铢钱，重量却只相当于2.4个五铢钱。在西汉末年，老百姓很穷，这中间的差价让很多人铤而走险，民间有很多人私铸货币。同时，王莽下了一条禁令，自列侯以下不准私藏黄金，交给官府可以得到相应的货币赔偿，但事实上，很多人交了黄金，朝廷却根本没有发过一分钱给大家。所以《汉书》上，紧接着就记载了东郡太守翟义造反的事件。

第二次货币改革的原因很明确，新朝始建国元年（7），王莽废除了刀币，因为"刘"这个字是由卯、金、刀三个部分组成，所以，王莽认为刀币是汉朝刘家的钱币，新朝应该废止。于是他发行了一种重1铢的小钱，让它和之前的大钱并用，但小钱和大钱还是存在重量与面值不相符的问题。重量上大钱1枚等于12枚小钱，面值却等于50个小钱，所以社会上还是不断地出现把小钱铸成大钱，从中获取利润的情况。所以朝廷为了防止人们将大钱熔铸，又下令禁止民间使用铜和炭。

最让人不能理解的事发生在王莽称帝的第二年，这一年王莽施行了一次非常复杂的货币改革。在今天，我们国家有预算决算制度，有储备金，商品经济高速发展，在这样的背景之下，我国发行的通用货币无非也就2种材质（纸币和金属货币），9种面值（0.1、0.5、1、2、5、10、20、50、100），而王莽的这次改革，发行了6种材质总共28种货币，加上之前的大、小钱，一共有 30 种之多。这就造成百姓和官员们连理解不同币种之间的换算都已经是一个"不可能的任务",更不要说使这些货币能够顺利流通了。最后民众发现,还是得使用大家都认可的五铢钱。于是在 4 年之后,王莽废除了上述所有货币,发行了货泉和货布两种货币,其中货泉跟五铢钱一样,只是钱上面的字换成了"货泉";而货布的面值还是没有和重量相匹配,25 个货泉换 1 个货布,可是如果算重量,货布才是货泉的 5 倍。就这样,因为巨大的利益驱使,偷铸货币一直是新莽时代一个比较突出的社会问题。

现在的我们,已经无法确切知晓王莽改革币制的心路历程是怎样的了。但单从结果来看,王莽的货币改革对社会的破坏是巨大的,人民的财产通过一次次的货币兑换,被盘剥殆尽,而新王朝也因为反复无常的货币政策,失去了百姓的信任,由"人心厌汉"转为"人心思汉"了。可以说,货币改革,是王莽倒台的重要原因之一。

对东汉王朝来说,要想有一个良好的货币制度,必须得有一个和平稳定的社会环境。刘秀在平定了公孙述之后,在建武十五年(39)进行了一次全国的户口调查,虽然结果可以说是"不欢而散",但还是为第二年五铢钱在全国的恢复创造了条件,东汉完成对法定货币的正本清源,用了 25 年的时间。

田制的改革算是王莽诸多政策中,出发点比较好的一个。中国古代是一个农业社会,土地是所有老百姓最为关心的问题,也是一个王朝的统治真正能够行之有效的根本保障。但是,越是关系到每一个升斗小民切身利益的东西,在制定它的时候就越要小心,越要结合实际的情况,避免步子迈得太大,引起全社会的危机。那么在汉代,什么问题最能戳到老百姓的痛处呢?

答案就是土地兼并。

土地兼并问题早在西汉中期就已经出现,汉武帝时期,董仲舒就曾经说过天下已是"富者之田连阡陌,贫者无立锥之地"了。到了西汉末年的哀帝时期，朝廷曾经在大司空师丹的建议下出台过"限田令"，大体内容就是国家承认各位贵族的土地，但规定关内侯以下至普通百姓，最多可以有 30 顷土地，多余的要分给农民，有了土地还得有人种，于是有了限制奴婢的政策，诸侯王 200 名以下，列侯、公主 100 名以下，关内侯以下最多 30 人，但同时还规定了 60 岁以上和 10 岁以下的不计入其中。

跟我们的"天才"王莽先生的改革比起来，这个政策看起来是如此的温和，然而，它并没有什么用，首先带头破坏规定的就是皇帝的母亲丁氏和抚养哀帝长大的傅氏，以及她们身后的外戚老爷们，甚至连汉哀帝自己都不遵守，一次封赏给自己的"爱人"董贤的土地，就远超过以上的限额，这次限田也就基本上名存实亡了。

王莽会怎么做呢？就像之前封官改名一样，他翻开了《周礼》，或许是领会了"溥天之下，莫非王土；率土之滨，莫非王臣"的精神要义，王莽下令，将天下的土地全部划为"王田"，将奴婢改为私属。再把天下王田划为"井田"，有 8 个男丁以下的，每户最多不超过"一井"土地，超过的部分要分给亲戚朋友——周公扮演者王莽同志向往西周的"井田制"，因此将 900 亩地分成 9 份，即每个男丁 100 亩。针对土地兼并问题，王莽直接动用雷霆手段，下令：不准买卖！凡是敢于非议中伤"王田制"，妖言惑众的，一律流放。

这就是完全脱离实际的做法，想得再好，也不可能付诸实施。大家如果没有概念，我们不妨换个角度：现在有的年轻人买不起房，而有些有钱人却住得非常宽敞，那么国家现在规定，每个人可以住 30 平方米，3 口之家最多不能超过 90 平方米，剩下的面积要分给亲戚或者住房面积不够的邻居。凡是有异议的，一律抓起来。大家想想，不管这个法令的出发点是什么，它能实施得了吗？不可能，因为这违反人性。更何况"王田制"改革中，国家连基本的前提都不具备——天下根本没有那么多土地——历代学者研究的数据虽根据算法略有不同，但总体来说，这一时期中国的人均耕地面积大概就是 14 亩，根本不可能落实王莽"每人百亩"的政策。这一法令，也成了王莽改革中最先失败的，只实行了 3 年，始建国四年（12），土地买卖的禁令就被废除了。

新朝后期，因为王莽对世家大族有意或无意的打压，让这些人不得不团结起来，发动了起义，刘秀依靠这些世家大族的支持，打败了各路起义军，完成了天下的一统。虽然刘秀在封爵和赏赐方面，非常吝惜土地，可世家大族们或因军功，或因袍带，或因姻亲而崛起。让整个东汉，都没法完成对于土地的重新分配，哪怕是最有威信的光武帝刘秀。

光武帝建武十五年（39），这一时期全国的耕地面积都是各地自行申报，大多都脱离实际，并且随着时间推移，百姓的户口、年龄都有增减，数据缺失。于是刘秀下诏，令各州郡进行检查核实。问题是当初搞鬼的就是这些州刺史、郡太守。这次，他们又投机取巧，胡乱地以丈量土地为名，把农民聚集到田中，连房屋、乡里村落这些非耕地也一并丈量；同时，对待豪强，则曲意逢迎，主动帮助隐瞒。以至于百姓挡在道路上啼哭呼喊道："有的官吏优待豪强，侵害虐待贫弱的百姓。"

当时各郡派人呈递奏章，刘秀发现陈留郡上呈的简牍上有行小字，写的是："颍川、弘农可问，河南、南阳不可问。"刘秀责问陈留郡派来的官吏是怎么回事，官吏一看，知道这件事根本没办法放在明面上讨论，谁都得罪不起，于是只能强行抵赖，说简牍是他在长寿街上捡的。长寿街是东汉洛阳城里的主街，这句话基本相当于告诉皇上，这些简牍是大马路上捡的……其实这个官吏的潜台词是对于这件事我不敢说也不能说，但光武帝刘秀感觉自己受到了愚弄，于是大发雷霆。

忽然，在帐子后面传来稚嫩的声音，说："那是官吏接受的来自郡守的指令，目的是和其他郡丈量土地的情况作比较。"刘秀一听，就知道这声音来自阴丽华的儿子，当时只有 12 岁的东海公刘阳。于是，刘秀问刘阳："既然这样，为什么说河南、南阳不可问？"刘阳回答说："河南是京都洛阳的所在地，有很多陛下亲近的臣属；南阳是陛下的故乡，有很多皇亲国戚。他们的田地住宅都超过规定，不能作为标准。"刘秀之后再命虎贲中郎将与那位陈留的官吏对质，他这才据实承认，就像刘阳说的一样。因此刘秀更加喜欢刘阳，认为他不一般。一个 10 来岁的孩子，都对地方豪强的势力有这样的认识，当时天下的情况也就可想而知了。

再后来，刘秀派遣人去视察那些俸禄 2000 石的官员，主要考察他们在人口、土地方面有没有徇私枉法的行为。冬十一月，有关部门发现大司徒欧阳歙之前在做汝南太守时丈量土地作弊，得钱 1000 多万。于是大司徒被逮捕下狱。这个欧阳歙家里世代教授《尚书》，八代人是博士。得知欧阳歙被捕，他的学生、门徒守在宫门外替他求情的就有 1000 多人，有人自处髡刑（把自己剃成光头），甚至有人愿意替欧阳歙去死。但刘秀最终还是没有赦免他，之后欧阳歙死在狱中。

第二年九月，河南一位姓张的地方官和各郡太守 10 余人，都因为在丈量土地中作弊，被逮捕入狱处死。后来，刘秀很从容地对虎贲中郎将马援说："我很后悔先前杀了那些太守和国相。"马援回答说："他们的死是因为他们有罪，有什么后悔的？只是已经死了的人，就不能复生了。"

那么，刘秀解决了土地兼并的问题吗？没有，这件事后来不了了之。在整个东汉时期，土地兼并越来越严重，高门大姓的势力也越来越大。三国时的军阀几乎都是地方豪强，而他们起兵的部队，也有很多是他们做豪强时的私人部曲。最终，大汉王朝就在这样的乱局中被吞没了。

王莽的改革之所以被人说成带有某种"空想社会主义"的性质，很可能是因为"五均、六莞"这些政策。但其实，这部分的改革却不是王莽凭空想象发明的，而是汉武帝以来政策的再发展。按照王莽的将军严尤的说法，武帝时，汉朝和匈奴大战，1名士兵大概十六七天要吃一斛粮食（约120斤），运送粮食的运输队也差不多需要这个数，这么多粮食，需要用牛车来运送，1头牛大概15天需要一斛草料。这样算下来，发动一次对匈奴的战争，动员10万甚至20万人的军队，真的是一件非常费钱的事情。何况战争一旦胜利，赏赐动辄就需要数亿钱。国家的负担真的十分沉重。于是汉武帝在主父偃的建议下实行了盐铁官营制度。王莽改革中的"五均、六莞"基本就是对盐铁官营制度的"扩大化"。

"六莞"的具体做法就是把盐、铁、酒、水陆物产、采铜、物价权6个方面的事情全部由国家垄断。在长安、洛阳、临淄、邯郸、宛、成都等大城市设置"五均官"，主要负责为一些生活必需品如布帛、谷物定价，并且对价格做出调控，平抑物价。同时，朝廷为贫困的百姓提供赊贷服务，收取收入的一成作为利息，如果是因为丧葬或祭祀借贷，就不收取利息。

这项改革看似为了百姓着想，实际上各地的"五均官"基本都由大商人担任，各地官员也会利用赊贷的方式盘剥百姓。同时，百姓几乎所有的生活物资都需要从朝廷设置的地方机构购买，质量差、价格高，因此老百姓在商人和高利贷者的压迫下苦不堪言。

除了对内推出了一系列改革之外，王莽还在对外政策上开始瞎折腾，搅得"四邻不安"。方式也一样，就是一切要符合周礼的教导。既然自己当了皇帝，贵为天子，那么自然要让原来的刘姓贵族都俯首称臣，原来他们的爵位也要改封，同时，王莽觉得"天无二日，国无二主"，对周边的民族政权也要改封。不光要改，还要降低他们的身份。

于是，新朝始建国元年（9）秋天，王莽派遣五威将王奇等12人颁42篇符命到全国。五威将坐着绘有天文图像的车子，套着6匹母马，背上插着锦鸡的羽毛，服装配饰非常奢华。每一位五威将下面又设置五帅。五威将手执符节，五帅举着旗幡，东行的到玄菟、乐浪、高句丽、夫余（今辽宁部分地区）；南行的到边塞之外，经过益州郡，把句町（今云南、贵州、四川三省的交界地带）王改为句町侯；西行的到西域（今新疆维吾尔自治区部分地区），把各国国王都改为侯爵；北行的到匈奴王庭（今蒙古高原地区），授予单于印信，更改了汉朝印信的文字，去掉"玺"，改称"章"。

因为根据周礼，只有天子能称"玺"，诸侯王只能称"章"。此事对王莽很重要，因为这关系到他是否能践行周礼，做一位圣主。但这件事本身引起的政治影响十分糟糕，特别是破坏了自汉宣帝以来，依靠昭君出塞，好不容易建立起来的稳定的"汉匈关系"。

就在王莽的改革搅得四邻不安的时候，给王氏一族带来无上荣耀的文母皇太后王政君去世了，享年84岁，最后王政君还是与汉元帝合葬在一起。也是在这一年，匈奴势力进入西域，西域各国由于王莽长期没有恩惠，又不讲信用，焉耆国首先背叛，杀死了西域都护但钦。这次背叛不但加速了王莽政权的灭亡，还使得已经臣服汉朝近70年的西域逐渐脱离了中原王朝的统治，而东汉王朝重新靠班超征服西域，已经是60年以后的事情了。

三、人心思汉

在王莽做皇帝的第七年，发生了一件怪事，民间传言说有一条黄龙在黄山宫中摔死了，老百姓奔走相告，据说看热闹的就有上万人。这件事即使是我们现在的人来看，也知道不吉利，像王莽这样迷信的人自然感到非常厌恶。于是他派人抓了一些人，调查这个谣言到底是从何而起，但是没能找到。司马光在编写《资治通鉴》的时候，把这件事放在了第38卷的卷首，很有深意，上面我们提到的王莽主要的改革措施，在这时候都已经推出并且实行了一段时间，乱象也逐渐开始显现。

可是王莽并不觉得自己的改革有什么问题。相反，他认为制度一经确定，那么天下自然太平，所以王莽日夜都在思考划分地域、制定礼仪等问题，重点在于，其中的每一项制度，都要讲求符合"六经"的说法。于是你在新莽的天凤二年（15），会看到这样的景象：

各位公卿大臣每天早晨上朝，傍晚退朝，成天陪着王莽议论，各位儒生纷纷登场陈述，却始终无法决断。没有人有时间处理积累的讼案和那些百姓迫切需要解决的问题。县里缺少长官，往往派人代理，一代就是几年，各种贪赃枉法的行为，一日甚于一日。派驻到郡和封国的中郎将以及那些穿绣裹缇的执法者，纷纷利用手里的权势，互相检举弹劾。郡县官府征收赋税和财物，层层贿赂，是非不分，前往朝廷申诉冤苦的人一拨又一拨，可是根本没有人理他们。

王莽自己知道从前是因为专权而取得了汉家天下，所以朝政总想事必躬亲，官员们只按既定的政令办事，来保证自己不承担责任。全国各地的珍宝库、国库和钱谷，都掌握在宦官手里；官吏和平民的上书，都由宦官和王莽的左右侍从拆开，连尚书们都没有见过。这就是王莽提防臣下的办法。可是偏偏王莽又喜欢改变制度，本来应该正常执行的，却总要考察相关人员后才交其办理，前面的事情没有完，后面的事情又追了上来，导致政令繁多，没完没了。

王莽时常在灯光下办公，直到天亮都难以办完。尚书就趁机捣鬼，把不想让王莽知道的事耽搁下来，奏报后等待回复的人多年无法离去，被关押在郡县监狱里的人要等到大赦才能被释放，京城卫戍士兵值班不能轮换，甚至达到3年之久。谷价常常很贵，边疆的军队20多万人仰仗郡县官府供应吃穿。五原郡和代郡尤其严重，有的人成为盗贼，几千人成群结伙，转到邻近各郡骚扰百姓。王莽派遣捕盗将军孔仁率领军队会同地方官兵联合出击，经过一年多才将盗贼平定。

这时天下的百姓，已经对这个政权失望透顶，大家想着虽然原来的生活也不容易，但眼看着现在的乱局，国家千疮百孔，人民流离失所，也就不难理解天下为何"人心思汉"了。

所以，天下还是刘家的，在王莽40岁时，在济阳县（今河南省开封市兰考县）出生的小男孩刘秀，就要走上历史的舞台了。

第二章

皇族之血

汉平帝作为西汉最后一位皇帝，死得很蹊跷。《资治通鉴》说汉平帝是被王莽用毒酒害死的，而班固的《汉书》则说平帝是病死的。班固的姑奶奶曾经做过汉成帝的婕妤，对宫里的事情很了解。而且平帝死的时候他的父亲班彪都已经出生了，如果真的发生过这样的事儿，班家也没有道理为王莽隐瞒，因此，平帝大概是真的病死了。平帝一死，王莽就让太皇太后下诏封他做"假皇帝"，这个"假"不是真假的"假"，而是"借"的意思，也就是说王莽当的是代理皇帝，因此称为"居摄"，这一年也就是居摄元年（6）。

这一年，安众侯刘崇发动过一次小规模的叛乱。起兵前，刘崇跟封国丞相张绍商量道："安汉公王莽必定危及刘氏江山，天下人反对他，却没有人敢首先举义，这是我们皇族之耻。我愿率同族之人率先起事，四海之内定会有人响应我们。"张绍同意后，二人聚集了100多人进攻宛城——这是相当失策的，宛城可是王莽后来设立"五均官"的六座城市之一，地位相当于今天的一线城市，显然不是他们这100多人可以攻击的。果然，刘崇和张绍失败被杀。

事发之后，张绍的堂弟张竦（字伯松）和刘崇的远房伯父刘嘉都非常害怕，主动前往朝廷自首，王莽赦免了他们。于是张竦代替刘嘉写了份奏章，其中不光为王莽歌功颂德，还痛斥刘崇的罪状，并表示："愿为皇族起表率作用，父子兄弟一起背着箩筐，扛着铁锹，即刻去南阳郡，把刘崇侯府变成如猪圈一样污水横流的地方，就像古时对待反叛者一样。另外，刘崇的家庙也应一并毁掉，并将其封地分赐给诸侯，并以此为戒！"王莽非常高兴，封刘嘉做了率礼侯，刘嘉的7个儿子也都被封为关内侯。后来又封张竦为淑德侯。

甚至在当时的长安，人们流传着一句顺口溜：

欲求封，过张伯松。力战斗，不如巧为奏。

从那以后，凡是谋反的人，王莽都要下令将其房屋掘毁，变为污池。安众侯刘崇有一个族弟名叫刘宣，他知道王莽即将篡汉，他反抗的方式是"不合作"，改名换姓，抱着经书躲进了深山老林之中，等到光武帝建武初年（25），刘宣才出来，刘秀让他承袭了刘崇安众侯的爵位。在这之后，一直到绿林赤眉起义，正史中并没有关于刘姓贵族的大规模反抗。这次事件处理完毕，群臣又上报说："刘崇等人敢于造反，就是因为王莽的权力还太小。应该给王莽最尊贵的地位，让他去镇服天下。"王莽利用这个契机，巩固了自己"居摄"的地位。

居摄二年（7），成帝时宰相翟方进的小儿子东郡太守翟义也造反了。在翟义造反之前，他大哥翟宣家里总有奇怪的声响，晚上能听见哭声，但又不知道声音从哪儿来。白天翟宣给学生上课的时候，有一条狗从门外闯入，咬了院子里的几十只鹅，等到众人去救，这些鹅的脖子已被咬断了。狗跑出门就没了影。翟宣觉得不吉利，就对自己的后母说："东郡太守翟义一向不守规矩，现在家里怪事儿不断，恐怕将要大祸临头，您应该回娘家，声明跟翟家断绝关系，这样可以避祸。"

这时的翟义正在和自己的外甥陈丰密谋说："新都侯王莽称'假皇帝'，向全国发号施令，又故意在皇族中挑选一个小孩，称为孺子，假托周公辅成王的旧事，无非是想试探天下人。种种迹象表明，他一定会窃取汉家天下。现在，皇室衰微，长安以外又没有强大的封国，天下全都低眉顺眼，没有人能挽救国家于危亡之中。我翟义身为大汉宰相之子，自己又是一个大郡的郡守，父子两代蒙受大汉的恩德，有义务讨伐叛贼，让国家安定。我打算出兵向西进发，诛杀假皇帝王莽，另立皇族子弟为君。哪怕大事不成，为国捐躯，身虽埋葬，名却长存，也无愧于先帝。如今我准备举事，你愿意追随我吗？"陈丰这时只有 18 岁，勇猛强壮，热血上涌，一口答应下来。

翟义于是与东郡都尉刘宇、严乡侯刘信、刘信的弟弟武平侯刘璜几位宗室合谋，在九月阅军之际斩杀了观县县令，控制了本地的战车、骑兵、弓箭手等，再征召郡中勇士，整编军队。刘信的儿子刘匡当时是东平王，于是义军和东平国的部队合兵，拥立刘信为皇帝。翟义自称大司马、柱天大将军，通报各郡国说："王莽用毒酒害死平帝，自称假皇帝，欲夺天下，其心可诛。现在，新天子已经即位，我们应该共同代天行罚！"各郡国震动。大军抵达山阳县时，已有 10 余万人。

王莽得到消息，惊慌失措，连饭都吃不下。一口气任命亲信孙建、王邑等 7 人为将军，各自点关西之人为将，统率关东士兵，再征调各郡临时召集的军队，向翟义军发动攻击。同时，王莽又任命太仆武让为积弩将军，驻防函谷关；命将作大匠、蒙乡侯逯并为横将军，驻防武关；羲和、红休侯刘歆为扬武将军，驻防宛城。这一用兵规模，足以证明王莽是真的害怕了，他不光派出 7 路大军迎敌，还守住了函谷关和武关，以防万一诸将失败，自己也好有个退路。

三辅地区听到翟义起兵的消息，纷纷举兵响应，自茂陵以西开始，一共 23 个县一齐爆发民变。来自槐里的男子赵明、霍鸿等自称将军，攻击、焚烧官府，击杀右辅都尉及县令。他们互相谋划说："众将和精兵全部东征，京师空虚，我们可以进攻长安！"这股军队渐渐增多至 10 余万人，甚至在长安未央宫前殿就能望见火光。

王莽于是又任命卫尉王级为虎贲将军，大鸿胪、望乡侯阎迁为折冲将军，向西去攻击赵明等人。并任命常乡侯王恽为车骑将军，驻防平乐馆；骑都尉王晏为建威将军，驻防城北；城门校尉赵恢为城门将军；诸将都各自统兵，长安城于是进入战备状态。同时，王莽任命承阳侯甄邯为大将军，在高帝庙接受任命，统率全国军队，左持符节，右握斧钺，驻扎在城外。这实际是为了象征王莽的合法性。还加派王舜和甄丰昼夜在宫殿之中巡查。

各位将领忙得不亦乐乎之时，王莽每天抱着孺子婴到郊祀祭坛和宗庙祷告，集合群臣宣称："从前周成王年幼，周公代君主处理国政，管叔、蔡叔挟持禄父叛变。而今，翟义也挟持刘信作乱。连古代的大圣人周公都害怕这种事情，何况我王莽这样渺小的人呢！"群臣都附和说："不遭受这次大难，就不能展示您的圣德！"

到了冬天，十月甲子日，王莽仿效《周书》，也撰写《大诰》（是周公写的宣战书），说："当翟义造反的文书传到的那天，刘姓皇族在京师的俊杰有400人，而民众的贤者有9万男子。我谨依靠这些俊杰和贤人，保卫皇家继承人，建立伟大的功业！"这样的表演重点不在演，而在于让天下知道，所以在表演结束时，王莽派大夫桓谭等人前往全国各地，将自己会把政权归还给孺子婴的消息通告全国，以示翟义等人说的"毒死孺子婴"之类的话纯属谣言。

再说7路大军东征。这7路大军抵达陈留郡，与翟义的军队进行会战，大获全胜，斩杀了刘璜。王莽大喜，再次下诏，将车骑都尉孙贤等55人都封为列侯，就在军队中现场授予爵位，并因此大赦天下。接下来，大军在圉城围困翟义。十二月，翟义城破兵败，只好与刘信放弃军队逃亡。在逃到固始县界内时，翟义被捕，被押解到淮阳国所辖的陈县，加上翟义的大哥翟宣一共20多人都被分尸示众，只有刘信，一直都没有抓到，最后不知所终。

王邑等人回师长安，再向西与王级等人会合，共同攻击赵明、霍鸿。转年二月，赵明等人被消灭，各县秩序逐渐恢复。军队凯旋。王莽于是在白虎殿举行酒宴，慰劳和赏赐将帅。命令陈崇审核军功，排列高低。依照周朝的制度，把爵位分为五等，赐封功臣为公、侯、伯、子、男，一次就封了395

人。王莽的诏书连封爵用的都是一样的理由：

"皆以奋怒，东指西击，羌寇、蛮盗，反虏、逆贼，不得旋踵，应时殄灭，天下咸服。"

应当赐爵为关内侯的，改名附城，又封了数百人。王莽下令挖掘翟义父亲翟方进和翟氏祖先在汝南的墓坟，焚烧棺材，诛灭三族，连幼儿都不能幸免。甚至还将尸体都放进同一个大坑，掺杂荆棘跟五毒一并埋葬。又下令把翟义、赵明、霍鸿及其党羽们的尸体堆积在濮阳、无盐、圉城、槐里等地的交通要道旁边，并在尸堆上竖立木牌，上写："反虏逆贼鲸鲵。"并且这几地的官员要经常巡视，不要让这些尸体遭到破坏，以此来告诫那些造反的人。翟义等人的这次失败，让王莽开始认为自己的声威德行正在一天天兴盛，便考虑正式即位了。

在王莽开始毫不掩饰自己野心的时候，刘氏家族有人造反，有人躲避，但终究人数不多，也没有造成什么实质性的后果，王莽觉得，或许这就是刘氏皇族对自己掌权的态度吧，又或许，这就叫"天命"吧。

一、舂陵刘氏

从王莽被杀到光武帝刘秀初定天下的这段时间里，有过皇帝头衔的人着实不少，除了少数如公孙述这样割据称帝之人外，大多数称帝的人都还是刘氏子孙，有的人为了称帝，甚至还冒充刘姓子孙。在当时的天下人看来，王莽篡汉实在是大逆不道，不得人心，同时，王莽这人性格浮躁，不能"无为"，不管是建一座宫殿，还是颁布一条政令，总想要模拟古礼，也不考虑是否适应社会现实。

王莽还非常迷信，早在始建国二年（10），就开始崇拜神仙，听信手下方士苏乐的建议，兴建八风台，高台筑成耗费黄金万两。又在宫殿上种植五色秫粟，播种之前，先用煮玉的水浸润。最后算下来，一斛粟米的成本要黄金一两。

当初，王莽正是靠这些神秘的东西登基为帝，上台之后，更是变本加厉，每一次有"祥瑞"或者上天的启示出现，王莽就会昭告天下，来显示自己才是上天的选择。但等到新王朝的末期，天灾、人祸不断，老百姓人心思汉，于是就又开始出现各种神秘的启示，纷纷预言汉室将会复兴，刘氏会重新成为天下之主。

比如王莽地皇元年（20），一个通晓天文星象的汝南人郅恽，通过观察天象，认为汉王朝一定能够复兴。于是上书劝王莽说："上天显示异象，是想让陛下觉悟，让您回到臣子的位置上。您的身份地位取之于天，应该交还给天，才算是知道天命。"王莽大怒，逮捕郅恽，投入诏狱，过了冬天，赶上大赦，郅恽才从狱中出来。

来年二月，一位名叫王况的算卦先生对魏成大尹李焉说："汉家当复兴，李氏为辅。"这句话本身其实就是一条谶语，在说完之后，王况便着手为李焉编写了 10 多万字的谶书，后来事情败露，他们俩都被王莽杀了。

与后来刘备颇有争议的"汉室宗亲"身份不同，南阳郡的刘家是毫无疑问的皇族，但在当时，刘秀三兄弟身上连个正经官职都没有，因为刘氏皇族已经从西汉初年刘邦分封的"同姓九王"，繁衍出了"汉室宗亲" 10 余万人。刘备的先祖中山王刘胜，光儿子就有 120 多个，1968 年，刘胜的墓在河北满城被发现，出土了我国发现的规格最高最完整的"金缕玉衣"，十分奢华。而刘秀的祖先就是汉武帝和中山王刘胜的一个不起眼的兄弟——长沙王刘发。

刘发本来是不应该存在的一个孩子，因为他的母亲唐姬本来只是汉景帝后宫程姬的侍女。从秦始皇开始，皇帝的正妻称为"后"，地位尊贵。汉朝初期基本上采用了秦的制度，宫中也只有一位"后"，皇帝的其他姬妾统称"夫人"。这位程姬，虽然身份不高，却似乎比较得宠，她一共为汉景帝生了3个儿子。

有一天，汉景帝命人召程姬侍寝，正赶上程姬来月事不方便。本来这种情况应该提前报备，可程姬估计是忘了，事到临头，只好让她的仕女唐儿打扮一番，在夜里去侍奉景帝。结果这一天景帝喝得酩酊大醉，还以为来的是程姬，于是就临幸了这个叫唐儿的侍女，后来这个唐儿有了身孕，汉景帝才知道那一晚侍寝的不是程姬。直到唐姬生下刘发，景帝都不喜欢她，因此对这个儿子也不是很上心，第二年，皇子封王，刘发就被封到了地势低洼潮湿的长沙国，这是之前贾谊做长沙王太傅时被贬的地方。

后来汉武帝颁布了"推恩令"，刘发有16个儿子，除了嫡长子刘庸袭爵长沙王之外，剩下的儿子都封了侯，其中第十三子刘买被封为春陵节侯，到了刘买的孙子刘仁时，因为南方地势太低，气候潮湿，上书后被改封到南阳郡的白水乡，宗族也一起迁居于此。刘仁死了之后，他的儿子刘敞承袭爵位没多久，王莽篡汉，这一支刘姓贵族的封国就被撤除了。

春陵节侯刘买死后，同样由长子袭爵，他的小儿子刘外就不能再享有爵位，做了郁林太守，刘外的儿子刘回做了钜鹿都尉，等到了刘回的儿子刘钦时，最高只做过南顿县的县令。虽然官不大，但由于宗室身份，还是娶了湖阳豪强樊重的女儿为妻，樊重的儿子樊宏也成了光武中兴的名臣之一。刘钦一共生了3个儿子，分别叫刘演、刘仲和刘秀。

在刘秀9岁这一年，刘钦去世了，几个孩子只好投奔本家的叔父刘良。刘秀的大哥刘演字伯升，为人非常刚毅，性格豪爽，很有志向。自从王莽篡汉以后，经常愤愤不平，一心想着光复汉室，为此不惜变卖家产，来结交天下的英雄俊杰。

相反刘秀则是一个"安静的美男子"，史书上说他身高7尺3寸（约合今天 1.7 米），有漂亮的胡子和眉毛，大嘴，高鼻，额角饱满。之所以说他安静是因为他比较踏实，喜欢种地，干起农活儿来非常勤奋。他大哥刘演经常笑话他胸无大志，就像高祖刘邦的二哥刘仲一样。这当然也是刘演在自比刘邦。

天凤年间，刘秀曾去长安的太学学习——关于刘秀为何能去太学，说法很多，其中最重要的原因是：王莽将太学扩招了，太学这一最高学府在汉武帝初创时只招 50 人，但在王莽的时代已经扩招到了一万多人。刘秀在太学学习的是《尚书》，不过成绩一般，只是大概通晓其中的道理。比学习更重要的是刘秀在太学认识了很多了不起的人，比如他的同学朱祐和邓禹，后来都成为光武中兴的"云台二十八将"之一，还有为刘秀带来"赤伏符"，助他登基的强华，还有一位在中国文化史上很有影响的大隐士严光。

刘秀回乡之后，除了打理农田，还在原来的舂陵侯刘敞的府上帮忙处理一些事务。这时的天下已是烽烟四起，关东地区遍地饥民，到处有流寇和起义军。新王朝已经处于摇摇欲坠之中。

除了兄弟 3 人，刘秀还有 3 个姐妹，其中二姐刘元嫁给了南阳郡新野县的豪族邓晨。邓晨家世代为高官，他的父亲邓宏曾经做过豫章都尉。有一次刘秀与哥哥刘演以及邓晨来到宛县，和穰人蔡少公聚会，席间蔡少公聊起"赤伏符"上那句著名的谶语，说刘秀应该做皇帝，席间就有人问："先生说的是国师公刘秀吗？"刘秀这时开玩笑说："怎么就知道不是我呢？"在座的人一听，哄堂大笑。只有邓晨听到之后，暗暗高兴。等到后来刘秀在新野县避居，住在邓晨家，二人相互敬重，邓晨就对他说："王莽悖逆天理，为人残暴好杀，天必灭之，之前我们在宛县说的话，真的会言中吗？"刘秀笑笑，没有答话。

"赤伏符"是什么？那是一本在东汉末年广为流传的预言书，其中的内容多已失传，虽然整本书的内容不得而知，但其中有一条谶语几乎所有的史料都有提及，内容如下：

"刘秀发兵捕不道，四夷云集龙斗野，四七之际火为主。"

王莽改制时封了"四辅"，其中的国师名叫刘歆，他的父亲叫刘向，父子俩都是当世大儒，非常有学问，我们现在看到的上古典籍，许多都经他们父子校订过。据说刘歆看了这条谶语之后，借口自己和汉哀帝刘欣的名字重音，为了避讳，将自己的名字改为刘秀，但很显然，想当皇帝靠改名是行不通的，关键还是要审时度势。

地皇三年（22），南阳郡发生了饥荒，连许多世家大族的门客也都沦为流寇。有一次刘秀到宛城贩卖粮食，当地豪强李通派族弟李轶请刘秀吃饭，共同商议举事的计划。李通的父亲李守曾做过王莽的宗卿师，对李通提起过那条"刘氏当兴，李氏为辅"的谶语，李通和李轶商议，李轶认为南阳刘氏之中，只有刘演兄弟最为宽仁，可以共谋大事。兄弟俩一拍即合，这才请来刘秀。

刘秀听二人说完，并不感兴趣，可他转念一想，大哥刘演正在结交宾朋，早晚要图谋大事，到时候自己还是要造反，现在正是天下大乱之时，想当个老百姓好好种地也不太可能，也就同意了。于是大家开始购买箭弩武器。李通计划在秋天，趁朝廷演兵时举事，但事情败露，李通只好逃走，可他的父亲李守和宗族 64 人都因此被杀。

与此同时，刘演正在舂陵召集当地豪杰，并发表演说："王莽凶残暴虐，百姓分崩离析，现在又连年大旱，兵戈四起，这是上天灭亡新朝的时候！也是恢复高祖的伟大基业，建立千秋万世的功劳的时候！"大家群情激愤，纷纷表示赞同。

于是刘演分派出邓晨、刘秀等人到各县联络起事，自己则留下发动舂陵的世家子弟。各家子弟听说之后，都怕连累宗族，吓得纷纷逃避躲藏，并说："刘伯升要杀我！"等到看见刘秀红衣高冠，穿着将军的衣服出现，大家都吃惊不已，说："像刘秀这样谨慎忠厚的老实人也干上造反这营生啦！"心里才逐渐安定。就这样，刘演共集结舂陵子弟七八千人，自称柱天都部，准备起兵，我们暂称其为"舂陵军"。

这一年，起义军一穷二白，甚至连刘秀这样的将领都没有马骑，只能骑牛参战，直到杀了新野县尉，才有了马骑。不过舂陵兵说是七八千人，实际上有一多半是家属，以刘家为例，除了刘秀哥仨，还有三个姐妹，再加上他们的孩子，还有刘秀的叔父刘良和他的全家老小，这些人大多数不能打仗。于是刘演只好派同族人刘嘉去联络别的起义军，好在当时的关东什么都缺，唯独不缺起义军。有一支本在山里挖野菜的流民，这时感染瘟疫，死伤过半，只好出山，正分成几部分向荆州赶来。

二、绿林与赤眉

根据气象学家的相关研究，王莽时期中原的平均气温要比西汉初期低0.4摄氏度，大家不要小看这0.4摄氏度，这就导致王莽时期天灾发生的频率比西汉时期要高得多。旱灾过后，往往伴随蝗灾，同时，气温的降低还会导致北方草原民族南侵等危机的发生。这些自然灾害，再配合上王莽的"新政"，导致关中地区不断出现"人相食"的惨剧。如果王莽能够听取手下官员的意见，事情也许远不会像后来那样，只可惜历史不能假设，也不会给谁第二次选择的机会。

除了听不进别人的意见之外，王莽还有一个特点，那就是抠门儿。虽然他在"表演生涯"的初期，还总是惺惺作态，推辞封赏、散尽家财来沽名钓誉，博取美名，但自从做了皇帝之后，"性实吝啬"等评价就不绝于史书。

天凤四年（17）夏天，王莽重新在明堂把象征封国的茅草与泥土授予诸侯王——王莽封爵，可谓是两汉最滥的，一次封几百人都是家常便饭。按照当时的规矩，封爵就要有封地，被封之人要享受自己封地上产出的衣食租税，但王莽的封爵，许多只不过是空话而已。他特别羡慕古代的制度，各种爵位动辄仿古，名目繁多，但一旦进入落实封地的层面，就找借口，说土地规划尚没有确定，所以作为象征，权且先授予相应封国的茅草和泥土，用这样的方法，去安慰那些喜欢爵位的人。

吝啬爱财，不接受他人的意见，这些就直接导致了新莽末年的天下大乱。

就在这一年，王莽设置了"羲和命士"这一职务，主要就是为了督促天下官员和百姓，实行之前他管理财政的"五均、六莞"制度。这一职务在每个郡都有几个名额，大多是由地方豪强和大商人担任。这些官员出行乘坐官府的驿车，做事却谋求私利。他们在全国走动，趁机与郡县官员相勾结，设立假账、空账。不仅地方府库没有得到充实，百姓也愈加穷苦困顿。

没过几天，王莽再次下诏，重申"六莞"的重要性。这基本意味着，作为一个新朝的老百姓，上山砍柴、下河捞鱼、外出打猎都要缴纳税赋。为了配合每一项管理制度顺利下达，王莽还要为它设置条规禁令，违犯的人动辄处死。那些奸滑小人和贪官污吏一起侵害百姓，天下民不聊生。

此外，对于那些有爵位的官老爷，王莽也不放过，下诏让上公及以下有奴婢的人一律交税金，每一奴婢要缴纳 3600 钱。纳言冯常觉得"六莞"制度实在是严苛扰民，就向王莽提出谏言，王莽大怒，把冯常免职。

整个新朝的法令，琐碎苛刻，百姓动辄触犯法律，农民根本没有时间耕田种桑，加上徭役繁重。而旱灾、蝗灾接连发生，诉讼和监狱中在押的囚犯长久不能结案。官吏用残暴的手段建立威严，利用王莽的禁令侵占民间财产。富人不能保护自己的财产，穷人也不能活命。于是，不管穷人富人，大家纷纷落草为寇，躲进高山大泽，以抢掠为生。郡县的官员制服不了他们，又担心破坏王莽的"盛世之梦"，只好蒙蔽上级，许多官员都知道，把事情如实汇报给皇帝，会招来灾祸，所以，王莽根本不知道自己的新政带来了什么，以致动乱越来越多，局面越来越无法收拾。

先是临淮出现了瓜田仪等变民团伙，盘踞在会稽郡长州一带。接着是琅琊人吕母的叛乱。吕母本是琅琊当地的富户，她的儿子做县吏，被县宰冤杀。于是吕母决定为儿子报仇，从那时起，就暗中资助一些当地的贫困少年，还总是设宴款待乡里的豪杰，散尽家财，私下购置武器，聚集了100多人，攻打海曲县，杀了作恶多端的县宰，用县宰的人头在儿子墓前祭拜，随后吕母等人就逃到了海岛上。本来这是一次复仇行动，算不上起义，但吕母逃到海上之后，前来投奔的人越来越多，后来甚至到了一万多人。

王莽派出使臣，向吕母等人颁发大赦令，使者回来报告说："贼寇们前脚解散，后脚就会再次聚集，臣追问他们原因，人们都说：'我们愁的是法令繁多而又严苛，百姓动不动就会犯法。努力劳动所得到的收成，还不够缴纳赋税。就是关起门在家里待着，也会因为邻居私自铸钱或携带铜料等原因连坐入狱，那些贪官污吏，就要把人逼死了。百姓走投无路，才会都起来成为盗贼。'"

不出所料，王莽大怒，罢免了这位使者的官职。此后，官员们知道了王莽的心思，被问到就说："小民骄纵狡猾，应该杀掉。"或者说："这些人只是碰巧聚在一起的乌合之众，不久后自然就会解散。"这样王莽一高兴，就会提升他们的官职。

就在这一年，荆州发生了大饥荒，百姓为了躲避苛税，纷纷逃进山野沼泽，挖荸荠吃，甚至还因为争夺野菜，互相攻击。新市人王匡、王凤出面给大家主持公道，调解纠纷，于是被大家推举为首领，队伍有几百人；这时一些荆州的亡命之徒南阳人马武和颍川人王常、成丹等，都来投奔。这些人都是一些饥民，不敢进攻城镇，只好攻击一些远离城市的聚落，得手后就逃回云杜绿林山，因此人们将这些起义军称为"绿林军"，我们后来称"梁山泊"的人为"绿林好汉"，就是从这里开始的。数月之间，绿林军就集结了七八千人。

转过年来，王莽任命大司马兼司允费兴为荆州牧，治理盗贼问题。在临行前，王莽接见了费兴，并且询问他到任后准备如何施政，费兴回答说："荆州、扬州的百姓大都依靠山林湖泽，以捕捞、樵采为业。之前国家推行的'六莞'之策，征收山林湖泽税，妨害掠夺了百姓的利益，加上天灾连年不断，长久干旱，百姓饥饿穷困，所以失身为贼。等我到任后，要明令告知这些盗贼回归故里，安心种地，借给他们耕牛农具、种子粮食，减免他们的赋税，希望可以解散释放他们，让百姓安居。"费兴所说，切中时弊，但王莽认为，费兴这么做，几乎是要宣布废除"六莞"之策，于是大怒，直接免掉了费兴的官职。王莽的做法让天下的变乱根本得不到有效治理，反而越来越严重。

就在吕母起事后不久，琅琊人樊崇在莒城聚众起兵，一年之间，队伍就集结到了一万余人。樊崇的同郡人逢安，东海人徐宣、谢禄、杨音，也分别起兵，带着部下跟随樊崇，总共有数万人之多。在得到这些补充之后，起义军开始膨胀，犯了刘演当年的错误，回军进攻莒城，自然未能攻下。于是他们就在青州、徐州一带到处流窜抢掠。

王莽派遣使者征调各郡国军队攻击，但未能取胜。

天凤六年（19）春天，王莽眼见全国的变乱越来越多——很多大臣都不敢跟王莽说实话，情况只比王莽想的更加严重。于是王莽想出了一个奇异的对策，他命令太史按新朝历法，推算出了36000年的日历。并且下令每6年改元一次，颁布天下实行。同时还下诏书，大概意思是"我会跟黄帝一样成仙升天"，王莽自称是舜的后代，黄帝是舜的九世祖，当然，也就是王莽的祖先，他这样说，无非是想诓骗百姓和自我夸耀，让义军自行瓦解，但是听到这个消息，人们只有嘲笑。这件事除了说明王莽的政治信誉已经破产之外，也证明王莽对民间疾苦似乎一点儿都不了解，他的精力还浪费在一些没有什么实际作用的地方。

比如他根据周礼，认为自己的新朝应该有象征权力的《新乐》（就是新朝皇家专属音乐），于是在这一年，王莽派人制作并在太庙演奏了这个《新乐》，听音乐的大臣们都在私下里议论："这音乐听起来太过哀怨，不像是国家兴旺的声音。"这个细节也说明了许多朝臣在这时都已经预感到了朝廷的危机，只是慑于王莽的淫威，没有人敢站出来，说皇帝其实"没穿衣服"罢了。

此时的王莽，之所以装神弄鬼，没有调动大军去关东剿匪，一是对"变民聚义"事件缺乏足够的重视，还有一个原因，我们之前在王莽改革的对外措施中说过，那就是新朝已经在边境上的好几个方向，与当地民族开战，根本无暇顾及关东的事情。

从不同史书中的记载来看，王莽手下真正能打仗的将军只有"一个半"，"一个"是此时的大司马严尤，他本姓庄，为了避汉明帝刘庄的讳，《后汉书》上称他为严尤，为了方便，以下皆称严尤。王莽当皇帝的这些年，可以提出靠谱军事建议的人基本只有严尤，除此之外，他还设计征服了高句丽，在历次作战中，多数能够取胜，偶有败绩，但也总能全身而退。另外，难能可贵的是，严尤对于边疆事务非常内行，无论东北西北的事务，都能做出比较合理的判断，算是一位能审时度势、非常优秀的将领。另外"半个"指的是廉丹，据说廉丹是赵国名将廉颇的后人。之所以他只算半个，主要是因为廉丹虽能统兵，治军却算不上出色，不过好歹有自己的一套班底。比较掉链子的是，廉丹在与绿林军和赤眉军作战的过程中，几乎没有打过什么像样的胜仗，临阵指挥的才能一般，对于仗该不该打的政治问题，也缺乏自己的观点，优点是比较忠诚，也有男儿血性。

就在天下的变乱正在呈"井喷式"爆发的这一年，王莽将廉丹从攻打益州郡的前线撤回，并大规模召集全国的壮丁、死刑罪犯以及官民的家奴，起名叫猪突、豨勇，把他们作为精锐。同时，向全国一切官吏和平民，均按财产的1/30加税，把天下的绸绢都运送到长安。同时命令公卿及以下，包括郡县里的官吏都要养军马，马匹的多少根据各人官位的品级分配，而官吏们毫无意外地，都把这个负担转嫁给了老百姓。这么做是因为匈奴侵犯边境非常严重，皇帝决定效法秦皇汉武，北击匈奴，除了上述准备之外，王莽还走火入魔，觉得"高手在民间"，于是下诏征集有特殊能力的人士，应征者络绎不绝，有上万人……

有人说，自己能够不用舟楫渡过江河，把战马连接起来，就能让百万军队渡河；

有人说，不用携带一斗粮食，只要服食一种药物，军队可以不用吃饭；

还有人说，自己能飞，一天能飞行1000里，可以去侦察匈奴的敌情。

王莽决定测试此人，只见他用大鸟的羽毛做成两扇翅膀，头上和身上都穿戴上羽毛，翅膀用扣环连接，纽带操纵，飞行几百步后掉了下来——这可比元朝的陶成道和明朝的万户早上1000多年，堪称中国最早进行飞行实验的人。

闹剧过后，王莽也知道这些人并无真才实学，但为了博取珍惜人才的名声，王莽将他们都任命为理军，赏赐给了车马，等待随军出发。

军队集结到长安城西，准备出发。这段时间，严尤连写了三篇奏章，论述古代乐毅、白起等人谏言不被采纳的教训，但都石沉大海。严尤终于忍不住了，在朝臣廷议时，他坚持说，攻打匈奴之事可以权且放在后面，朝廷首先要忧虑的是山东地区的变民问题。

军队将行，主帅却说出这样的话来，王莽大怒，下诏给严尤说："你担任大司马四年，外患不能解决，天下盗贼纷起，你却沽名钓誉，心怀异志，我懒得惩治你，请你交回大司马武建伯的印绶，回家休息吧。"于是朝中在边疆民族事务方面唯一的明白人严尤被免了官，北征匈奴这件事也就不了了之了。

第二年正月，根据之前太史算出的那个 36000 年的历法，"天凤"的6 年已经过去，在这一年，王莽改元"地皇"，这一年也就是地皇元年（20），这也是王莽政权所用的最后一个年号。年初时，王莽眼见变乱日益增多，又想进行压制，却还是使用老一套的办法，下诏："予之皇初祖考黄帝定天下，将兵为大将军，内设大将，外置大司马五人，大将军至士吏凡七十三万八千九百人，士千三百五十万人。予受符命之文，稽前人，将条备焉。"

这段话的基调明显还是仿古，想让大家觉得自己是"天命"代言人，但是这恐怖的数字才是关键，根据《中国历代官民比例》中的统计，汉代官民比是 1 ∶ 7943，两汉人口最高峰是汉平帝元始二年（2）的统计，大概有5900 多万人。也就是说，汉代最高峰时期，官员差不多也就是 8000 人左右。王莽这一下就要加封几十万人。史书记载，他设置了前大司马、后大司马、左大司马、右大司马、中大司马的职位，各地上至州牧，下至县宰，都赐予大将军、偏将军、裨将军、校尉等称号。乘坐驿站车辆的使者经过各郡国，每天就有十几拨，经过的队伍就要人吃马喂，别忘了此时关东已经是连年闹灾、义军四起的局面，仓库里根本没有粮食供给使者，连驾车的马匹都不够，于是各地官员又开始在民间征用马匹。可民间的马都是之前王莽摊派让养的，失去了马就要治罪。这样一来，更多的人干脆选择逃亡，成为流民，或者直接加入起义军。

就在这样的局面下，王莽还根据一些术士"望气"，说是出现了大兴土木的征象。"望气"和谶语一样，都是汉代很流行的迷信活动，鸿门宴上，范增建议项羽杀掉刘邦的其中一个原因就是刘邦之气"呈五彩"，有天子的气象。既然出现了大兴土木的迹象，不动工很显然是不合适的。

很快，王莽便下令，在长安城南兴建皇家宗庙9座。其中黄帝庙东西南北四方各长40丈（约92.4米），高17丈（约39.27米），其他宗庙制式为黄帝庙的一半，整个建筑群规模十分宏伟。建造黄帝庙这样的建筑，即使放在今天也得算大工程了，何况一下要建9座。不光要征召全国的工匠，还要各地捐助钱粮，这些钱粮又要人、马在路上运送，徒增消耗。九庙的设计与施工，都极尽精巧奢华，支出了数百万钱，光是役夫，死亡的就有上万人。

李宗盛曾经给童安格写过一首歌《青春手卷》，其中有一句是："爱情啊，像一停止摇就往下掉的呼啦圈。"王莽的折腾，很有这个意味。他的仕途，他的皇位，都是靠众多儒生的理论支持和爪牙们装神弄鬼的忽悠一步步得来的，现在天下大乱，王莽也就需要不断通过这些事情来强调，同时也是自我催眠——新朝皇帝是符合礼法的，是"尧舜禅让"得来的，他生怕大家忘了自己是天命之子，对王莽来说，没有什么事情比自己称帝的合法性更重要。

但站在百姓的角度，绝大多数人根本就不识字，也不能理解王莽追求的是啥，只知道天灾不断，赤地千里，朝廷没有开仓放粮，赈济百姓，各地官员贪污腐败，欺上瞒下，从皇帝到地方，只会无节制地索取，官员要靠讨好王莽才能获得升迁，根本没有人在乎百姓的死活。

天凤六年（19），就是王莽征收财产税打匈奴的那一年，翼平郡太守田况奏报，郡县对民间财产估计不属实，有许多人逃避赋税，王莽就按1/30的标准，又征税一次。他认为田况这人非常诚实，为国家考虑，就把他的爵位提升为伯爵，赏赐了200万钱。田况是加官晋爵了，可是人民群众都咒骂田况。青州和徐州（这正是赤眉军活动的地盘）很多百姓都抛弃了家园，四处流亡，老弱者死在了路上，强壮者就加入起义军。

最终，义军数量越来越多，地方官毫无办法，王莽不得不派兵征剿，起义军与朝廷的对抗正式开始了。

三、饥民造反

地皇二年（21）年初，王莽陷入到了一个巨大的麻烦之中——绝嗣。这时的王莽已经66岁了，他的结发妻子孝睦皇后在正月去世，之前在屡次探病的时候，王莽发现了一封他的小儿子王临写给母亲的信，大概意思是说，自己的大哥二哥都是在30岁时被我爹逼死的，自己现在也30岁了，好担心好害怕云云。王临写这封信很奇怪，因为他的母亲早就因为王莽逼死儿子，气得双目失明了，想看信必须得别人念，这个内容又不适合让别人知道。

王莽见信，怀疑王临心存不敬，追问之下，发现与自己有私情的婢女原碧，原来也与王临有染，二人还策划刺杀自己。王莽的嫡子一共就4个，老大老二早就被他逼死，老三王安身体孱弱，行将就木，这个王临几乎是唯一的皇位继承人，现在又闹出这等有悖人伦之事。王莽觉得有失国体，想掩盖这件事，因此，他把经办的官员全部杀害，就地埋在监狱之中，连这些人的家属都不知道他们的下落，接下来，又逼死了王临。

紧接着，王安也死了。不过两个嫡子接连死亡，倒也提醒了王莽，之前主要是考虑到自己圣贤的名声，其实王莽还有好几个私生子，只是现在这几个孩子贸然出现，实在不妥。于是王莽在王安还没咽气之前，假托他的名义，写了一封书信，大概意思是，王莽的两个私生子王匡、王兴虽然身份低微，但好歹是陛下的亲骨肉，不能抛弃。群臣一见风向，也纷纷附和。就这样，王莽就用诸侯王的车子，将这几个私生子接到了京城，并都封了王。这下继承人的问题算是解决了，接下来，王莽便开始准备着手解决起义军的问题了。

可惜，晚了。

这一年，南郡人秦丰聚集部众将近一万人；平原郡女子迟昭平也在黄河边上的险要地区聚集了几千人。王莽召集群臣询问缉拿盗匪的方略，群臣都说："这些都是触犯天条的罪犯，行尸走肉罢了，活不了多久。"

起初，各地百姓都是由于饥寒交迫，实在没办法才起来造反的，大家聚集在一起的理想，就是盼望着以后年景好的时候，能够得到赦免，回家做个普通百姓。因此，起义军虽然数以万计，但他们不敢攻打城市，外出劫掠食物，看看够当天吃的，就逃回山林。这些人起事时，各县的长官和州牧太守都是被乱军砍杀而死的，起义军根本没有存心杀害他们，但王莽始终不懂得这个道理。

地皇三年（22），荆州牧亲自动员了2万人，号称奔命军，准备剿灭绿林军。绿林军首领王匡（这时天下有两个王匡重名，一个是王莽的私生子王匡，另一个是绿林军的首领王匡，此处为后者）率领部众与荆州牧在云杜交战，大胜，官军被斩杀数千人，所有的军用物资都被绿林军缴获。一见战事不利，荆州牧准备向北撤退，结果绿林军将领马武率军截击，在激战中，绿林军用武器勾住了荆州牧车上的挡泥板，刺杀了州牧随车的保镖，但没有杀州牧。这一次，绿林军攻陷竟陵，转而袭击云杜、安陆等地，大量掳掠妇女，之后退回到绿林山中。此时的绿林军已增加到5万多人，州郡官府已经无法剿灭他们了。

这时，有个大司马的属吏到豫州办案，被绿林军俘虏。绿林军并没有把他怎样，反而护送他去了官府。这位官员颇受感动，回京后，上书详细报告了事情的原委，估计言辞中对绿林军颇有怜悯之词。王莽看了，勃然大怒，认为这名官员完全是在替反贼说话，将其下狱，并且下文告责备四辅、三公。

王莽的这段话，可以理解为王莽"讨贼"的总纲领，也是新朝皇帝陛下对于各路起义军的态度。他首先指责了官员们的失职：

"夫吏者，理也。宣德明恩，以牧养民，仁之道也。抑强督奸，捕诛盗贼，义之节也。今则不然。盗发不辄得，至成群党，遮略乘传宰士。士得脱者，又妄自言：我责数贼：'何故为是？'贼曰：'以贫穷故耳。'贼护出我。"

这段话大意是说，官吏的意思就是治理。宣扬仁政，诛灭奸凶，维护正义。可实际上，官员们既不能捕盗捉贼，反而还要替盗贼说话，认为他们造反是太穷的原因。其次，王莽阐述了对这些人的态度，并为这些人定性：

"今俗人议者率多若此。惟贫困饥寒，犯法为非，大者群盗，小者偷穴，不过二科，今乃结谋连党以千百数，是逆乱之大者，岂饥寒之谓邪？"

现在那些庸俗的人谈论事情大多是像这样。试想，只是由于穷困潦倒、饥寒交迫，就为非作歹。往大了说是盗贼去聚众抢劫，往小了说就是一个人去偷窃。无非是这两种情况。可是现在的盗贼竟然结党，人数以千百计。这是大规模的叛乱，难道这还能用饥寒这样的理由解释吗？最后，王莽提出了自己的态度：

"七公其严敕卿大夫、卒正、连率、庶尹，谨牧养善民，急捕殄盗贼。有不同心并力，疾恶黜贼，而妄曰饥寒所为，辄捕系，请其罪。"

所谓"七公"，就是王莽的四辅和三公，王莽认为，这些人应当严肃告诫各级官吏，认真管教、抚育良民；迅速捕捉、诛杀盗贼。如果有人同情这些人，再说什么"因为饥寒"之类的话，一律逮捕，严加查办！很明显，王莽非常憎恨这些盗贼，对这些人也没有丝毫同情，主张对这些人直接消灭。可这样一来，官员们更加惶恐，既不敢再说盗贼的真实情况，也不敢擅自调动州郡的军队镇压。因此，盗贼根本就无法消灭。

这时的王莽，杀心已起，决定派太师王匡、更始将军廉丹出兵，剿灭叛贼，于是大军开始筹备——其实哪怕到了这个时候，出兵平叛仍然不是最好的办法。函谷关以东的官员，也并不全都是饭桶。之前上报各地财产税征收不实的那位翼平郡太守田况，在与起义军（主要是赤眉军）的斗争中，慢慢总结出一套办法——发动民兵。

盗贼抢掠，首当其冲的就是百姓。田况就发动本郡 18 岁以上的男子，一共凑了 4 万多人，打开官府的武库，发给他们库存的武器，并且对这些军队严加管理，把军令刻在石碑上向众人宣布。赤眉军的首领樊崇等听说之后，不敢进入翼平郡的边界。

不过这样一来，田况算是犯了王莽的忌讳——私募乡勇在哪朝基本上都是大罪，何况王莽根本不信任大臣，尤其是像郡守这样的官员。田况于是自己上书请罪，弹劾自己，王莽责备他说："没有虎符而擅自召集军队，还发给武器，这是重罪，与军兴罪（军兴罪的意思就是擅自招兵，擅自逃避叫'乏军兴'，二者同科）一样，不过田况自己诡辩说一定能捉拿消灭那些盗贼，所以暂且不治罪了。"

后来田况上书，请求越过郡界攻打盗贼，军队所到之处，都能够击败敌人，王莽索性下诏，让田况代理青州和徐州两个州牧的事务。田况为人实在，看到朝廷信任自己，就把自己的心里话和盘托出，上了一封奏报，陈述了自己的"讨贼"方略，并指出了现在地方上存在的问题及解决之策：

首先是盗贼的情况，现在的盗贼问题，都是地方官延误出来的。他们刚起事时，基础很薄弱，当地的治安官吏和邻里相保的伍人就能把这些人捉拿。可是郡县主要的官吏都不当回事儿，还层层欺骗，实际上有 100 人，硬说有 10 人，实际上有 1000 人，只上报 100 人。这样上报之后，朝廷也不重视，不能及时派人进行督察，给予地方官吏相应的责罚。

等到事情闹大，终于发展到蔓延几州之地的地步，朝廷才派遣将帅镇压，派出使者督促。"巡视组"一拨接着一拨，郡县上忙着应付上级的责问检查，还要供给酒饭，准备相应的物资和费用打点，来赎自己的死罪，连办理公事的时间都没有，更谈不上捕盗捉贼了。朝廷派下来的人又不能身先士卒，冲锋陷阵，往往一交战就被盗贼击败，官军士气受损，白白耗费了许多百姓的钱财。

其次，地方官吏首鼠两端。之前有幸得到了朝廷赦免的命令，许多盗贼本打算解散回家，有的地方官反而加以截击阻挠，这些人仓皇失措地逃回深山老林，彼此辗转相告，所以各郡县已经投降的盗贼都非常惊恐，害怕被朝廷欺骗和消灭，再加上天下饥荒，人心浮动，短短十来天的时间，盗贼就又聚起 10 多万人，这就是为什么盗贼越剿越多的原因。

最后，朝廷不宜派重兵出击。原因就是缺粮。现在洛阳以东的地区，米价每石可以卖到 2000 钱。我看见诏书，说朝廷要派遣太师和更始将军前来，他们二位是朝廷重臣，出行一定携带重兵，沿途都是民穷财尽的地方，根本无法供应大军的军粮，可如果不带重兵，又无济于事，也不足以震慑关东诸贼。

所以，考虑到这种情况，朝廷还是应当迅速在州牧、太守以下级别的官吏中挑选贤才，明确赏罚，让他们聚集分散的地方官兵和没有城墙的小封国的军队，把那些老弱的居民安顿到大城之中，囤积粮食，坚壁清野。盗贼攻城攻不下来，所经过的地方又没有粮食，就会四分五裂。到那时，要招抚他们，他们就一定会投降，要攻打他们，他们就一定会被消灭。如今白白地再多派出军队，地方官民害怕大军经过比害怕盗贼还厉害。同时，还应该把乘坐驿站车马传令的各位使者全部召回，让郡县官民休养生息。陛下把平定两州盗贼的任务交给我，我一定不辱使命。

这篇奏疏可以说是鞭辟入里，既指出了地方上长期以来存在的问题，又顾及了朝廷的颜面，同时，还指出盗贼聚众的本质，并提出了地方防御盗贼的可行性建议，实在想不出王莽"大怒"的理由。所以这次，王莽果然也没有大怒，但他感到很不安，很忌惮，他可能觉得，一旦放任地方官吏自行招兵买马，抵御盗贼，后果将不堪设想，绝对是一个坏主意。于是王莽悄悄地派出了接替田况的人。同时又遣使者带着加盖玉玺的诏书去翼平郡，给田况看罢，就命令其他人代替田况监管军队。田况则跟随使者一路西行。到了长安，王莽任命他做了京城附近六郡之一的长官师尉大夫，办公地点在旧的廷尉府，剥夺了他的实权，放在了王莽的眼皮底下。

最初的时候，绿林军首领王凤、王匡带着大家在山里挖荸荠时，自称"渠帅"，渠帅的意思就是首领，连个官职都不算；赤眉军首领樊崇在琅琊率领部众躲进山林时，自称"三老"，这是一个底层主管教化人民的官职。绿林也好，赤眉也罢，最初都只是普通的"变民落草"行为，不过为了活命，没有什么政治目的。

王莽曾经还很纳闷儿，跟大臣说，据说关东造反的军队有几十万人，可是这些人一不昭告天下，二不任命官员，甚至各路军队之间，连个正经的番号都没有，这些人到底想干吗？这时的朝中，掌权的都是一些腐儒，要说弄点儿神神鬼鬼的谶语他们在行，打仗的事儿可就是外行了，甚至有人说："莫非这是三皇时期的做法，既不发布文告，也没有军队番号？"大家议论纷纷，也说不出个所以然来。

只有严尤回答说："这有啥奇怪的。自从黄帝、汤武用兵以来，建立军队就得有严密的组织，还得授予旗帜、颁布号令，现在，这些军队一无所有，只是一群啼饥号寒的乌合之众罢了，成不了什么大事。"王莽当时还很高兴。

可自从田况走了以后，赤眉军势力日益强盛，齐地的局势已经完全不可收拾；而绿林军，即将迎来他们自己的皇帝，虽然不是刘演或刘秀，但也是春陵侯一脉，根红苗正的汉室宗亲。在绿林军和春陵刘氏合兵之后。各路义军首领都开始自称将军，攻打城市，王莽这才紧张起来，可为时已晚了。

第三章

更始建国

地皇三年（22）正月，王莽兴建的"九庙"宣告竣工，各位神主各归其位。王莽前去拜谒，乘坐的是 6 匹马拉的大车，马身上披着五彩羽毛装饰的龙纹衣，马头上戴着足有 3 尺长的角。又建造 9 层华丽的车盖，高 8 丈 1 尺（约 19 米），用四轮大车装载，拉车的人都呼喊着"登仙"的口号。王莽出行时，就让这辆车走在前面。那画面犹如《天龙八部》中的"星宿老仙"，十分诡异。因此官吏们私下都说："这东西像灵车，根本不是神仙用的东西。"

就在王莽大肆铺张祭拜宗庙的时候，函谷关以东已经出现了人吃人的现象。各地州府根本没有粮食，也无法赈济灾民。于是王莽想出奇招，派遣了很多大夫和使者到各地，教百姓把草木煮成一种糊状的食品，称之为"酪"。但这些东西根本没法儿吃，反倒增加了许多柴草的损耗。

实在没辙，王莽只好下诏，废除已经实行了 12 年的"六莞"政策，允许百姓自行打猎、捞鱼等，不再征税，并承诺直到地皇三十年，政策不变。很可惜，地皇纪元不可能有三十年了。新朝和王莽的丧钟已经敲响。

一、廉丹之死

地皇三年（22）四月，王莽派自己的私生子太师王匡、更始将军廉丹东征，讨伐一众盗贼。出征当天，王莽亲自在都城门外为大军饯行。天降大雨，士兵们都被淋湿，出征仪式只好草草结束。王莽心情大坏，匆匆回宫。有老人说，这是上天在为出征的大军哭泣。

近两年天灾不断，到了春天，情况尤为严重。王莽派王匡和廉丹去和山东诸公会合，并嘱咐他们应一路打开粮仓，赈济灾民，若王匡一行没有经过的地方，要派使者去救济地方。青州、徐州闹事的盗贼，如果还有没解散的，或者散后复聚的，"皆清洁之"。可实际上的情况正相反，太师王匡和更始将军廉丹率领精锐部队十几万人，一路上纵兵抢掠，以至于函谷关以东流传民谚说："宁逢赤眉，不逢太师！太师尚可，更始杀我！"

关中以樊崇为首的赤眉军听说太师与更始将军率军前来讨伐他们，害怕自己人与王莽军队在混战时难以分辨敌我，于是樊崇下令，将士们都用朱砂涂抹双眉，以便互相识别，所以这支军队就被称为"赤眉军"，这才算有了一个所谓的称号，此时距离樊崇率军起事已过了4年。"赤眉军"的名头虽然打出来了，但乱世之中，称自己为"赤眉军"的有的是，许多都跟樊崇这股势力没有关系，不过是借个"威名"罢了。

正当赤眉军涂红了眉毛，准备和新莽大军决战之时，云杜绿林山里暴发了瘟疫，几位头领一商量，决定分兵。王常、成丹等部向西进入南郡，称"下江兵"；王凤、王匡、马武及其部下朱鲔、张印等向北进入南阳，称"新市兵"。七月，新市兵在王匡等人的率领下进攻随县。平林人陈牧、廖湛也聚众1000余人，称"平林兵"，以此来响应新市兵的攻势。春陵侯的曾孙，后来的更始皇帝刘玄就是在这时加入的绿林军。严格意义上说，刘演、刘秀的春陵兵也是在这时响应新市兵的一股力量。这些人都自称将军。随着起义的发展，荆州逐渐乱成了一锅粥。

见此情况，王莽派遣司命大将军孔仁巡察豫州，起用纳言大将军严尤和秩宗大将军陈茂攻打荆州，官是封了，但未授虎符，3人各带随行官员100多人，乘坐驿站传令的车，到荆州本地自己招募士兵。严尤对陈茂抱怨说："派出将领却不发给兵符，遇事还要先请示汇报才能行动，这就好像用绳子牵住猎犬，却让它去追逐野兽。"但说归说，严尤、陈茂所负责的一路军队，可以说是唯一有点儿战果的一路。

夏末秋初，长安城的百姓惊恐万分，因为蝗虫从东方飞来，遮天蔽日，一直飞进未央宫，在宫殿的台阶上爬动。这个现象，连王莽也没法将其解释为一种吉兆了，只好悬赏，让官吏百姓来捉。

同时，跟着蝗虫一同进入函谷关的，还有在关东活不下去的几十万饥民。朝廷在沿途设置养赡官，开仓放粮，赈济灾民，并派专人监督。但是下面的人互相勾结，盗取赈灾的粮食，饥民饿死的有十之七八。王莽让中黄门王业管理长安市场的粮食买卖，但他压低价格向百姓收购物品，百姓都非常怨恨。可王业却因节省收购费用而立功，被授予爵位。不过王莽也听说长安城里发生了饥荒，就叫来王业询问。王业说："挨饿的都是流民。"他还去市场上买来上等米饭和肉汤，拿进宫给王莽看，说："居民们都吃这样的饭食。"王莽居然就相信了他的话。

可是赈灾过后，王莽实在是等不及了，下诏书责备廉丹说："仓廪尽矣，府库空矣，可以怒矣，可以战矣！将军受国重任，不捐身于中野，无以报恩塞责！"

这话已经说得很难听了，基本上就是告诉廉丹要尽快出战，哪怕战死沙场，也算对朝廷报恩了。廉丹收到这封诏书，感到非常惶恐，当天晚上，就召来他的参谋冯衍，给他看了诏书，并且商讨对策。冯衍是汉朝左将军冯奉世的曾孙，之前一直没有出仕，对王莽没有什么好感，就趁机对廉丹进言，他说得挺长，但总体意思并不复杂，主要是说廉将军你祖上世代为汉将，新莽不得人心，现在天下大乱，人心思汉，我们不如先找一个大郡，暂且割据，培养自己的势力，为国家兴利除弊，建立不世功勋，为王莽去死，不值得。

这条计策也算不上高明，无非是让廉丹先打出汉家旗号，暂且割据一方观望。说到造反，廉丹还是有点儿害怕，况且冯衍的建议听起来也不是很靠谱，最后廉丹还是没有接受。

这一年冬天，无盐县一个叫索卢恢的人起兵造反，占领了县城，廉丹和太师王匡前去镇压，斩杀了一万多人，夺回了县城，从杀伤的人数上看，这场战役的规模不算小，这是廉丹为数不多的胜绩之一。消息传到长安，王莽很高兴，派中郎将前来慰劳军队，并把两位主将都封了爵，一并封赏的还有十几个有功的军官。

打赢了一伙反贼，受到封赏，太师王匡被胜利冲昏了头脑，立功心切。这时，一股赤眉军在校尉董宪的带领下，聚集了几万人，在梁郡附近活动。这些赤眉军，八成和樊崇没什么关系，只是打着赤眉军的旗号罢了。王匡想攻击他们，廉丹认为时机不好，大军刚刚攻下了县城，士兵很疲劳，应当暂时让士兵休整一番，借此来恢复战斗力。

但王匡不听，竟然自己带着部队单独前进了，廉丹没办法，只有跟上。大军在成昌和董宪的部队激战，王匡兵败，在随从的保护下逃走。

此时的廉丹可能感觉到有些累了，他决定像王莽说的，还是死于"中野"算了。于是他吩咐军官拿着自己的印绶和符节交给王匡，并让军官带话，道："小儿可以逃走，我不可以！"这句话并不是在骂王匡，这应该是一句真心话，王匡作为王莽的私生子，虽是庶出，但此时王莽的嫡子都已经死了，王匡应该是王莽的合法继承人之一。说完之后，廉丹便率领部下继续投入战斗，最终力竭而死。毕竟是名门之后，廉丹到底没有辱没祖先廉颇的威名。廉丹的手下校尉汝云和王隆等20多位下层军官正在别处作战，听闻噩耗，都说："廉公已经战死了，我们这些人还为谁活着呢？"于是纷纷纵马冲向敌军，全部战斗而死。

消息传到长安，王莽听罢非常哀伤。对王莽这样的皇帝来说，他最喜欢的就是廉丹这样的职业武将，从不因为仗该不该打的问题说三道四，也从不会跟王莽强调战争有多少困难，这一点和严尤不一样，尽管廉丹在独当一面时的表现不如严尤，但王莽还是一直把他当作自己最好的将领，只要遇到不好打的仗，第一个就会想到他。现在廉丹战死，没有辱没自己名门之后的名声。王莽也颁发诏书，赞扬了廉丹一番，赐谥号为"果公"。

这时，各地的起义军多如牛毛，动辄数万人，他们攻打城邑，郡守一级的官员经常被杀。失去廉丹助阵的太师王匡屡战屡败，王莽知道自己已经众叛亲离，天下也已经在崩溃的边缘，于是派遣风俗大夫司国宪等人，分别到各地废除井田、奴婢、山泽等禁令，将自己即位以来所有不利于百姓的诏令全部废止。但他的使者还没出发，春陵的刘氏兄弟已经起兵，很快，荆州的绿林军就要迎来自己的"天命"，从此以后，他们再也不是因为挖野菜而打架的饥民，而是要成为汉家天子的大臣了。

二、刘玄称帝

刘演在发动春陵兵起事之前，派自己的同族刘嘉去联络了王凤等人的新市兵，以及刚刚归附新市兵的平林兵，说服了王凤和陈牧等人与自己联合，合并后仍称"绿林军"。这样一来，起义军力量强大了起来，对唐子乡发动了进攻，又杀死了湖阳县尉。接下来，起义军接连攻克了湖阳、新野几个县。

这时，发生了一件事。起义军一路抢掠，但在军中士卒分配财物时，新市兵和平林兵都觉得不公平，于是相互约定，准备攻击消灭春陵的这伙世家子弟。幸亏刘秀及时察觉，将刘氏族人抢来的财物都收集起来，分给大家，这才平息众怒，让大家都高兴起来。绿林军又攻陷了棘阳县。这时，李轶、邓晨两人，带着他们各自招募的士卒前来与刘演会合。

刘演见起义军日渐壮大，很高兴。攻占棘阳之后，他们的前方就是南阳的首府——宛城，宛城是当时的"一线城市"，非常繁华，地理位置也很重要。这里驻扎着一支整个荆州最强大的军队，统帅是前队大夫甄阜和属正梁丘赐，这个"前队大夫"并不是指还有后队大夫，而是"南阳郡"被王莽改名叫"前队郡"，所以甄阜实际上就是郡守，而属正一职，基本相当于都尉，是管理军队的职务。

现在的荆州其实还有一支力量，那就是纳言大将军严尤和秩宗大将军陈茂的军队，但是他们的兵是现凑的，虽然严尤治军有方，但战斗力应该是不如甄阜这支军队的。

刘演想占领宛城，他心里可能是对宛城有些执念，因为汉军第二次攻击宛城时，刘演就在城下，打出了"柱天大将军"的名号。可是这时打宛城，就又犯了之前刘崇的错误。于是，在小长安聚（"聚"即村落）这个地方，由新市兵、平林兵、春陵兵组成的这支军队与本地太守甄阜、属正梁丘赐的大军遭遇了。

大战当天，天降浓雾，第一次遇上大规模正规军的绿林军大败，春陵军的众将领大多丢失了家眷。乱军中，刘秀单骑逃走，途中遇到了自己的小妹刘伯姬，于是拉她上马继续跑。在前方，又遇到了自己的姐姐刘元和3个孩子，刘秀赶紧让姐姐也上马。但刘元挥手示意弟弟妹妹先走，并说："快走吧，不要管我，否则大家都走不了。"当时追兵迫近，刘秀只好忍痛抛下姐姐和3个外甥女，后来她们和刘秀的二哥刘仲，以及南阳刘氏宗族数十人都在这场动乱中被杀，绿林军也由此退守棘阳县。

甄阜、梁丘赐一看绿林军战斗力也不过如此，二人立功心切，决定乘胜追击，一举歼灭绿林军。就这样，二人把物资留在了蓝乡，率领精兵10万南渡潢淳水，到达了沘水边，河对岸就是棘阳县，于是大军在潢淳水与沘水之间扎营布防，破坏身后的桥梁，表示自己背水一战、决不回师的决心。

新市兵、平林兵一看春陵兵已经一败涂地，而甄阜、梁丘赐的军队又要大举进攻，这些人已经开始计划逃走，回到山里去当流寇。刘演此时心急如焚，对刘演来说，或者对整个南阳刘氏来说，谁都可以失败，只有他们不可以。正当刘演一筹莫展的时候，听到了另一支绿林军——下江兵的消息。

下江兵的首领成丹、王常、张卬之所以来到这里，是因为被严尤、陈茂打败了。这些人在败退的过程中不断收拢逃散的士兵，退入蒌谿，在大三钟山跟石龙山之间攻掠（这些地方都在南阳郡东南部，与江夏郡接壤处），回到了自己熟悉的山林之中，下江兵人数再次增多，声势又壮大了。随后军队与荆州牧在上唐乡会战，大破州府的官军，之后5000多下江兵一路北上，进驻宜秋聚，刘演的救命稻草来了。

听说下江兵的消息以后，刘演带着刘秀、李通亲自到他们营寨拜访，说："我们希望能够拜见一位下江兵的贤明将领，共同商议大事。"成丹和张卬都推举王常前往。刘演见到王常，就开始陈述联合作战的好处。看着眼前这位30多岁的中年汉子，王常并没有听进去他说的作战方略，但忽然如醍醐灌顶——我们终于知道未来的出路在哪里了。

王常说："王莽残酷暴虐，天下人心思汉。而今刘氏家族复兴，就是真正的天下之主。我愿挺身而出为汉家效力，辅佐刘氏复兴大业成功。"刘演一听，马上顺水推舟，说："如果大事可成，我怎敢独自享受呢？"就这样，刘演与王常就结下了交情。史书上并没有记载刘秀在这次会面中有什么表现，但一年多以后，当王常来投奔已经称帝的刘秀时，刘秀说，每当想起创业时的艰辛，没有一日忘记将军。并且马上召集诸将，封王常做了山桑侯。

王常踏着兴奋的脚步回营，把他的想法全部告诉了下江兵的另外两位将领成丹和张卬。但被二人泼了一盆冷水，成丹、张卬觉得自己的兵力强大，说："大丈夫既然选择起事，就应该自己当主君，为什么要受别人的控制呢？"这显然是匪徒的想法。王常于是不慌不忙地给他们做了一番分析，这段话可以解释为什么绿林军可以先一步取得天下，王常是这样说的：

"王莽为政严苛残酷，民间积怨，人心尽失。百姓歌唱吟咏，思念汉朝，已非一日。也正因如此，我们这些人才得以趁势起兵。那些被民心怨恨的，上天必定铲除它；那些民心所向的，上天必定会恩赐它。凡做大事者，必须下顺民心，上合天意，功业才能成就。如果只是依仗自己的刚勇，凭感情做事，放纵欲望。即使得到天下，也一定会再次失去它。"

这段话很明显说的是像张卬这样只顾自己享乐的人是不可能成事的，也说明王常跟刘演见面之后，已经想明白了许多问题。同时还可以看出，王常这个人还是有些见识的，说到这，还列举了古代的典故："大家想想，以秦王朝和西楚霸王项羽的势力，如果为所欲为，尚且难逃覆灭的结果，何况现在我们都是些平民，在山林水泽聚集成群，如果也任性纵欲，那是在走灭亡之路。现在，南阳郡刘姓家族起兵，就观察他们派来跟我们商谈的这几位豪杰，都有深谋远虑、王公之才。我们与他们合并，一定能取得成功，这简直是上天派来护佑我们这些人的啊！"王常这番话，基本标志着绿林军已经找到了未来的方向，这一次的会面，也成就了更始政权的基础。

但在当时，王常的这番话，并不是所有的下江兵将领都能明白的。他们本来都是各地的饥民，缺少见识，出于一直以来对王常的尊敬和信任，大家一致道歉说："如果没有王将军，我们这些人几乎要陷于不义的境地了！"于是下江兵与舂陵兵、新市兵、平林兵会合。此时，绿林军各部同心协力，一改前些日子即将散伙的阴霾，士气高昂。刘演用丰盛的酒食招待各路军队，大家订立盟约，然后刘演让士兵休息三天，并把军队分为六路。这时，刘演等人得知甄阜和梁丘赐军队的辎重并未随军携带，于是绿林军就在十二月三十日夜里，秘密出击，攻取蓝乡，把官军的物资全部夺了过来。

地皇四年（23）正月初一，刘演从西南方向进攻甄阜，下江兵从东南方向进攻梁丘赐，双方战到早饭时分，梁丘赐军先溃，甄阜的军队看到大势已去，遂作鸟兽散，绿林军追至潢淳河边，由于桥已被拆毁，无法渡河，官军被斩杀和溺死的有2万多人。乱军之中，甄阜、梁丘赐相继被杀，绿林军大获全胜，再次进逼宛城。

这时的宛城里，还有棘阳县的县令岑彭和南阳郡的副手严说守在城里。严尤和陈茂听说甄阜被杀的消息之后，大惊，于是这两个人不等军队休整完毕，就领兵直奔宛城，结果在淯阳城下，二人被刘演击败。于是刘演自称"柱天大将军"，率领绿林军包围了宛城，也大约是在这个时候，平林兵中的一位宗室刘玄，自称为"更始将军"，他也是长沙王春陵侯这一支的南阳刘氏。

消息传到长安，王莽非常惶恐。他早就听过刘演刘伯升的大名。而且更让王莽不安的是，以往的起义军，大多没有建制，也没有称号，可这次由于南阳刘氏的加入，许多起义军的头领都自称将军，王莽觉得这是不可接受的。于是王莽发布了悬赏令，凡取刘伯升人头者，赏食邑5万户、黄金10万斤，并且封为朝廷上公。而且王莽找人画了许多刘演的画像，挂在箭靶上，让大家一起练习用箭射它。

自从打败了甄阜和梁丘赐以后，每天都有来投奔绿林军的人，光士兵就已经招募了10余万人。由于本来绿林军就分成了好几部，经此一战，大家也越来越明白，要想聚集天下的人心，还得选出一位汉家宗室的人才能让大家都服从，也能顺应大家封侯拜相的愿望。大家找来找去，发现符合条件的只有两个人——刘玄和刘演。

接下来就是选边站的时间了。按照史书上的记载来看，刘玄和刘演是两个很不一样的人。

刘玄早年在家乡的时候，他的弟弟被杀，他便结交门客，为弟弟报仇，受到牵连才逃往平林，在后来陈牧率军响应王匡的时候，刘玄便是平林兵的元勋之一，在平林兵乃至新市兵军中都很有威望。而刘演起兵的出发点与刘玄不同，刘演作为南阳宗族的领袖，他想要的绝不仅仅是攻下几座城，抢掠一番，所以，刘演治军很严，同时对自己部下的要求也更多。

也正因如此，新市兵、平林兵的将领更喜欢刘玄，因为这些军队大多军纪败坏，放纵享乐，这一点后来一直伴随着更始政权始终。他们当然不喜欢刘演。但同时，刘演也确实没有足够的本钱，支持他的主要是南阳宗族的人，但这些人在军事上没有什么实力，这一点从后来刘秀最初出走河北时的狼狈就能看出来。至于下江兵，想必以王常为首的将领应该是倾向刘演的，但对这些人来说，刘玄和刘演谁当皇帝，好像区别也不是太大。就这样，刘玄就被拥立为皇帝，从某种意义上说，这时刘玄当皇帝，似乎也更有利于绿林军的团结。

确定皇帝大位之后，绿林军的人来找刘演，通知他这一事实，刘演想必也知道自己没有不同意的权力，于是想出了一条权宜之计，他说："各位将军要尊立刘姓皇族，承蒙厚爱。然而现在赤眉在青、徐二州崛起，拥兵数十万，听到南阳拥立刘姓皇族的消息，恐怕他们也会效仿，王莽还没有覆灭，而刘姓皇族互相进攻，这将会让天下疑惑，从而损害我们的力量，不是灭掉王莽的好办法。而且，舂陵离宛城不过 300 里，仓促间自立为皇帝，会使我们成为天下人攻击的目标，这也不是好办法。不如我们暂且称王来发号施令，诸侯王也可以震慑斩杀诸将。如果赤眉拥立的人很贤能，我们就一起去投奔归附他，他们也绝不会剥夺我们的官爵。如果赤眉没有立皇帝，那么，等我们消灭了王莽，再收服了赤眉，然后称帝，也不算晚。"

虽然刘演的这番话有些私心，但仍然具有一流政治家的眼光，多年以后，明太祖朱元璋的部下告诉他"缓称王"，差不多就是这个道理。将领们听过之后，觉得挺有道理，但就是没人拿主意。这时，张卬却拔出佩剑，砍击地面，说：

"疑事无功，今日之议，不得有二！"

大家觉得张卬这么做，也有道理——这也就说明了绿林军其实也没个主意，大家都是第一次面对这种局面，都是墙头草。

就这样，大事敲定，事不宜迟。于是在地皇四年（23）二月初一，绿林军在淯水河畔的沙滩中设置祭坛。刘玄登极，由于他之前号称"更始将军"，所以就以"更始"为年号，这一年也被称为"更始元年"。只见刘玄面向南方站立，接受群臣朝拜。但史书上说刘玄感到很羞愧，满脸流汗，只举手而说不出话来。这看起来实在像是后世的诋毁之词。

在确立年号、宣布大赦的同时，刘玄大封功臣，王匡为定国上公，王凤为成国上公，朱鲔做大司马，刘演排在第四，做了大司徒，陈牧做了大司空，其他将领都作为九卿将军，抚养刘演兄弟长大的刘良，同时也是刘玄的堂叔，被任命为当国三老。很明显，下江兵的几位首领都没有做上大官，这也说明了刘玄的立场，而直到现在还一无部曲、二无军功的刘秀，只混上了一个太常偏将军的职位。

三、昆阳大战

王莽听说了"更始称制"的消息，大惊失色。但按照"影帝"的习惯，越是慌乱就越要显示自己镇定。但现在的局面，光是表演恐怕不行了，必须得有点儿事儿发生。于是王莽导演了一出"返老还童"的闹剧。他先是把自己已经被岁月染白的须眉重新染成了黑色。同时，下诏册立杜陵进献的淑女史氏为皇后，并赠与聘礼黄金 3 万斤，还有车马奴婢丝帛珍宝，价值千万。

这还不够，只一个皇后如何彰显 68 岁的皇帝重返壮年呢？王莽下诏，遵照周礼，一次性册封了 3 位夫人，位同公爵；9 位嫔女，位同公卿；27 位美人，位同大夫；81 位御者，位同元士，一共 120 人。还将自己的岳父史谌、两名内弟都封为列侯，并大赦天下。自己则每天与一个涿郡的方士昭君研究

"房中之术"，想以此让自己子嗣广布。举行策命的这一天，狂风大作，吹毁房屋，折断树木，群臣私下里又觉得这不是好兆头。

同时，王莽在强调自己返老还童、不日飞升之余，仍不忘对叛军进行武力震慑。于是宣布诏命："命王匡、哀章等讨伐青州、徐州的赤眉军，命刚刚战败，退守颍川的严尤、陈茂讨伐南阳地区的绿林军，并且明白地向盗贼们宣告，降者不杀，但如果仍然执迷不悟，不知悔改，朝廷即将派遣大司空、隆新公王邑带领百万大军剿灭他们。"除此之外，王莽还派朝廷四辅、三公的属官等72人下去传旨，大赦天下，这些人一走出京城，就作鸟兽散了，其中有一个人叫隗嚣，他跑回了自己的天水老家，后来组织了一支割据十几年的地方势力。

在南阳，刘玄即位之后，做的第一件事就是分兵。绿林也好，赤眉也罢，这些农民军动辄十几万，甚至几十万人，军队聚集在一起，消耗的军粮非常多，带来的地方治安问题非常大。即便在南阳这样的地方"主场作战"，也难以为继，所以这些军队人数一多就必须得分兵。三月，刘玄命刘演带兵进攻宛城，而王凤、王常、刘秀等人带兵去攻打颍川的严尤等人，

宛城实在是不好打，但刘秀这支部队却相对顺利，先后攻占了昆阳、定陵、郾城等几个县，严尤和陈茂本来手里就都是现凑的军队，又经历了之前跟刘演打仗的失败，已经很难组织起有效的抵抗了。而王莽听说南阳的战事不利，只好派遣司空王邑乘坐驿站快车急速出发，和司徒王寻一起发兵去平定崤山以东地区。大司空王邑和司徒王寻都是王莽最信得过的人，这支军队也集齐了新朝目前能拿出来的全部力量，堪称"最后的大军"。

从人数上说，王邑亲临洛阳，命令各州郡都选派精锐的士兵，由所在州郡的长官亲自率领，在规定期限内集合起来的就有43万人之多，还有许多在路上没有赶到的军队，号称百万，各营垒的旗帜、辎重绵延千里而不断绝。

从配置上说，王莽从天下征召通晓63家兵法的人为军官，又赶来猛

虎、豹、犀牛、大象等猛兽以助军威。同时，王莽还派了一位巨人叫"巨毋霸"——关于这个巨人，还有一段插曲。这个人是在三年多以前，王莽筹划攻打匈奴时，夙夜（今山东省荣成市不夜村）连率（新朝地方长官的名称，相当于县令）韩博进献给王莽的一位奇士。其身高一丈（约2.31米），腰粗十围，自言要去征讨匈奴。韩博建议王莽，应该准备一副特大的铠甲，一辆高车，一套古代勇士孟贲、夏育那样的人穿的衣服，派遣一位大将和100位虎贲武士到路上来迎接他。京师的城门如果不能容纳他，就把门开高一些，这样就能震慑蛮夷，安定天下。韩博说这段话，其实是在消遣王莽，因为王莽的字是"巨君"。王莽不傻，当然明白韩博的用意，于是就把韩博召来，下狱处死。这个巨人，王莽把他安置在新丰县。现在，到了殊死一搏的时候，王莽又想起他来，让他在军中做垒尉，以壮声势。

这时的新莽部队号称"虎牙五威兵"，远远看去，这支军队就像美剧《权力的游戏》里面，雪诺从北境带回的"野人大军"一般。《后汉书》上说，秦汉以来，大军出击，还没有这样的阵仗。到了五月，王寻、王邑离开颍川南下，和严尤、陈茂的军队会合，

刘玄即位后，绿林军已经改称"汉军"。"汉军"的各位将领看到王寻、王邑带领的"人兽军团"兵多势大，纷纷往回跑，退回到昆阳城内，全军上下惊慌不安，担忧妻子和小孩，有人提议，要不大家原地散伙，各回各家。

关键时刻，刘秀站出来对大家说："现在城内的军队、粮草都不多，而城外敌军又非常强大，我们合力抵抗敌军，或许还可以立功活命，一旦我军分散，势必不能一一保全。况且大司徒刘演的部队还没有攻下宛城，不可能来救援我们。假如昆阳被敌军攻破，只要一天的时间，我军各部就会全部被灭。现在大家怎能不同心同德，共举大业，反而想要守着妻子财物呢？"

这话说得很重，而且刘秀的身份只是偏将军，所以很多将领都大怒说："刘将军怎么敢这样说！"刘秀一笑，从容起身离席。正当此时，侦察的骑

兵回来，报告说："敌人大军即将到达昆阳城的北面，光士兵排列的军阵就有几百里，一眼望不到边。"这些将领一向轻视刘秀，但到了这样的紧急关头，又都无对策，这才互相议论道："还是再去请刘将军谋划这件事吧。"

于是刘秀又给将领们分析成败因素，打了一顿鸡血，这回将领们虽然心存疑虑，但都强作镇定地说："按刘将军说的办。"这时城中一共只有八九千人，刘秀让成国上公王凤和廷尉大将军王常留守昆阳，自己连夜和五威将军李轶等 13 人骑马冲出昆阳城的南门，去外面寻找援军。第二天一早，王邑、王寻的军队就完成了对昆阳城的包围。

这时的王寻、王邑踌躇满志，准备荡平昆阳。于是王莽军中唯一的明白人严尤向王邑建议说："昆阳城虽小，但很坚固，现在假冒皇帝名号的刘玄人在宛城，我们应该迅速向宛城进军，刘玄肯定望风而逃，而宛城方面的汉军一旦失败，昆阳城里的汉军自然会向我军投降。"

王邑倒也没有否定严尤的建议，只是说："我以前围攻翟义，因没有活捉他而受到谴责，如今率领百万大军，遇城不攻，如何显示军威！不但要攻城，我们还要屠城，到时候'喋血而进，前歌后舞'，那才叫痛快！"站在王邑的角度，结合当时的形势，好像这样做也问题不大。

于是王邑率大军围城，小小的昆阳城被围了十几层、列营上百个，钲鼓之声传出数十里，有的部队挖地道，有的用冲城锤撞击城门，还有诸多弓弩手万箭齐发，向城内乱射，箭如雨下。城里的人连去取水都得背着门板，以防流箭。王凤和王常原来都是在四处打游击的农民军，哪见过这个阵势，派人出城请降。傲慢的王寻、王邑根本不予理睬，他们觉得旦夕之间，昆阳可破，不必考虑军事方面的问题。这时，严尤又建议说："《兵法》有云：'围城为之阙'，阙的意思就是缺口，我们应该故意留下缺口，引诱敌人逃走，这样会让逃走的人去宛城报信，将恐惧带给宛城的汉军。"王邑同样也没有听取这个建议。

一不接受投降，二不网开一面。这就让城里的守军明白了，城破就意味着死亡。于是王凤、王常只好整顿军队，顽强死守，等着刘秀搬来救兵，解昆阳之围。就在这一天夜里，有陨石坠落到了王寻、王邑的军营里，第二天白天，又有乌云像山崩一样坠落下来，到地面一尺才消散，军中士卒面对天现异象，纷纷跪倒，匍匐在地。昆阳也得以迎来了片刻喘息。

刘秀突围后，带着十几个人到了郾城、定陵等地，征调各营的军队。绿林军对于作战倒是没有啥抵触情绪，只是各位将领在这段时间一路抢掠，积攒了一些财富珍宝，想要分出一部分兵士留守。刘秀于是只好劝说："现在如果我们能击溃敌人，有万倍的珍宝，光复汉室，大业可成；一旦被敌人打败，脑袋都没了，还要这些财物作甚！"于是这几个县的士兵全被刘秀带了出来，不过一共也只有几千人。

刘秀知道，昆阳城根本撑不了多久，得赶紧回去。六月初一，刘秀会合各营部队一同出发，亲自率领步骑兵一千多人，前进到距离王莽大军四五里的地方，摆开阵势。王寻、王邑也派几千人前来交战，刘秀纵马驰骋，亲手斩杀了数十人。手下的将领见状，纷纷惊讶感叹道："刘将军平时看到弱小的敌军都非常胆怯，现在见到强敌反而英勇起来，真是值得钦佩！让我们一起上阵，助刘将军一臂之力吧！"于是刘秀率领军队，在敌阵中拼杀，王寻、王邑的军队一看对方如此生猛，心生怯意，节节败退，刘秀军接连获胜，斩杀了数千人，将领们也深受鼓舞，全都以一当百。

获得小胜的刘秀决定继续采用心理战，他伪造了一封信，说宛城已经被攻破，援军马上就会到达昆阳。刘秀还派人将这封信送进昆阳城，同时又故意丢失，让王寻和王邑的军队得到这封信。这样做一方面是鼓舞城中的士气，另一方面也是动摇王莽军的军心。果然王寻、王邑听说这个消息之后非常紧张。其实这时的宛城确实已经投降了，但刘秀并不知道，这只是他的一个计策而已。

　　刘秀带来的这几千援军，如果驻扎下来打消耗战，是根本无济于事的。所以刘秀马不停蹄，率领三千敢死队从城西水岸边进攻王莽军的主将营垒。这时的王寻、王邑仍然很轻视这股小部队，于是二人亲自带领一万多人出战，并且下了一条愚蠢的命令，严令各营都不准擅动，王邑、王寻要单独迎战这支冲上来的汉军。从王邑之前和严尤的对话来看，估计他是很想证明自己的。而王寻是怎么想的已经不可能知道了，因为两军一交战，王莽军就处于下风，各营又都慑于军命不敢擅动，王寻、王邑的军队很快便露出败势，汉军上下一鼓作气，大获全胜，王寻于激战中被杀。

　　这时，昆阳城中的汉军一看胜利在即，再加上收到刘秀"宛城胜利"的情报鼓舞，也敲响战鼓，大声鼓噪，冲杀出来。双方里应外合，喊杀声震天动地；王莽的"人兽大军"崩溃，逃跑的士卒互相践踏，倒在地上的尸体绵延100多里。

　　就在此时，天空忽然雷鸣电闪，刮起了大风，连屋瓦都被风刮得四散乱飞，大雨倾盆而下，霎时间，昆阳城北的潍水暴涨，随军的虎豹都吓得瑟瑟发抖，光是掉入水中溺死的士兵就有上万人，潍水因此不能流动。王邑、严尤、陈茂等人骑马踏着河中的尸体渡河逃走。汉军获得了王莽军抛下的全部军用物资，珍宝财物数不胜数，几个月的时间都搬不完，最后一部分剩下的物资就被原地烧掉。

　　至于王莽军的士兵，都各自跑回了故乡——他们不少人也都来自各地的军队。这样的军队就像之前甄阜和梁丘赐的南阳官军，单独作战，保卫家乡，战斗力尚可，但多支这样的部队凑到一起，如果缺乏有力的领导，很难形成统一的战力。昆阳大战之后，王邑从长安带来的几千勇士保卫他回到了洛阳。不久又被王莽接回了长安，严尤和陈茂先是逃到了沛郡谯县，后来投靠了在汝南称帝的汉室后裔钟午侯刘圣，背叛了新朝。

　　关中的人们听到了朝廷昆阳战败的消息，都十分恐惧。这时，原来被王莽称为"盗贼"的各路义军都看到了希望，于是纷纷杀掉所在地的州郡长官，自称将军，并使用更始年号，梦想着等到更始皇帝的诏命。一个月之内，这种形势就传遍了天下。

四、新莽覆灭

大军失败的消息传回长安，王莽做了三件事：

第一是汉军中有传言，说王莽当年用毒酒鸩杀了汉平帝。王莽闻言只能召集公卿到王路堂，打开当年他为平帝祈福时用的金柜子，里面是当年他作秀时写的策书，写着自己愿以身相代，替汉平帝承受病痛与死亡。王莽流着泪，把策书给群臣看，并派手下张邯向天下解释自己的品行十分高尚，是大大的忠臣，代汉只是接受了"天命"。

第二是王莽干起了多年的老本行——符命，这次用的是《易经》，王莽讲："《易经》有云，伏戎于莽，升其高陵，三年不兴。这里的莽，无疑指朕，升指刘演（字伯升），而这个高陵指的是高陵侯的儿子翟义，所以这句话的意思就是刘演和翟义就是埋伏在朕身边的戎兵，朕要把他们全部消灭！"群臣听到这里，纷纷下拜，山呼万岁。其实这句话根本不是这个意思，但这一时期流行谶语，重新解释上古典籍是当时的风尚。

第三是要实践《易经》上面的话，于是王莽下诏，用槛车押解几个人，从函谷关东出，向崤山以东的百姓宣示，车上几人就是反贼刘演。之后再将他们几个人处死。不过这次的把戏没灵，百姓们都看出王莽在骗人。

这一番操作之后，王莽的心里仍不安定，每天都惶惶不可终日，忧虑愤懑得连饭都吃不下了，只喝酒，吃鳆鱼——鳆鱼就是我们今天吃的鲍鱼，而秦汉时期的"鲍鱼"一词指的是腌渍的咸鱼，王莽吃鲍鱼可能是目前关于中国古人食用鲍鱼最早的记载。发愁的王莽每天都在阅读兵书，累了就靠着几案休息，从此开始，王莽就不睡在枕头上了，在这穷途末路之际，连身边的人，都产生了谋害王莽的想法。

长安城里有个道士，名字叫西门君惠，在王莽的堂兄卫将军王涉府上做门客。这位西门君惠懂得天文和谶语，他对王涉讲："我见有彗星扫过宫殿，刘氏应当复兴。"同时他又根据之前"刘秀发兵捕不道"的谶语说，这不就是国师公的名字吗！王涉就信了他的话，并告诉了大司马董忠，于是这两个人没事儿就去找刘歆喝酒，刘歆此时改名叫刘秀，为了区分光武帝，我们还称刘歆，不管王涉、董忠怎么说，刘歆就是不回应。

后来有一次，王涉特意去拜访，哭着对刘歆说："我是想与国师公您共同安定宗族，为什么你不相信我呢！"刘歆说，根据他观天象，东方的汉军必定会胜利。王涉干脆袒露心迹："不如干脆挟持王莽，东出函谷关，去投降南阳的天子，至少还能保全宗族，如若不然，我们都会被灭族！"于是三人开始密谋。为了掌握宫中宿卫，董忠去找了起武侯孙汲，结果孙汲回家，吃不下饭，妻子问起，他就实话实说，之后妻子告诉了自己的弟弟陈邯，再后来，陈邯和孙汲一起去向王莽告发，事情败露。

王莽派人将这几位召进宫来，趁机责问。这一过程中，董忠被杀。王莽命令虎贲武士用斩马刀将董忠的尸体剁成几块，尽数夷灭董忠的族人。看到这个情形，王涉与刘歆也都自杀了。只是王莽感念二人一个是宗室，一个追随自己多年，隐瞒了他们的罪行，也没有株连刘歆的长子。后来在宫殿中，有人看见一株仙人掌旁边站着一位穿青衣的老人，人们私下都说，这是国师公刘歆。王莽派人占卜这件事，得到的结果是"忧兵火"，王莽斥责了占卜的官员，他认为那是他的皇叔祖王子侨，是来迎接他登仙的。

这一场闹剧过后，王莽已经众叛亲离，朝中已经没有被他所信任的人，他更没心思去管远方的郡国了。他让大司空崔发叫王邑回来，崔发觉得王邑为人非常谨慎，刚刚在昆阳战败，如果下诏让他回来，恐怕他会为了名节自杀。于是他亲自去洛阳，慰问王邑，并颁发了王莽的诏书：

"我年老毋適子，欲传邑以天下。敕亡得谢，见勿复道。"

这段话的意思是说自己没有嫡子，想传位给王邑，告诉他不要谢罪，有话回来再说。王邑就这样回到了长安，担任大司马，开始组织京师的防卫。而王莽自己，则下令毁坏汉元帝和汉成帝的陵墓，自己念念有词，"拿大斧，砍枯木；发大水，灭大火"，像这样的胡话，王莽还说了很多，从史书上的记载来看，感觉这时的王莽已经受到了强烈的精神刺激。

这时的天下已经刀兵四起，除了刘玄在宛城称帝之外，还有宗武侯刘望（一作刘圣）在汝南称帝，封严尤为大司马，陈茂为丞相；陇西成纪人隗崔和同宗人起兵，推举隗嚣为上将军，杀了郡守，分兵攻打整个陇右地区，全部攻克，其他地区望风而降；茂陵人公孙述本来在清水县当县长，派人假冒更始政权的使者，授予自己辅汉将军、蜀郡太守兼益州牧的印信，兼并了宗成等人的部队，割据一方。

昆阳大捷之后，更始帝刘玄派出了两支军队，一支由定国上公王匡率领，进攻洛阳，而守卫洛阳的正是王莽的私生子太师王匡（二人重名，前文已有所述）。后一支军队由西屏大将军申屠建和丞相司直李松率领，进攻武关。这两支军队看起来王匡那一路是主力，而申屠建这一路很明显带有试探的性质，申屠建本人也非常谨慎，用李松带领3000人先行进军，可就是这支探路的小部队，几乎不费吹灰之力就占领了这座被称为"秦楚咽喉"的关隘。

因为这里有人已经先行起事了。

就在王莽命王匡和哀章死守洛阳的这个月，南阳析县人邓晔、于匡在南乡起兵响应刘玄的更始政权，析县这个地方地理位置很有意思，它在西汉时属于京兆尹管辖，到了新莽时期，才划归了南阳郡，这个地方距离关中的南大门"武关"，直线距离只有七八十千米。想去关中，陆路有三条，第一是从北边大漠南下，这条路太过凶险；第二是走长安东边的函谷关；第三便是走长安南方的武关。当年公子重耳入秦，后来的刘邦入咸阳，都是走的武关。

王莽当然知道其重要性，武关这个地方的防守也可以说是梯次配置，比较合理。析县宰率领几千人在郦亭驻扎，保护外围；武关都尉朱萌驻守关城，弘农太守宋纲为后援策应。可是战事一起，邓晔就对县宰说："现在刘家天子已经即位，你怎么还敢负隅顽抗呢？"县宰一听，随即请降，带领这几千人掉头进攻武关，这时邓晔和于匡自称左右辅汉将军，率领军队占领了析县和丹水县，进逼武关，没想到守将朱萌一见邓晔的军队就投降了，于是邓晔率领部队顺利进入武关，在弘农与宋纲决战，大胜，宋纲被杀，邓晔还向西攻占了湖县。

号称汉军的各股部队已经进入了三辅地区，王莽非常忧虑，不知所措。这时王莽的三公分别是大司马王邑、大司徒张邯和大司空崔发。王邑虽然军事才能不能和那些名将相比，好歹忠心耿耿，是此时最值得信任的武将；而张邯是最初帮助王莽推行井田制起家的，没有什么能力，但也算是比较忠诚；大司空崔发则主要是懂得谶纬符命之类的东西，不懂处理政务，之前建"九庙"的事情就是他搞出来的。这时的崔发又建议王莽说：

"《周礼》及《春秋左氏》，国有大灾，则哭以厌之。故《易》称'先号啕而后笑'。宜呼嗟告天以求救。"

这时的王莽已经知道自己败了，只好率领群臣到南郊祭天，陈述自己获得符命，登上皇位的始末，并许下了自己最后的愿望："上天既然授命于我王莽，为何不帮助我将贼人消灭？如果我有啥做得不对的地方，我愿意被雷霆击杀！"说罢，表演开始，只见王莽捶胸顿足，号啕大哭，哭得气脉不足，就伏地叩头。光自己哭还不够，王莽还让一些老百姓早晚痛哭，由朝廷管饭，哭得特别痛心的，还可以被封为郎官，因为哭戏精彩，一次被封的就有 5000 多人。

光哭也不是办法，王莽手里还有最后一张底牌，就是驻防在东边防备函谷关方向敌人的禁卫军。王莽将这几万军队组织起来，任命将军9人，都用"虎"作为将军的名号，向东方开去。为了防备"九只虎"在前线倒戈，王莽把他们的妻子儿女都扣押在皇宫中作人质，同时赏赐九虎将士每人4000钱——这时的皇宫中，装有10000斤黄金的大柜还有60多个，各处的丝帛珍宝差不多也有这么多。因此，将士们拿到每人4000钱的赏赐都抱怨太少，军队毫无斗志。

"九只虎"率领大军走到华阴县回溪，据险防守。于匡带着数千弓弩手在风陵渡隔河挑战，作为佯攻，带弓弩手其实就是为了不让对方接近自己，保持"社交距离"。邓晔亲率主力2万人从阌乡南侧的枣街、作姑出击，先击溃其中一部，接着绕到北侧从"九只虎"的后面出击，"九只虎"中"六只虎"战败，其中史熊和王况逃回长安等候发落，王莽派人来责问，你们的军队何在？二人只好自杀。另外"四只虎"也随即逃亡，剩下的"三只虎"收拾残部，退守渭口的京师仓。

之前邓晔打开武关，迎接汉军，直到他在华阴打败"九只虎"，更始帝刘玄的先头部队，丞相司直李松率领的2000多人才赶到湖县，于是双方合兵，进攻京师仓，但剩下"三只虎"拼死抵抗，汉军没打下来。就这样，邓晔和李松决定改变策略，先扫荡长安周边，最后再攻城。

于是，邓晔任命投降的弘农掾王宪为校尉，率领数百人北渡渭河，进入左冯翊境内。李松派遣偏将军韩臣，一直向西推进到新丰，去攻打王莽的破水将军窦融。窦融是王邑的心腹，而且本人颇为识时务，在几朝都是高官，但新莽的军队此时已无心恋战，一触即溃，韩臣追击，直抵长门宫。

王宪的部队推进到频阳，此时新莽大势已去，沿途地方官府都望风而降。各县的豪门大姓也都纷纷起兵，自称汉将，率领部众追随王宪，军队像滚雪球一般越来越多。

李松、邓晔率军抵达华阴时，长安附近的部队已从四面八方汇集到城下，这支军队有多少人，史书上没有记载，但从前面的描述来看，应该至少有几万，这么多军队聚在一起，除了邓晔和于匡这两位自封的将军之外，最大的官就是李松，可他也只不过是丞相司直，这也就注定了，接下来的局面会比较混乱。

就在此时，大家听说天水隗嚣的人也要到了，坐不住了，都争着要第一个入城，有人想手刃王莽，建功立业，更多的人只是为了破城之后，掠夺长安城的金银财宝。

在城里，王莽已经没有多少军队可调遣了。干脆，他赦免了城里监狱的犯人，给他们发放武器，同时杀猪饮血，让他们立誓说："如有不为新朝效力的人，让社鬼记住他！"看来王莽也知道，对这些囚犯，什么礼义廉耻都不管用，只有诅咒才能逼他们就范，但很遗憾，王莽还是高估了这些人的道德水平，更始将军史谌率领着这些犯人刚渡过渭桥，这些人便作鸟兽散，只剩史谌光杆儿一人回来了。各路士兵挖掘王莽的妻子、儿子、父亲、祖父的陵墓，烧了他们的棺材，焚毁了刚刚建成的辉煌的九庙，也焚毁了王莽为了托古修建的明堂和辟雍，火光映照到城内。有人在这时对王莽说，守城的关东人不可信，于是王莽改派南越的骑兵守城，让本就没有抵抗力的军力，更加捉襟见肘。

九月初一，长安城破，攻城的军队从宣平门入城，按民间的说法，这是长安的都门。巡城的大司徒张邯正好遇到汉军，被杀。王邑、王林、王巡等人分别带兵在北边的宫殿下抵抗。这时的汉军为了杀王莽，抢头功，已经红了眼，全部以一当十，天黑下来，城里的官员和豪门都已经一哄而散。

九月初二，城里的小青年朱弟和张鱼等人害怕遭遇抢劫，于是聚集起来，焚烧了将作室的大门，用斧子劈开敬法殿的小门，冲入皇宫，大声喊道："反贼王莽安在？"大火蔓延到掖庭和承明殿，这里是黄皇室主（即黄皇公主）居住的地方——这位黄皇室主是汉平帝刘衎的皇后、王莽的女儿王嬿，这个可怜的女孩嫁给汉平帝时只有14岁，但一心忠于汉室，后被王莽改封为黄皇室主。这时见汉兵破城，王嬿说："何面目以见汉家！"自己纵身投入火中而死。

王莽避火躲到了未央宫宣室前殿，可是大火总是跟着他。王莽穿着新朝皇帝全套的天青色衣服，拿着据说是虞帝的宝剑。天文官在前面拨弄计时的勺柄，不断"加上"流逝的时间，王莽也随着斗柄转着圈地坐，嘴里不停地说："上天把天命德行赋予我，汉兵能把我怎么样呢！"但这位68岁的老人已经很长时间没吃东西了，说话也显得有气无力。

九月初三，天就要亮了，阳光从函谷关的方向照过来，群臣搀扶着王莽，从前殿向南走下了长长的台阶，再向西走出白虎殿大门，和新公王揖在门外备好了车。王莽坐上车，去了渐台。他还想着凭借渐台周围的池水，继续抵抗。王莽的怀中还抱着符命，抱着他为了"压胜众兵"而做的威斗，公卿等随从官吏还有1000多人跟着他。

这时的王邑已经激战了两昼夜，长时间的紧张和缺乏睡眠，都让他疲惫至极，转头看看周围，士兵已经死伤殆尽，他飞马进入宫中，辗转来到了渐台，想在这里再建立一道防线。正巧，他看见他的儿子侍中王睦正在换去官衣官帽，想要逃走，王邑喝止住他，让他去渐台作战，于是父子俩一同守卫着他们王家的皇帝。

汉军兵士们进入未央宫的大殿，大声喊道："王莽在哪儿？"有美人从房中出来，说："在渐台。"众人闻听赶到渐台，把这里包围了几百重。台上的卫士仍在用弓箭和包围上来的汉军对射，箭用完了，双方终于短兵相接。乱军之中，王邑父子、王巡等人全部战死，王莽躲进了内室。

酉时三刻，汉军士兵攻上了渐台，王莽的随行公卿等人都死在台上。商县一个叫杜吴的人杀死了王莽，解下了他的印绶，但他并不清楚这人便是王莽，只觉得是个大官。东海人公宾原来做过新莽的大行治理丞，看到杜吴手里的印绶，就问他是哪里来的。杜吴说在殿室的西北角。二人进去一看，公宾认定此人就是王莽，随即将他的头砍下。接着跟随而来的军官就将王莽分尸，王莽的尸体被分裂成数块，几十人在争抢中受伤。

公宾提着王莽的脑袋前往王宪那里请功，史书并没有记载公宾受到何种封赏。反而是王宪，趁机自称汉朝的大将军——这个大将军可不是申屠建那种"西屏大将军"，而是霍光那种"大将军"，城里几十万各路军队都归属了他。之后王宪可能是失心疯了，自己住在长乐宫，把王莽的妃嫔都作为妻妾，出行使用王莽的车马、衣服和器物。

九月初六，李松、邓晔进入长安，将军赵萌和申屠建也在随后赶到。因为王宪缴获了玉玺没有上交，还私藏了许多宫女，使用了天子仪仗，就把他下狱杀死。同时，把王莽的头装入匣中，送往宛城，据说更始帝刘玄在看到后还说："莽不如是，当与霍光等。"随后便传令，将王莽的头挂在街市示众，百姓都用石头扔他，据说还有人把王莽的舌头切下来吃掉了。

关于王莽的头，还有这样一条材料，也是出自正史。《晋书·列传六》名臣张华的传记中说：

"武库火，华惧因此变作，列兵固守，然后救之，故累代之宝及汉高斩蛇剑、王莽头、孔子屐等尽焚焉。"

按照这个记载，王莽的头至少保留了200多年，或许后来人们一直觉得，王莽败亡后的教训确实是全方位的，外戚起家，伪装夺权，倒行逆施，脱离人民，妖言惑众，祸国殃民。

可惜的是，王莽的种种倒行逆施，也并没有让后来的东汉吸取多少教训，或者说，在漫长的历史中，总有一些问题，每隔一段时间就会重现一次。

第四章

刘秀复汉

　　王莽死后，新朝在各地的势力分崩离析。扬州牧李圣、司命将军孔仁在山东地区兵败，李圣战死，孔仁率部投降，可是投降之后，孔仁越想越觉得对不起王莽，叹息说："我听说食君禄当报君恩。"说罢，便拔剑自刎。

　　曹部监杜普、陈定大尹沈意、九江连率贾萌都因为守城不愿意投降，被汉军杀死。当年"九只虎"之一的郭钦和赏都大尹王钦一起守京师仓，听说王莽死去的消息，才出来投降，更始帝刘玄觉得他们很讲义气，把他们都封为列侯。

　　更始政权的定国上公王匡攻陷洛阳，生擒了新莽的太师王匡、国将哀章，将他们全都斩首。

　　严尤和陈茂在昆阳城下失败后，逃到了沛郡谯县，召集百姓，自称汉将，严尤还登台演说，细数王莽篡汉的罪行，陈茂当时就伏在地上哭泣。后来二人投靠了在汝南称帝的钟武侯刘望，十几天之后，被更始军击败，可怜严尤，作为一代名将，最终也死在乱军之中。

　　此时天下郡县纷纷投降，天下尽数归汉，可就在这时，三辅地区的百姓却开始聚集起来，占据县邑，表现出了对新政权的怀疑。

　　王莽死去后的长安，最大的官是西屏大将军申屠建，理应由他主持局面。第一个问题就是新莽剩下的最大的官大司空崔发，他是申屠建的老师，教过他《诗经》，于是申屠建网开一面，崔发得以逃过一死。但没过几天，崔发不知道是在战火中受了刺激，还是想念自己的老上级王莽，居然动用自己的老本行——符命，公开扬言，天下不应该再归属汉室。按当时的情况分析，崔发这么做可能只有一个目的，就是希望自己的学生申屠建借机称帝。

结果申屠建这人是个一根筋，直接把这位老师杀了。

杀掉崔发等人后，申屠建还面临一个难题——那就是在进攻长安的过程中，汉军急速膨胀，三辅地区的低级官吏（比如王宪），还有各路豪强都自称汉室将军，也都希望在功成之后能受封列侯。可申屠建到了长安，以僭越之名杀了王宪，却还对外扬言说三辅造反的豪杰狡猾，才杀了王莽。这几乎等于想把王莽之死的功劳揽在自己身上，于是三辅地区的人们不再跟申屠建合作，这位西屏大将军在长安倍感孤立，只好飞马向更始帝刘玄报信。

这时的更始帝刘玄早不在宛城，而是已迁都洛阳了。

一、潜龙勿用

当年刘秀在昆阳大胜，得到了很多王寻、王邑大军的辎重珍宝。大部分都被运到了宛城的刘玄那里。也正是这些东西，支持了初建的更始政权，同时让定国上公王匡能够有力量去进攻洛阳。

在打扫战场，整理战利品之后，刘秀继续向颍川一带进军，到了父城，但未能攻克，于是大军就暂时驻扎在巾车乡。这时在父城中防守的除了县令苗萌之外，还有颍川郡掾冯异，见汉军扎营，冯异偷偷出了城，准备到附近的五个县巡查防务，被汉兵生擒。冯异的堂兄冯孝和几个同乡此时在刘秀军中，就向刘秀介绍冯异的才干。

见到刘秀以后，冯异觉得此人器宇不凡，于是就说："我的老母亲还在父城，如果能放我回去，我愿意向您献上这五座城邑。"得到刘秀的许诺之后，冯异就回去对父城县长苗萌说："刘玄的将领们多数都凶残蛮横，只有这位刘将军所到的地方，不抢夺百姓的财物。我观察他的言谈举止，此人绝不一般。"苗萌同意之后，二人一起开始准备率领五县军民投降，等冯异准备完毕之后，却发现城外的军队已经换了统帅，于是冯异又继续坚守，等到刘秀做司隶校尉再次经过这里时，冯异才打开城门，迎接刘秀，投降汉军。后来这位冯将军成为刘秀复汉的中坚力量之一，在汉明帝编定的"云台二十八将"中排名第七，刘秀说和他"情同父子"。

刘秀在颍川时，经常感到心神不安，有一天门外拴着的一匹驮有战鼓的马受惊，发出巨大的撞击声，邓晨赶紧出门去看，发现是马的声音。紧接着，刘秀就接到了大哥刘演的死讯，迅速回宛城奔丧谢罪去了。

新莽地皇四年（23）二月，刘玄即位做了皇帝，刘演被封为大司徒，南阳的豪杰们都非常失望。当时平林军正在攻打新野县，没打下来。新野县令潘临登上城头，说："只要有大司徒刘演的一封信来，新野愿献城投降。"后来刘演奉命领兵去攻打宛城，大军来到新野，县令果然开城投降。新野县是刘秀的姐夫邓晨的老家，这倒也不算奇怪，可是在别人看来，刘演的地位与其他绿林出身的将领毕竟还是不同的。

此时的宛城之中，守将为之前的棘阳县令岑彭和南阳郡副将严说，汉军围攻了几个月，宛城城防坚固，城墙厚重，根本打不进去，只是连年灾荒，城中储备的粮食吃完了。因为缺粮，已经发生了人吃人的情况。于是两人决定献城投降。仗打了几个月，刘演军中的将领们都很愤怒，打算杀掉已经投降的岑彭，刘演说："岑彭是郡一级的大官，这样决心固守，是有气节的表现。现在我们号令天下，应当表彰义士，杀他还不如封他。"等到更始皇帝进城——这是汉军占领的第一座大城市，刘玄就以此为都城，还封岑彭做了归德侯。后来在河北，岑彭投靠了刘秀，成为刘秀手下独当一面的大将，在"云台二十八将"中排名第六。

就在刘演攻下宛城完成使命后不久，汉军又在刘秀的带领下取得了昆阳大捷。眼看着刘演兄弟的威望越来越高，刘玄心里惴惴不安。而一些新市兵和平林兵的将领们也因为刘演兄弟威名日盛，经常在私下里秘密建议更始帝刘玄除掉这哥俩。

其实事情早有征兆。刘秀在去昆阳之前就对大哥刘演说过要提防更始帝刘玄。之后不久，有一次刘玄大会诸将，席间刘玄让刘演解下佩剑给自己玩赏，刘玄正看着，此时的绣衣御史申屠建献上玉玦——玦就是一种带有一个缺口的玉环。这显然是让刘玄下定决心，可是刘玄这人做事优柔寡断，始终不肯发出诛杀刘演的命令。

散会回营，刘演的舅舅樊宏提醒他说："当年在鸿门宴上，范增举起玉玦，是在暗示项羽要杀害高祖（指汉高祖刘邦）。今天我看申屠建也有这个意思，将军还是小心为上。"刘演和刘秀都很有政治军事才能，只是和刘秀相比，刘演更加骄傲和潇洒，面对舅舅的提醒，他只是笑笑，并没有放在心上。

当初在宛城，和刘秀商量大事的李轶本来和刘演兄弟关系很好，但后来刘玄称帝后，李轶便开始结交刘玄的亲信部将。刘秀看到后对刘演说："这个人不值得信任了。"刘演也没有听从弟弟的建议。

刘演手下有个部将，是刘氏同族，名字叫刘稷，此人多次冲锋陷阵，勇冠三军。当初，刘玄即位时，他正在领兵攻打鲁阳县，听说这个消息，勃然大怒，说："当初起兵图谋大事的，是刘演兄弟。而现在这个刘更始算什么呢！"刘玄听说后心里更加忌惮刘演。后来，刘玄任命刘稷做抗威将军，刘稷却拒不接受任命。于是更始帝派诸将领兵数千人，直接逮捕了刘稷，准备杀了他。刘演为这件事争辩。结果李轶和朱鲔趁机建议刘玄将刘演一起逮捕，最后，遭到逮捕的刘演和刘稷在同一天被害。

俄国思想家普列汉诺夫曾说过："偶然性是多种必然性的交叉点。"从刘玄的角度来说，刘演实在太过特殊，特殊到足以威胁他的天子地位。另一方面，也正是因为这次事件，让刘秀成了南阳士族的首领，从这个角度说，如果没有刘演的死，后来的一切，也许就都会不一样。

　　杀了刘演之后，刘玄任命自己的堂兄光禄勋刘赐做大司徒。刘秀听说大哥被害的消息，飞马赶回宛城。但他不是回来兴师问罪，而是回来向刘玄请罪的。

　　当刘秀到了宛城，原来大司徒的属官都来迎接他。没有人能看透眼前这个 29 岁的青年，刘秀没有和包括自己舅舅在内的人说过一句悄悄话，只是一再地自我谴责。从来没有人听他说起在昆阳的胜利。大哥刘演死后，因其有罪，刘秀甚至没有为他穿丧服。吃饭谈话时，也跟平常一样谈笑风生。后来有一次在河北，是冯异发现了刘秀每当独居时，总是不吃酒肉，睡觉的枕席上也经常有哭湿的痕迹。但这些更始帝刘玄并不知道，他看见刘秀，想起自己与他们兄弟本是同宗，因此感到很惭愧，也因刘秀在昆阳立有大功，于是刘玄任命刘秀做了破虏大将军，并封他为武信侯。

　　更始元年（23）十月，刘玄准备定都洛阳，于是就任命刘秀做代理司隶校尉，派他先到洛阳修建宫殿官府。刘秀在做这件事的时候，展示了自己的才干，他知会下属官吏办事时，用正式的公文通知地方官府，处理各种事务完全依照前朝旧制。当时有三辅地区的官员们派的代表，准备到洛阳迎接更始帝刘玄去长安，看见汉军的将领们经过，都用布包头，甚至有人穿着女人的衣裳——这大概是因为许多衣服实际上是汉军抢来的，这些三辅地区的官员代表没有不耻笑汉军的。等到看见司隶校尉刘秀的下属官员时，却都高兴得不能自已，有些年纪大的官员流着泪说："想不到现在还能看见汉朝官员的威仪！"从此，许多有见识的人心里都开始肯定刘秀。

　　不久，更始帝刘玄就北上来到洛阳定都。刘玄在洛阳只停留了 4 个月的时间，不过洛阳居天下之中，就在这里，刘玄开始分别派出使节到各郡国巡行，并且宣布："先降者，恢复爵位！"

　　使节到了上谷郡，上谷太守扶风人耿况前来迎接，并上缴了自己太守的印信。这只是走一个过场，上缴印信表示的是对更始政权的归降，按理使者应该马上归还印信，并回禀更始帝刘玄，继续任命耿况做太守。可实际不是这样，过了一夜，使者并没有将上谷太守的印信还给耿况。这是非常不妥的行为，双方本来就在相互试探的阶段，这样无疑会引起怀疑。

果然，上谷郡功曹寇恂直接带着军队来拜访这位使节，请求发还印信，这很明显是代表太守耿况来的。结果使节还不给，说："我是皇帝的使臣，你打算威胁我吗？"这时的寇恂说了一番话，也就是从这段话当中，我们可以对更始政权的失败窥见一二，寇恂说："非敢胁使君，窃伤计之不详也。今天下初定，国信未宣，使君建节衔命，以临四方，郡国莫不延颈倾耳，望风归命。今始至上谷而先堕大信，沮向化之心，生离畔之隙，将复何以号令它郡乎？且耿府君在上谷，久为使人所亲，今易之，得贤则造次未安，不紧则只生乱。为使君计，莫若复之以安百姓。"

这个地方，《后汉书》的记载是"使者不应"。看来使者根本没有明白寇恂这番话的意思。寇恂的话说得很明白，现在天下刚刚安定，更始政权还没有政治信用的积累，大家都在观望，如果更始政权在上谷郡失信，那么接下来该如何发号施令？而且耿况在上谷多年，不是你想换就能换的，所以我替你考虑，见好就收才是上策。接着寇恂不由分说，自己把印信拿走了。使者只好无奈承认耿况。这件事情其实就说明了一个道理——在乱世，皇帝也不是为所欲为的。然而这么简单的道理，更始政权的人却始终不明白。

不过更始政权的使者也不都是饭桶，宛城人韩鸿在北方州郡巡行，发现了两位逃难的同乡彭宠和吴汉，其中彭宠曾是王邑手下的将领，听说自己的弟弟在汉军之中，担心被杀，就逃到了渔阳；而吴汉则是因为王莽的连坐之法受到牵连而逃至渔阳，以贩马为业，结识了寄居在此的彭宠。这次韩鸿出使，在别人的推荐下，任命彭宠代理渔阳太守，而吴汉做了安乐县令。他们两人和耿况、寇恂，将来都会是刘秀的重要助力。

除了派出使者巡查地方之外，更始帝刘玄还派人去劝降在青、徐一带的赤眉军。赤眉军的首领樊崇等人听说汉室复兴，想去探探虚实，便留下大部队，樊崇只带了 20 多位将领，跟随使节来到洛阳，刘玄也算不错，一口气把他们都封为列侯。可是，樊崇等人觉得刘玄也不够重视自己，光有爵位却没有采邑，又担心自己出来久了部众逃散，于是这些赤眉军将领又逃回了自己的大本营。这也可以说明两股势力最大的起义军并没有达成一致，天下离安定还远着呢。

刘玄建都洛阳以后，黄河以南基本都归附于他，而黄河以北，由于有赤眉军的存在，再加上天灾人祸，百姓经常遭到抢掠。于是刘玄想找个人替自己去巡抚河北地区。这时，接替刘演做大司徒的南阳宗室刘赐上书建议，说南阳刘姓宗族子弟中，只有刘秀可以巡抚河北。后来更始帝刘玄被张卬等人害死，正是这位刘赐带着刘玄的妻儿到洛阳去投奔刘秀，从这个表现来看，刘赐应该很欣赏光武帝刘秀的为人，作为南阳子弟，也对刘秀颇有好感，但他此时建议刘秀巡抚河北，应该是没有私心的。

但大司马朱鲔等人却不同意，史书上虽然没说他们不同意的原因，但很明显他们认为刘秀这个人不值得信任，从后面的事情来看，这种说法也是对的，但和刘赐的意见并不矛盾。刘秀当然可以巡抚河北，但他是不是忠于更始帝刘玄就是另外一回事了。这时的刘玄还是表现出一如既往的优柔寡断，犹豫不决，经过刘赐反复劝谏，更始帝最终决定，任命刘秀为大司马，持符节北渡黄河，去镇抚河北州郡。

就在这时，刘玄收到申屠建和李松送来的皇帝专车和服饰，同时还有许多宫中的宦官来接更始帝刘玄西入长安。最主要的是申屠建带来一个消息，关中的局面他已经很难控制得住，因为杀王宪等事情，三辅地区的老百姓现在都在持观望的态度。于是在命刘秀巡抚河北的当天，刘玄任命刘赐为丞相，让他先行启程进入函谷关内，去修缮宗庙、宫室，准备迁都长安。

二、收心聚将

刘秀要去巡抚的河北并不是我们今天的河北省，根据谭其骧先生主编的《中国历史地图集》中绘制的地图所标注的地点，结合刘秀在河北所经历的大小战斗，这里的河北主要指的是洛阳以北的河内、冀州、幽州几个郡，刘秀正是在这里站稳了脚跟，并一步一步地积累了自己的势力，最终称帝建国。可刚从洛阳出发的刘秀，可能还没有想这么远的事儿，他只是想着先离开刘玄而已。

新上任的大司马刘秀到达黄河以北之后，赶忙投入到对各郡县的考核工作中去。考察官吏政绩，根据能力的大小任用或罢免，公平审理诉讼刑狱，废除王莽在各地的残酷政令，并且恢复了汉朝设置的各种名称和制度。官民对刘秀的这些举措都非常拥护，争先恐后地带着酒肉前来劳军，都被刘秀一一拒绝了。不久，主簿冯异建议刘秀说：

"更始政乱，百姓无所依戴。夫人久饥渴，易为充饱。今公专命方面，宜分遣官属徇行郡县，宣布惠泽。"

冯异这话说得很委婉，但刘秀听懂了，也采纳了他的建议。冯异的意思是河北的百姓就像饥渴了很久的人，很容易满足。而现在这块地方，就是我们说了算，所以他建议刘秀要派遣得力的人四处巡视，宣布恩德。至于是刘玄的恩德，还是我们自己的恩德，就非常有深意了。

如果说冯异的话还比较谨慎持重，那么接下来投奔刘秀的这位太学老同学，说话可就非常直接了。这个人叫邓禹，南阳人，当时只有21岁，在"云台二十八将"中排名第一。他是一路追着刘秀来的，追到邺城，终于见到了刘秀。

刘秀看见邓禹到来，非常高兴，就问他："我现在有封官拜将的权力，你远道而来，愿意做官吗？"

邓禹说："不愿意。"

刘秀又问："既然这样，那你想做什么呢？"

邓禹回答："我只愿明公您能威加海内，我邓禹在您身边立点小功，将来青史留名罢了。"

刘秀笑了，没说话，当天晚上就留邓禹和自己同屋休息，彻夜长谈。邓禹进一步为刘秀分析了天下的形势，200 年后，当刘备隆中问对的时候，27岁的诸葛亮为刘备提出了三分天下的战略构想，而在邺城，21 岁的邓禹则为刘秀指出了努力的方向，这段话可以称为刘秀版的《隆中对》，对这段话的记载，《后汉书》和《资治通鉴》稍有出入，我们以言辞更精彩的《资治通鉴》为主：

"今山东未安，赤眉、青犊之属动以万数。更始既是常才而不自听断，诸将皆庸人屈起，志在财币，争用威力，朝夕自快而已，非有忠良明智、深虑远图，欲尊主安民者也。历观往古圣人之兴，二科而已，天时与人事也。今以天时观之，更始既立而灾变方兴；以人事观之，帝王大业非凡夫所任，分崩离析，形势可见。明公虽建藩辅之功，犹恐无所成立也。况明公素有盛德大功，为天下所向服，军政齐肃，赏罚明信。为今之计，莫如延揽英雄，务悦民心，立高祖之业，救万民之命，以公而虑，天下不足定也！"

汉代只有官至三公，或者位同三公的人才有资格被称为"明公"，刘秀此时官拜大司马，所以邓禹才称他为明公。邓禹这段话，准确地分析了更始帝刘玄政权的性质，跟着刘玄的人大部分都是一些草莽之人，只是贪图名利财物，根本不是治国安邦的材料，不足以谋大事。现在天时地利人和都不在刘玄一边，不足为虑。同时邓禹直接指出刘秀虽然有辅立之功，但到底还没有什么成就，以后还是应该招揽英雄，取悦民心，以图发展。最后邓禹给刘秀鼓劲，以明公的能力，统一天下也不是啥难事儿。刘秀听了这番话非常高兴，就命令邓禹在营中下榻，以后每次出兵，都征求邓禹的意见，邓禹每次推荐的人也都非常靠谱。

这时，李轶手下的骑都尉巨鹿人耿纯在邯郸拜见刘秀。见过后，发现刘秀的官属带兵的法度与他人不同。于是他干脆留下来跟着刘秀了，后来刘秀北上，让他留守邯郸。耿纯位列"云台二十八将"第十三名。此时的邯郸还有一位宗室后裔——汉朝曾经的赵缪王刘元的儿子刘林，自从新莽篡汉，父亲去世之后，他一直在赵、魏之间游荡，打抱不平，很有名气。而且据说这位刘林长得有几分像刘秀的大哥刘演，他来找刘秀，并提出了一个快速解决赤眉军的办法：决河堤。赤眉军在河东，只要从巨鹿郡列人县这个地方掘开黄河的河堤，就能让赤眉军全部沦为鱼鳖。

这基本是一个不可理喻的建议，却也着实提出了一个问题——在争取战争胜利时，是否可以不择手段？答案是否定的，开决河堤虽然能重创赤眉军，但也会让河北的百姓跟着遭殃，而且此时的河北本就深受黄河改道泛滥的灾难，这样做无疑会让刘秀乃至汉朝永远失去河北甚至天下的民心。最后刘秀自然没有听从他的建议，也没有和刘林结交，按原计划北上真定府去了。

刘林虽然碰了一鼻子灰，刘秀也走了，不过这时，刘林有了新发现，在邯郸城，竟然出现了当年汉成帝的后嗣刘子舆。那么刘子舆是谁呢？话说当年汉成帝在位时，宠幸赵飞燕、赵合德姐妹，可赵氏姐妹并未给汉成帝生下一儿半女，传说宫中凡有妃嫔怀孕产子，就会被二姐妹以各种手段害死。新莽时期，曾经有人在长安称自己是当年躲过迫害的成帝后嗣，名叫刘子舆，但被王莽处死。现在邯郸怎么会又出现一位刘子舆呢？

这个刘子舆当然是假的。称自己是刘子舆的人真名叫王郎，也有史书叫他王昌，这人是邯郸街头的一个算命先生，平常以看相为生，当年刘林在四处"混社会"的时候认识了他。据说王郎还懂一些星象历法，经常跟刘林说邯郸这地方不简单，有天子之气。

刘秀刚走，有一次王郎见到刘林，就谎称自己的真实身份是刘子舆。王郎对周围人解释说，自己的母亲本是成帝的歌女，曾经看见一股黄气罩在身上，就怀了孕。赵飞燕曾经打算谋害这个孩子，幸而母亲用别人家的婴儿顶替，所以才保全小命。后来自己辗转蜀郡、丹阳郡等多地，这才来到邯郸，等待天下时机。

这一番忽悠下来，刘林就相信了这个王郎编造的故事——或许刘林也很愿意相信这个故事。于是他找来赵郡豪杰李育、张参等人策划，准备立眼前这位"刘子舆"做皇帝。恰好此时民间传说赤眉军要渡过黄河，刘林等人决定借用赤眉军的威名，就传播谣言说："赤眉当立刘子舆。"用这个来试探大家的反应，没想到效果出奇的好，大多数百姓对王郎的身份深信不疑。

更始元年（23）十二月的一天清晨，刘林等人在原来的赵王宫拥立王郎为天子。王郎拜刘林做了丞相，李育为大司马，张参为大将军。然后，分别派出将领，去幽州、冀州夺取土地，同时，也把天子的文告分送各州、郡。赵郡以北、辽东以西，各地人马纷纷响应，一时间声势浩大。

就在王郎还没起兵时，有个 21 岁的太守之子带着父亲呈奏更始帝刘玄的奏疏，准备去长安，这个年轻人叫耿弇，是上谷太守耿况的儿子。他刚出发，就传来了王郎造反的消息，于是他的两个属官孙仓、卫包说："刘子舆乃是汉成帝一脉相传的嫡子，放着这样的人我们不归附，走那么远要去哪儿呢？"耿弇一听，就用手按住佩剑的剑柄说："刘子舆是个欺世盗名的贼子，最终必然成为阶下之囚。我到长安是向朝廷说明上谷和渔阳两郡的兵马状况，等回去之后我就率领北地的骑兵，一举荡平那些乌合之众，就像砍瓜切菜般容易。我看你们二人没有选择主君的眼光，离灭族之祸不远了！"但孙仓、卫包两人没听，还是背着耿弇，去投降了王郎。

更始二年（24）正月，身在真定附近的刘秀听说王郎的势力发展很快，于是就想去北地先巡查幽州的核心广阳郡蓟县。刘秀一行人出发，走到了卢奴，遇到了前来投奔的耿弇，耿弇说要回上谷和渔阳调兵，平定邯郸。刘秀笑了，说，这年轻人很有志向啊，于是让他留在府中做了长史，带他一块儿北上到达蓟县。耿弇后来在"云台二十八将"中排名第四，为光武帝平定46郡，攻下300余座城，没有打过一次败仗，耿氏家族几代人为东汉东征西讨，从西域到塞北，立下了汗马功劳。

很明显，刘秀这伙人是王郎现在在黄河以北最大的敌人。于是在刘秀到达蓟县不久，王郎的公文就到了——有能擒杀刘秀的，赏食邑10万户。刘秀此时身边带的都是随行的官员，根本没有军队，于是刘秀就派功曹令史王霸到集市上募兵。结果街上的百姓都大笑，不断有人揶揄他。王霸觉得惭愧就回来了。刘秀一看招兵不行，就决定南归。

王霸是颍川人，在刘秀初到颍川时就来归附，并跟随刘秀参加了昆阳大战，后来刘秀巡抚河北，王霸又带着门客跟随刘秀，可是到了河北，事情并不顺利，门客纷纷出走，颍川人中归附刘秀的此时只剩下王霸一人。于是刘秀称赞他是"疾风知劲草"，"云台二十八将"中，王霸排名第二十三。招不到兵这件事并不是因为王霸没有能力，而是说明至少在幽、冀二州，更始政权并没有什么影响力。

在大家商议南归之际，耿弇站出来说："如今王郎的兵从南方来，我们南行太不安全。渔阳太守彭宠，是明公您的同乡；上谷太守是我的父亲。只要我们去北方，征发这两郡的弓箭骑兵一万人，王郎便不值得忧虑了。"刘秀手下的属官和亲信都不肯相信眼前的年轻人，都说："人死了，头还要向着南方，为何要去北方寄人篱下呢？"刘秀鼓励耿弇说："这是我的'北道主'。"不过刘秀最终还是决定往南走，不是不相信耿弇，而是不能将大业交到别人手上。

正在这时，前广阳王刘嘉的儿子刘接在蓟县起兵响应王郎。蓟县城内一片混乱，人们都很惊恐，传言说邯郸派来的使者已经到了，2000石以下的官员都要出去迎接。听到这个消息，刘秀一行人急忙驾车，准备出城南逃，但是车队被百姓包围，根本走不动。这时一位身高8尺2寸（1.9米左右）、面目威严的将军大喝一声："退下！"百姓一看，全都望风投降，刘秀等人到了城门，发现城门关闭，强行进攻，才夺门而出。这位大汉叫铫期，是在父城时，被冯异推荐投靠刘秀的。这件事之后，刘秀把他分配给邓禹做副将，邓禹非常看重他，任命他做了偏将军。铫期在"云台二十八将"中排行第十二。

刘秀一行人逃离蓟县以后，一路南下，风餐露宿，连夜晚都不敢进城，在到达饶阳无蒌亭时，基本上已经断粮，天寒地冻，又饥又累。此时冯异不知从哪儿端来一碗豆粥给刘秀喝了。第二天清晨刘秀说，喝了昨天冯异的豆粥，饥寒都消失了。

但其他人还都饿着呢，此刻的刘秀身上除了官衣符节，几乎一无所有，被逼无奈，大家想了一招——去传舍！传舍类似驿站，除了负责传递消息命令之外，还要接待使节往返，这样的地方一般肯定有饭吃。想到这，刘秀就带着一行人自称邯郸派来的使者，进入传舍。这时传舍里的小吏正在吃饭，结果刘秀的手下饿极了，就上去抢夺。传舍的小吏觉得这些人身着华服，但吃相如此难看，就觉得他们是假的，想测试一番，于是击鼓数十通，说，邯郸将军到！结果大家都吓得变了脸色，刘秀赶忙上车想跑，但转念一想，反正也跑不了了，便从容回到座位，对小吏说："请邯郸将军进来吧！"

过了许久，自然无人进来，刘秀等人吃饱喝足，才从容驾车离去。客栈的人远远地叫守门的不要放行。守门的官长说了一句非常耐人寻味的话："天下大局岂可预知？我们难道要阻拦长者吗？"这段话就说明，传舍的人都已经猜到了刘秀等人的身份，但这些人也不是王郎的手下，没必要横生枝节，也正因如此，刘秀等人才得以继续南行。

大家走到下博城西，见路旁有位身着白衣的老人，指着一个方向，对众人说：

"努力！信都郡为长安城守，去此八十里。"

唐朝章怀太子李贤读史书至此，在旁批注了一句"盖神人也"。刘秀听了老者的话，马上掉头往东北方向的信都郡赶去。众人到达之后，太守任光开门迎接，信都郡有四千人马，这也是目前刘秀手里仅有的一支军队。

任光之所以没投降王郎，主要是因为他是更始帝丞相刘嘉的人。任光字伯卿，是宛城人，当年在宛城大街上，有汉军士兵为了抢他的衣服，差点儿杀了他，后来是光禄勋刘赐经过，救下了他。此后任光就一直追随在刘嘉身旁。刘玄在洛阳时，任命他做了信都太守。王莽派人传檄文，让任光投降，任光把使者杀了，凭城拒守。这次听说大司马刘秀到了，任光非常高兴，赶紧把刘秀接进城里的传舍。

刘秀对任光说："伯卿，我们的力量还太弱小，我想先加入刁子都或城头子路的队伍，怎么样？"任光摇头说不可，刘秀又问："你手下士兵太少，怎么办？"任光又说："可以招募死士，出城收复周边的县邑，如果他们不肯投降，可以让士兵抢掠，人都是贪财的，这样就可以招募很多士兵。"城头子路本是东平郡人爰曾，在黄河、济水一带抢劫掳掠，有部众20余万人；而刁子都也有部众六七万人，这两伙人都是河北地区的起义军。刘秀此时可谓病急乱投医，这段对话也从侧面反映出刘秀处境的凶险。

任光的部将李松、万修等人，都在这时一起归附了刘秀。不久，刘秀又在信都见到了自己刚到河北时封的巨鹿郡太守邳彤。此时，众人议论说刘秀可以依靠信都兵护送，西归长安。从刘秀想暂时投靠赤眉军的想法来看，想必他是动了心的。关键时刻，邳彤站出来反对，并且帮刘秀详细地分析了河北的形势。

邳彤一共说了三层意思，也强调了一个现实。首先，天下人心思汉，所以更始帝刘玄才能得到至尊之位；其次，算命先生王郎不过是顺应了这个潮流，驱使那些乌合之众，才有这么大的声势，实际并无根基；最后，我们西归长安，不光丢了河北，还会震动三辅，有损大司马的威名。况且还有一个现实问题，信都兵全家老小都在信都，恐怕也不会跟你西去长安。就这样，刘秀打消了这个念头。

既然不走，那就必须准备作战了。任光下令征集邻县丁壮，得到军队4000人。于是刘秀任命任光为左大将军，信都都尉李忠为右大将军，邳彤为后大将军，仍兼巨鹿太守，信都令万修为偏将军，把几人都封为列侯。同时，刘秀任命南阳人宗广暂时代理信都太守，让任光、李忠、万修等人跟随自己向王郎反击。

邳彤带兵充当前锋。任光编写声讨王郎的文告，说："大司马刘秀率城头子路、刁子都的大军百万，从东方前来，讨伐逆贼王郎！"这明显是借这两股起义军来壮壮声势。接着任光派骑兵到巨鹿郡内散发文告。许多官民看到文告后，都议论纷纷。当天夜里，刘秀率军抵达堂阳县界，让骑兵都点起火把，照得河水一片光亮，堂阳县的官兵百姓误以为有大军压境，马上就投降了。刘秀又率军攻击贳县，贳县也投降了。

就在这时，昌城人刘植集结了几千士兵，占据昌城，派人来迎接刘秀。刘秀就任命刘植做了骁骑将军。王郎占据邯郸之后，之前被刘秀任命的耿纯出逃，现在率领宗族宾客2000多人，许多年老患病的甚至都用车推着棺木，在育县迎接刘秀。刘秀任命耿纯做前将军，命其进攻下曲阳，下曲阳投降。耿纯恐怕宗族怀有二心，就派他的堂弟耿䜣回到家乡，烧掉了房舍，用这样的方式，断绝家族的退路。任光、李忠、万修、邳彤、刘植也分列"云台二十八将"的最后五名。

刘秀的部队渐渐会合，有了一些班底，接下来大军向北，准备进攻中山国。

三、平定河北

清朝时有个民谣，叫："府到府，二百五。"意思是两个府之间差不多是250 里左右。刘秀之所以向北进军，主要是为了攻占卢奴。卢奴在今天河北省的定县附近，从这里往南，有一条直路，经过真定（今河北省石家庄市）、柏人、襄国（今河北省邢台市）几个地方，可以直达邯郸，总路程经过两个府，差不多 500 里。

由于兵源不足，刘秀大军所过之处，都会征发"奔命兵"，并向沿途郡县发布文告，号召各地人员起兵，共同讨伐邯郸王郎。有很多郡县响应，虽说嘴上表示效忠，但这些地方官员往往首鼠两端，谁的使者到了便向谁效忠，这些官员实际上都在观望，态度都是随着时势的变化而变化。

刘秀的军队从卢奴一路向南，来到了真定县附近。真定王刘扬这时已经起兵，归附王郎，他手下有很多军队，刘秀觉得不能硬攻，就派刘植前去劝降。刘扬把自己的外甥女郭圣通嫁给了刘秀，据说婚宴上，刘扬亲自击筑为二位新人助兴。于是刘秀在真定补充了兵源，并继续南下。

从真定再往南不远，就进入了邯郸所在的赵郡，前方就是柏人县。这时王郎的大司马李育正在此驻军，但汉军并不知晓，前锋部队在朱浮和邓禹的带领下正快速推进，结果在柏人县遭遇伏击，邓禹战败，还丢失了辎重若干。刘秀听说之后，赶紧收拾二人散失的兵卒，再次和李育在柏人县城门下大战，大获全胜，抢回了邓禹丢失的辎重。于是李育退回城里，此时汉军一来没有攻城器具，二来兵源不足，根本没法攻城，便暂时相持下来。

就在柏人城下，有个叫贾复的人带着汉中王刘嘉的信来投奔刘秀。原来此时的关中，刘玄的败象已开始显现。南郑人延岑起兵占据汉中，汉中王刘嘉出击，延岑战败投降。刘嘉此时的部众多至数十万人。手下校尉南阳人贾复眼见着更始朝廷政治一片混乱，就向刘嘉提议说："如今天下尚未安定，大王您却对目前拥有的东西心满意足。这些东西就没有不能保全的可能吗？"刘嘉听了说："您口中的志向太远大了，远大到不是我能帮您实现的。大司马刘秀在黄河以北，他一定能任用您。"于是刘嘉写信给刘秀，推荐贾复与长史南阳人陈俊。等二人到了。刘秀任命贾复为破虏将军，陈俊也做了安集掾。贾复在"云台二十八将"中排名第三。

同时，汉军内部也涌现出了一位杰出的将领——祭遵。刘秀手下的年轻门客犯了法，军市令颍川人祭遵把他打死了。刘秀勃然大怒，派人逮捕了祭遵。主簿陈副劝谏说："您常要求军队军纪整肃，现在祭遵执法毫不回避，这是在实践您的教令啊！"刘秀一听，就放了祭遵，并任用他做了主管监察的刺奸将军，并且跟众将说："你们应该小心祭遵！我家里的门客犯了法，尚且被他处死，他是不会偏袒你们任何人的。"

柏人县久攻不下，耿纯建议刘秀与其攻柏人做根据地，不如向东去攻占巨鹿。刘秀觉得有道理，就率军从柏人向东北进发，攻陷了广阿。在广阿时，刘秀翻阅地图，哀怨地对邓禹说："你看这天下郡国林立，到现在，我们费尽心血才得到其中一个，你之前对我说，我忧虑天下不能平定是多余的，为什么呢？"邓禹回答说："现在天下大乱，百姓都在期望一位英明的君王，就好像初生的婴儿思慕慈母一般。回首那些古圣贤王，成功与否只在于他德行的薄厚，不在他地盘的大小。"

有很多人对"云台二十八将"中邓禹排名第一颇有微词。邓禹领兵作战不如耿弇、吴汉；独当一面不如岑彭、冯异；治理地方不如耿纯。可刘秀偏偏最倚重他，把邓禹比作自己的萧何。其实或许很多事情没有那么复杂，对于刘秀来说，当初是邓禹给了他自立的希望，而每当刘秀内心彷徨的时候，也总是喜欢和邓禹倾诉，让自己重拾自信。

刘秀的部队在广阿休整时，某一天，从远方来了一支部队，人数有几千，而且有一大半是骑兵，装备非常精良。广阿的士兵一阵慌乱，大家都以为是王郎的军队赶到，觉得非常紧张。刘秀赶紧整顿军队，并且亲自登城查看，想询问对方来意，结果刘秀向城下一看，城外下拜的将领正是耿弇。于是刘秀赶紧打开城门，把这支军队的将领都请进城来。耿弇也向刘秀讲述了这支军队的由来。

原来在蓟县动乱的时候，刘秀一行人仓促出行，耿弇就和大部队走散了。蓟县这个地方离上谷郡很近，于是他就向北逃到了昌平，回到了父亲耿况那里，趁机劝说耿况出兵配合刘秀，攻打邯郸。这时候王郎派出的将领正在渔阳、上谷两郡抢夺土地，并且下令征调这里的士兵。幽州地区，特别是上谷、渔阳几个郡，由于身负戍边的责任，军队的战斗力都很强悍，所以在新莽末年的乱世之中得以保全。也正因如此，在刘玄称帝以来，因为山高皇帝远，这几个郡都抱着观望的态度。这次见王郎势大，一些州郡就产生了归附的想法。

之前我们提过，上谷太守耿况有一位谋士，名叫寇恂，担任功曹，此人世代为上谷望族，耿况很器重他。早在王郎起兵之初，寇恂就向耿况建议说："邯郸王郎仓促起兵，前途未卜。而此时身在河北的大司马刘秀，是刘演的亲弟弟，为人礼贤下士，深孚众望，我们应该归附他。"耿况一听，摇摇头说："现在邯郸风头正盛，一时无两，我们根本没办法和王郎单独对抗，怎么办呢？"寇恂一看耿况有顾虑，就毛遂自荐说："我愿前往东边的渔阳郡，只要能和彭宠达成协议，勠力同心，就用不着把邯郸放在心上。"耿况同意了，便派寇恂东行，去拜见彭宠。耿况和寇恂希望上谷、渔阳两郡各派出突骑兵2000人、步兵1000人，一起到大司马刘秀那里去支援他剿灭王郎。

就在上谷郡商量对策的时候，渔阳郡也没闲着，安乐县令吴汉、护军盖延、狐奴令王梁等几位大将也都劝彭宠归附刘秀，在这一点上，彭宠是同意的。不过彭宠郡府的下属官员都觉得应该归附王郎，彭宠一时间就没了主意。`

吴汉平素里总听说刘秀这人是个长者——长者这个词，在两汉之间是个很高的评价，楚怀王之所以看重刘邦，就是觉得刘邦是个长者。吴汉觉得必须得归附刘秀，可是一时也没啥好办法，就一个人踱出城外，在城门不远的亭子里想主意让彭宠归附刘秀。正巧见到路上有一个儒生模样的人经过，他就赶紧把人叫住，邀请人家一起吃饭，问问南边有什么消息。结果这位儒生说："大司马刘秀这人不错，凡是他经过的郡县，官民没有不称赞的，而且我还听说，在邯郸起兵的那位，根本就不是刘氏子弟。"吴汉听了非常高兴，旋即计上心头，立即伪造了一份刘秀致送渔阳郡的文告，让这个儒生模样的人假装使者送给彭宠，并把他从南边听说的消息都告诉彭宠。就在此时，寇恂也到达渔阳，于是彭宠终于下定决心，派出步骑兵 3000 人，命吴汉代理长史，与盖延、王梁共同率领部队，南下攻占蓟县，杀死了王郎麾下的大将赵闳。

寇恂返回上谷之后，点齐人马，与上谷长史景丹和耿弇一起率军南下，与盖延、吴汉、王梁率领的渔阳军队会合。这支部队后来成了刘秀平定河北的中坚力量，而突骑兵也成为整个东汉朝廷最为重视的精锐部队之一。一直到东汉末年的三国时代，董卓的飞熊军、高顺的陷阵营以及公孙瓒的白马义从等部队，都是脱胎于东汉的突骑兵。突骑兵的马正面覆有胸甲，骑士则全身披甲，武器分为弓箭和近战武器两种，打起仗来冲锋陷阵，擅长在平原作战，战斗力惊人。

这支军队一路南下，所经过的地方，斩杀王郎任命的将军、九卿、校尉及以下官员，共计 3 万人；夺取了涿郡、中山、巨鹿、清河、河间等 22 个县。前锋部队到达广阿，听说城里兵马很多，景丹等人就停兵打听道："前方是何人的军队？"知情者说："是大司马刘秀。"将领们都很高兴，立即来到城下。

刘秀听耿弇叙述完事情经过，笑着说："邯郸派来的那些人多次说他们征发了渔阳、上谷的军队，我也跟着应付说我也征召了这两郡的军队。想不到今日两郡的军队真的为我而来，我愿与诸位将军一起建功立业。"随即，刘秀任命景丹、寇恂、耿弇、盖延、吴汉、王梁都做了偏将军，让他们回营各自统领本部人马。这6人分列"云台二十八将"的第十、第五、第三、第十一、第二、第十八名。同时，擢升耿况、彭宠为大将军。封耿况、彭宠、景丹、盖延4人为列侯。为啥封这4个人？因为他们4个原本的官最大。

来归附的几位将军之中，吴汉为人朴实忠厚，不善言辞，遇到紧急情况时，说话往往词不达意，然而在做事时，却能沉着应对，很有谋略。邓禹多次向刘秀推荐，刘秀对他也另眼相看，逐渐亲近器重。

这时，刘玄派来的尚书令谢躬也率军讨伐王郎，谢躬攻打巨鹿，但没打下来。等刘秀率军赶到之时，双方就合兵一处，继续向东围攻巨鹿城。巨鹿守将王饶坚守不出，打了一个月，还是没有进展。

就在巨鹿久攻不下之际，王郎又派遣将领倪宏、刘奉率数万人前来救援，此时赵郡南边的魏郡已经被更始帝刘玄的军队攻占，王郎这次派兵，目的是想一举消灭刘秀，好解除自己腹背受敌的局面。双方在南栾县（今河北省巨鹿县北）交战——这个地点想必是刘秀精心选择过的，这里东临绛水，西边有当时的冀州第一大湖大陆泽，中间的狭长地带不适合大军列阵，也很难形成包围。

战争一开始，刘秀亲自率军出战，这时刘秀的军队至少已经一个多月没有休整了，非常疲惫，而王郎军远道而来，一鼓作气，尽管汉军作战相当英勇，铫期头部受伤，用头巾包裹伤口，继续作战，斩杀了50多人，一度杀得刘奉军后退，但随着倪宏的中军投入战斗，汉军便渐渐不支，丢失了一些辎重车辆。正在刘秀节节败退之际，景丹率领的四千幽州突骑杀入战场，犹如神兵天降，倪宏军队的阵营被冲垮，王郎军大败。

刘秀在身后看见了突骑兵的风采，不禁感叹说："我听说突骑兵是天下精兵中的精兵，今日看见他们战斗，内心的兴奋喜爱之情不知道怎么说才好。"就这样，王郎最后的大军被刘秀击败，汉军继续包围巨鹿。

此时耿纯向刘秀提建议说："我们长期围困巨鹿，官兵都十分疲惫。不如趁现在大军士气旺盛，直接去进攻邯郸，到时候如果王郎被杀，巨鹿城必然不战而降。"刘秀一听，觉得很有道理，就采纳了耿纯的建议。

四月，夏季来临，刘秀留下将军邓满继续围困巨鹿，防止王饶从后方骚扰，亲自率大军向邯郸前进。连续的战争失利，让王郎焦躁不安，他终究只是一个算命先生，装神弄鬼骗骗人还可以，面对大军压境的局面，实在是没有办法，只好派谏大夫杜威来请降。

杜威到达刘秀的军营，反复强调王郎确实是汉成帝刘骜的嫡亲骨肉。刘秀说："现在就算是汉成帝本人复活，天下也不再是他的了，何况是假冒的刘子舆呢？"这话相当于已经把这条路堵死了。杜威又请求封王郎为万户侯，刘秀说："我觉得饶他不死，已经够了。"杜威只好愤愤离去。

谈判失败，刘秀便发动猛烈的进攻，攻城战历时 20 多天，城内人心惶惶，终于，王郎的少傅李立背叛了王郎，打开城门让汉兵入内，就这样，邯郸陷落。王郎乘夜逃走，被王霸追捕擒获，就地斩首。

大军进入邯郸，接管了王郎的文书档案，检查发现有上千封刘秀手下的官吏与一些平民的奏疏，奏疏上除了向王郎宣誓效忠以外，还有一些谤毁刘秀的内容。下面人禀报后，刘秀并没有查看这些奏章，而是集合诸将，一把火烧掉了这些信件，刘秀说："让那些辗转反侧睡不着觉的人心安吧。"不知道此时的刘秀会不会想起，就在短短 4 个月前，他还在河北大地上冒风披雪，仓皇奔逃，短短 4 个月之后，他便成为手握重兵的一方诸侯。

邯郸攻下后不久，更始帝刘玄便派遣使节，封刘秀为萧王，下令让刘秀手下的军队原地解散回乡，命刘秀与所有立功的将领，一同到长安受封。同时，派苗曾为幽州牧，韦顺为上谷太守，蔡充为渔阳太守，同时到北方各郡赴任。

刘秀除了接受萧王的任命之外，其他都没有接受。相反，刘秀把所有新近归附的士兵分配给各营的将领。结果意外地听说，大家都希望跟着"大树将军"。所谓的"大树将军"指的是此时担任偏将军的冯异。冯异为人非常谦逊持重，从不夸耀自己的才能和功劳，他命令自己的部队，除了与敌人交战或遭受攻击之外，都要排在别的部队后面。每到一处扎营，将领们往往坐在一起夸耀功劳，只有冯异经常躲在树下独坐，所以军中的人都称他为"大树将军"。

进驻邯郸以后，刘秀住在之前被王郎当作皇宫的赵王宫。一日白天，刘秀正在温明殿睡觉，耿弇忽然闯了进来，到床前请求与刘秀单独谈话。左右退却之后，耿弇乘机说："我们的士卒死伤太多，请您准许我回上谷补充一些兵员。"刘秀说："王郎已经被消灭，黄河以北也大略平定，还要用兵做什么呢？"刘秀说这话估计八成是试探耿弇的意思，如果他真觉得军队没用，也就不会改编王郎的军队了。

耿弇这人比较耿直，回答说："王郎虽然被打败，天下的争战却刚刚开始。朝廷的使节从西方来，要让我们的士兵解散回乡，您绝不可听从。现在的河北，还有义军上百万人，这些军队横行天下，刘玄根本没有能力应付，他的失败已经不远了。"

刘秀急忙从床上起来坐下，打断耿弇说："你敢说这样的话，小心我杀了你！"

耿弇俯身一拜，接着说："大王您怜爱厚待我如同父子，所以我才敢赤诚相待。"

刘秀笑了："我和你开个玩笑，请耿将军具体说说你刚才的话是什么意思。"

耿弇接着说："全国百姓被王莽害得很苦，因而再次思念汉室，听说汉兵崛起，大家都很高兴，就如同人离虎口，回到慈母的怀抱一般。可是现在刘玄当政，各位将领在崤山以东不受天威节制，皇亲国戚在长安胡作非为，肆意掠夺百姓，使得人人捶胸顿足，竟回头转而思念王莽的新朝。因此，我判断刘玄必败。而您的丰功英名传播海内，所行征伐皆出于道义，只要您的一纸檄文，天下就会重回安定。这至尊之位，应该您自己取得，千万不要让不姓刘的人得偿所愿。"刘秀听完耿弇的分析，心中更加坚定，于是以河北还没有平定为理由，没有接受刘玄征召。从此，刘秀也就与刘玄分道扬镳了。

四、光武建国

不过很多话都是说起来容易，做起来难。此时的华北平原上，可谓军阀林立，满目疮痍，光是各路饥民组成的义军就有十多股，分别被称为铜马、大肜、高湖、重连、铁胫、大枪、尤来、上江、青犊、五校、五幡、五楼、富平、获索等，他们各自率领部曲，总数有上百万人，但由于缺乏统一的指挥，基本上都是各自为战，其中以铜马军的势力最为强大，所以很多地方都打的是这个旗号，这些军队在各地抢掠百姓，搞得民不聊生。

刘秀决定先攘除这些势力，于是在和耿弇谈话之后，就任命吴汉、耿弇同为大将军，持符节征调幽州的十郡突骑兵南下作战。之前册封刘秀时，被派来做幽州牧的苗曾听到这个消息，暗中吩咐各郡采取不合作态度。当吴汉率20多名骑兵先行到达幽州无终县时，苗曾还装模作样地出城迎接。吴汉没有和他废话，当即逮捕了苗曾，并将他斩杀。耿弇到了上谷，又逮捕并杀了韦顺、蔡充两人。北方州郡大为震惊，于是全都发兵听候汉军的调遣。

到了秋天，刘秀进军鄡县，准备进攻铜马。吴汉率领从北地新召回的突骑兵，也赶到清阳县跟刘秀会合，旋即把登记全军官兵的名册呈报给幕府，然后再请拨付，这个行为证明了吴汉做事坦荡，又不掺杂私心。刘秀也越发器重他。当时沿着漳水分界，漳水东边主要是赤眉军的势力范围，而漳水西岸则是铜马军活动的势力范围。

吴汉、耿弇这次带回来的消息是幽州10个郡都愿意归附刘秀。于是，刘秀很高兴，任命了偏将军沛人朱浮当大将军，兼幽州牧，把州府设在蓟城。朱浮是个书生，文章写得很好，但有两大缺点，第一是喜欢排场和好名声，第二是不太有容人之量。这个任命也为后来彭宠的谋反埋下了伏笔。

再说铜马军，面对刘秀的进剿，铜马军的粮食很快就吃完了，于是准备乘夜逃跑，刘秀在后面追击，一直追到馆陶，把铜马军杀得大败，很多人都投降了刘秀。起义军和刘秀的汉军最大的差距，就是后勤，刘秀军队的粮草至少来自4个方面：第一是上谷、渔阳两郡的耿况和彭宠，他们供应了一大半军粮；第二是刘秀的姐夫邓晨，现在在常山郡做郡守，围困巨鹿时，邓晨曾来找过刘秀，愿与他共同进攻邯郸，但刘秀让他返回了常山，做刘秀"北方道路上的主人"，邓晨也帮着解决了一部分军粮；第三是真定王刘扬给刘秀的资助；第四则是来自汉军后方邯郸的支持。因此刘秀的军队基本不存在缺粮的问题。相反铜马军都是一些吃多少抢多少的劫掠之辈，当然也就不可能与后勤补给充足的汉军打消耗战了。

就在对铜马军的受降还未完成之际，高湖、重连两股起义军从东南方向赶来，与还没有投降的铜马残军会合，一路北上，刘秀在蒲阳再次与铜马军交锋，铜马军大败，全部投降。刘秀没有计较，把他们的首领都封为列侯。但这些人毕竟是贼寇出身，刘秀的部将们不敢相信这些人，而这些降将自己的内心也非常不安。

刘秀了解他们的想法，命令降将们各自回到他们的军营，整顿好部队，自己则只穿轻装，带着很少的随从骑马巡视，用这种方式来表达自己的信任。这些降将非常感动，互相说："萧王对我们如此推心置腹，我们怎么能不为他效命呢？"从此，铜马军心悦诚服，刘秀把投降的部队都分配给各将领，刘秀的军队顿时人数大增，达数十万人，刘秀因此被函谷关以西的百姓称为"铜马帝"。

这时的冀州，基本已经被平定了。接下来，刘秀直接率大军南下河内郡，这时赤眉军的一个分支势力联合了青犊、上江、大肜、铁胫、五幡等好几股势力，约有 10 万人，在河内郡野王县的射犬聚集结，刘秀领兵进攻这股势力，大获全胜。

通过史料，我们基本能看出，刘秀与铜马军的战斗集中发生在冀州南部的赵郡、清河郡以及兖州北部的蒲阳，刘秀的目标非常明显，就是要夺取河内郡。这时的河内郡太守韩歆和自己的老乡岑彭商议，准备死守河内郡的城邑，岑彭劝阻，韩歆不听，坚持想抵抗。

大家还记得这位岑彭吗？当年刘演在攻破宛城之际，没有听信众人的意见斩杀岑彭，岑彭就一直在刘演手下做事，等到刘演死后，岑彭又跟随了朱鲔。这时的岑彭身份是颖川太守，只是在他上任途中，颖川郡发生了起义，于是岑彭就带领手下 100 多人，前来投奔韩歆。

刘秀大军进驻怀县，韩歆不知道是因为眼前大军无法抵挡，还是终于想通了，决定开城向刘秀投降。可是刘秀得知韩歆之前有守城抵抗的想法，勃然大怒，就准备将韩歆斩首。听说岑彭也在，刘秀很高兴，召见了他。岑彭趁机说："如今赤眉军已经攻入关中。更始帝刘玄身陷长安，群臣放纵，天下烽烟四起，群雄逐鹿，老百姓无家可归。我听说大王您平定河北，创立霸主基业，天佑汉室，这也是世人之福。我之前受过刘演的恩惠，性命得以保全。还没等我报答，刘演就不幸遇难，更让我心存遗憾，今天遇见了您，我愿以身相报。"刘秀觉得岑彭知恩图报，就接纳了他。岑彭又建议说，韩歆家里也是南阳豪强，可以为刘秀所用，于是刘秀也放了韩歆，并让他做了邓禹的军师。

此时的河北，还剩下最后一股碍眼的势力，就是刘玄派来镇压王郎的谢躬。之前在消灭王郎的战事中，谢躬与刘秀多次冲突对立，谢躬经常想袭击刘秀，却因为畏惧刘秀兵力太强而不敢发难。两支部队虽然都在邯郸，却分城而治，但是刘秀会不时地慰问谢躬的军队，并进行安抚。

谢躬是名职业官僚，勤于政事，刘秀经常称赞他说："谢尚书才是真正的官吏！"谢躬见刘秀对自己这么客气，也就不再猜忌他。谢躬的妻子听说了这件事之后，经常告诫他："你跟刘秀有积怨，可谓势不两立，但是你现在却相信他的虚情假意，恐怕你最终会受到他的约束。"谢躬却没有将妻子的话放在心上。

不久，谢躬率领他的数万部队从邯郸离开，屯驻在邺城。等到刘秀南击青犊，命谢躬在隆虑山截击尤来，结果谢躬的军队大败。刘秀利用谢躬领兵在外，让吴汉与岑彭奇袭，直接占据了邺城。谢躬不知道邺城已经改换主人，只带着一些轻装骑兵返回，吴汉等人旋即把谢躬逮捕，并斩首，谢躬的部队就全部投降了。

此时的冀州与河内郡，基本都被平定，幽州的官吏也都宣布向刘秀效忠，只是北方还有一些变民组成的部队，刘秀准备去平定他们。但现在天下的局面很复杂，赤眉军正在进攻长安，大家估计刘玄肯定顶不住，但如果让赤眉军占了长安，关中地区难免又会经历一场浩劫。可是直接派兵去跟数十万赤眉军硬拼肯定是不行的，于是刘秀选择任命邓禹为前将军，并把自己麾下的2万精兵拨给他，让他自己选择可以同行的偏将、裨将及其他幕僚，西入关中。这个指派实际上没有什么固定的任务，这2万兵马是不可能平定关中的，只能随机应变，让邓禹自己选择班底，这显然体现了刘秀对邓禹的无条件信任，而邓禹挑选的部将之中，并没有那些平定河北的功臣。

这时如果刘秀北征，还要防备在黄河南岸的洛阳的军队趁势偷袭。此时镇守洛阳的是更始帝刘玄手下的大将朱鲔，另外还有李轶、田立、陈侨等几人，军队号称有30万人，这支军队与河南郡太守武勃共同构成了洛阳的防线，并随时有可能向北渡过黄河，进攻刘秀的后方。在西侧，更始帝的另外两位将领鲍永、田邑则在并州驻军。

刘秀认为河内郡地势险要，关键是物产非常丰饶，不能轻易放弃，必须选一位优秀持重的将领把守。但是究竟该派遣何人把守，刘秀一时拿不定主意，就去询问邓禹。这是刘秀的习惯，刘秀认为邓禹有识人之明，凡涉及用人的事情都会和邓禹商议，邓禹也总能给出合适的人选，这次邓禹推荐的是寇恂。

邓禹之前几次和寇恂接触，对寇恂的许多见解都非常赞同，两人还在一起喝酒，关系非常密切。至于为何要用寇恂守河内，邓禹解释说："在往昔，高祖刘邦委任萧何治理关中，就没有了后顾之忧，可以专心在崤山以东作战，最终成就大业。现在河内郡有黄河天堑，户口众多，向北可以连同上党郡，向南可以保持对洛阳的压迫。寇恂文武兼备，有识人用人的才能，这件事非他不能胜任。"

刘秀于是任命寇恂做了河内郡太守，代理大将军的职务，并召来寇恂，亲自对他交代说："从前，高祖把关中交给萧何，而今我把河内郡交给你。你的任务有两个，第一要保证军粮的供应，第二要训练兵马，阻止朱鲔等人的军队，不要让他们北渡黄河。"同时，刘秀还任命冯异做孟津将军，在黄河之畔统辖魏郡、河内郡的军队，来与洛阳方面的敌军周旋。并亲自送邓禹到野王县，看着邓禹向西出发以后，刘秀才率军北上。寇恂在河内郡征集粮食，制造武器，来供应军需。大军一直北上到辽西，后勤都未曾出过问题。

更始三年（25），刘秀率军沿着当年灭王郎的路线北进，以耿弇、吴汉为先锋，在元氏攻打尤来、大枪、五幡等几支盗贼军团，连战连捷，一直追到北平，渡过顺水，在北岸交战，此时的敌军已经无路可退，只有殊死搏斗，而刘秀的军队长时间作战得不到休整，很快露出败势。刘秀被逼到一处高地，跳了下去，幸亏一位名叫王丰的突骑兵把自己的战马让出来，刘秀扶着王丰的肩膀，骑上战马，转头笑着对耿弇说："差点儿被贼虏耻笑。"耿弇这时连发数箭，逼退追兵，才和刘秀一起脱离战场，退守范阳。

汉军中见不到刘秀，人心惶惶，有传言说刘秀已经被杀，将领们也不知如何是好。这时吴汉站出来说："诸君努力！大王兄长刘伯升的儿子就在南阳，我们何必忧愁没有主君呢！"大家听了之后，虽然仍感到恐慌，但也算有了主心骨，几天后就安定下来。

范阳城下，敌军虽然战胜了刘秀，但因忌惮刘秀的威名，所以连夜撤走，解了范阳之围。刘秀命汉军再次发起进攻，部队行进至安次县，与敌人再战，大获全胜，斩杀了3000多人。变民军队退入渔阳郡，所到之处，大肆掳掠。

强弩将军陈俊向刘秀进言："贼寇没有辎重，应该派轻骑兵绕到贼寇的前面，让沿途的百姓坚壁清野，来切断贼寇的粮道，敌人必然不战而自灭。"刘秀很赞同，于是派遣陈俊率轻骑兵飞奔至贼军前面部署，对那些有坚固完整城墙的地方下令闭门坚守；对那些散落在城郊野外的百姓，直接下令官军将其掳掠一空。这些变民的军队到达这些县邑，一无所获，又没有后勤补给，很快就四散溃逃。刘秀对陈俊说："让贼寇走到这一步，全是将军你的功劳啊。"

此时，众将领开始有了让刘秀即位做皇帝的想法。其实早在平定王郎之时，刘秀的老同学宛城人朱祐就向刘秀建议说："长安政令昏乱，而您有帝王的相貌，这是天命所归啊！"只不过刘秀当时一听，吓得赶紧大喊："快教刺奸将军来逮捕朱护军！"于是朱祐也就不敢再说了。

这一次，出来建议刘秀称帝的将军是南阳人马武，他说："天下无主，才有圣人出现。哪怕有孔子担任丞相、孙子担任大将军，没有名正言顺的地位恐怕也难成功业。到那时覆水难收，后悔无及。大王您虽然谦恭退让，但国家宗庙社稷又将托付给谁呢？您应返回蓟县，先即帝位，然后再讨论征伐之事。现在这样东闯西杀，究竟谁是贼呢？"刘秀听罢大惊，说："将军怎么说出这种话？这可是够杀头的罪了！"马武回答："大家都是这么想的。"于是刘秀让马武告诉诸将不要再说。

与此同时，刘秀同时派出13位将军，以吴汉为首，各率兵马在潞县以东追击剩余的变民军队，一直追到平谷县，大败农民军，斩首13000余人，残余的贼军散入辽西、辽东，被乌桓、貊人抢掠击杀，全部消灭殆尽。至此，幽州也基本被刘秀收入囊中。

刘秀率军返回蓟县，途经范阳，下令收殓安葬阵亡的汉军将士。部队在蓟县整顿后南下，进抵中山郡，诸将再次谏言，大概意思是细数了王莽以来的天下乱象，陈述了刘秀这一路以来的丰功伟绩，最后讲国不可一日无君，请求刘秀早正大位。刘秀仍然拒绝。

再往前，大军走到南平棘县，将领们再次恳请刘秀称帝，刘秀说："贼寇未平，四面受敌，为何要如此草率地确定帝位？大家出去吧。"这时耿纯进言说："天下的豪杰、士人抛家舍业，背井离乡，在箭矢飞石之中追随大王，他们一心期望的，本就是攀龙鳞、附凤翼，来成就自己的志向。现在功业马上就要成功，天人也有所感应，您却拖延时间，违背众意，不立尊号，不即帝位，我恐怕大家会失去希望，不知所措，从而产生退归故里的想法，不会长久地忍耐下去。如果众人一散，就很难再聚合到一处了。时间不等人，众意不可违。"刘秀见耿纯言辞恳切，深受感动，说："吾将思之。"

又往南走到了鄗县，刘秀特地从河内郡召冯异来这里见面，打听各方军情。冯异到达后，说："天下三位诸侯王相继反叛，刘玄败势已现，现在天下无主，保全汉室宗庙的责任就在您的身上，上为社稷，下为百姓，大王您应该听从大家的建议。"刘秀对冯异说："我昨夜梦见自己乘着一条赤龙上天，醒来后，心悸不止。"冯异于是再拜，道贺说："这是天命在您的精神中显现。之所以心悸，都是因为大王谨慎持重的性格所致。"

这时，恰好刘秀的同学、儒生强华从关中拿着《赤伏符》来晋见刘秀，上面仍是那条多年以前就流传的谶语：刘秀发兵捕不道，四夷云集龙斗野，四七之际火为主。

众将再次进谏，于是在更始三年（25）的六月二十二日，刘秀在鄗县之南，焚烧柴木祭天，祭祀了水、火、雷、风、山、泽六宗，遥祭了山川、诸神。发布祝文，颁布年号为建武，大赦天下，改鄗县为高邑，正式即位。

一段崭新的历史，也随之开始了。

第五章

刘玄与刘盆子

王莽被杀的时候，长安的老百姓都在期待汉室的复兴，可是等刘玄和刘盆子两位皇帝到来之后，大家才发现，王莽的时代，还是值得怀念的呢。

自刘秀受封大司马巡抚河北开始，到在鄗县称帝，一共过了一年半左右，这段时间的关中到底发生了什么？真可谓一言难尽。

和刘秀一起启程的丞相刘嘉来到了长安负责整修宫殿，但事情并不像他想的那样复杂。长安城的宫殿，完全被烧毁的只有未央宫，其余的宫室、一应陈设、仓库、官府，都安然无恙，宫中的美人、宦官还有上千，城市街巷也几乎没有改变。清晨安静的长安城和以前没什么分别。于是刘嘉上书更始帝刘玄，请他移驾长安。刘玄便在二月启程，从洛阳出发，来到长安，第一件事就是下诏大赦，规定除王莽的后代之外，其余一概免罪。就这样，因为申屠建诛杀王宪而惶惶不安的三辅地区终于安定下来。

在更始帝从洛阳出发时，李松在前面引路，驾车的三匹马突然受惊狂奔，刘玄的车也撞在了北宫的铁柱大门上，三匹马全都撞死了。可是刘玄似乎不信这些吉凶预兆，众人还是按时出发。到了长安之后，刘玄住在长乐宫，终于到了登基坐殿的时刻，宫中侍郎、官吏排列整齐，在殿上站立。可是刘玄似乎对上朝不感兴趣，脸上显现出害羞的神色，低着头，一直在用手摸着座席，也不抬头看。诸将随后登上大殿，更始帝刘玄的第一个问题就让人大跌眼镜。他问诸将："你们一路走来，抢了多少东西？"左右侍者原来都是皇宫中的官吏，还从来没有听过皇帝这样问话的，不禁面面相觑，惊讶不已。

既然进了长安，当了皇帝，自然到了论功行赏的时候。于是李松与棘阳人赵萌建议刘玄尽封功臣为王。朱鲔站出来与他们争辩，认为汉高祖刘邦曾斩白马盟誓，非刘姓而王者，天下共击之。因此，刘玄首先赐封了六个刘姓的诸侯王：刘祉为定陶王，刘庆为燕王，刘歙为元氏王，刘嘉为汉中王，刘赐为宛王，刘信为汝阴王。

然而绿林军拥立刘玄有功，但眼下的各位将军，已经和在宛城时不同了，他们都有了自己的部曲，很难平衡。于是刘玄索性一口气将多位重要将领全部封王，其中王匡为比阳王，王凤为宜城王，朱鲔为胶东王，王常为邓王，申屠建为平氏王，卫尉大将军张卬为淮阳王，执金吾大将军廖湛为穰王，尚书胡殷为随王，柱天大将军李通为西平王，五威中郎将李轶为舞阳王，水衡大将军成丹为襄邑王，大司空陈牧为阴平王，骠骑大将军宋佻为颍阴王，尹尊为郾王。这其中只有朱鲔推辞不肯接受，这些人中，除了王常、李通和刘秀有旧交之外，也只有朱鲔的结局最好。

朱鲔既然不肯接受王爵，刘玄便任命他做左大司马，又任命宛王刘赐为前大司马，让他们与李轶等人安抚函谷关以东的地区。又派李通镇守荆州，王常代理南阳太守。任命李松为丞相，赵萌为右大司马，共同执掌朝廷内政。

一、更始败政

自从刘秀离开河内郡北上以后，冯异一直在观察洛阳的更始军，想来想去，洛阳这几位将领中，只有舞阳王李轶这里能碰碰运气。于是冯异给李轶写信，先是讲了一堆前人的故事，接着说明更始政权的处境，最后才劝降李轶。

李轶这时也知道长安危急，但毕竟自己与刘演之死脱不了干系，也怕刘秀报复。可这时归附刘秀确实是最好的选择，于是李轶给冯异回信，说："我本来是最早与刘秀同谋复汉的人，当初约定同生共死，荣辱相依。此刻我守洛阳，将军守孟津，全都是战略要地，这是千载难逢的良机，你我二人应抱同心，力可断金。请你转达萧王，我甘愿进献愚策，帮助他定国安民。"

李轶自从和冯异互通书信之后，便不再派人与冯异交战。因此冯异能够腾出手来，向北进攻天井关，攻取上党地区的两座城，又转头南下，攻取河南成皋以东的 13 个县，收纳降卒 10 万多人。河南郡太守武勃率领 1 万余人攻打叛乱者，冯异出兵渡河奇袭，和武勃在士乡交战，大破武勃军，斩杀武勃。而李轶则紧闭城门，没有出兵协助。

冯异见劝降的书信奏效，便将事情的原委向刘秀禀报。刘秀回信对冯异说："李轶为人，诡诈多端，没有人知道他到底是怎么想的，现在你应该把他给你的信转送给应当警备的各郡太守和都尉们，让大家都做好准备。"这件事如果交给邓禹或者吴汉，说不定会有变化，但冯异为人持重，就完全按刘秀说的办了。收到信的各位官吏都觉得很奇怪，这封信明显是极其隐秘之事，这样明发公文，岂不弄得尽人皆知了吗？可这就是刘秀要的效果，大家都知道了，就意味着主将朱鲔也知道了，于是朱鲔干脆派出刺客，刺杀了李轶。这样一来，洛阳城中的将帅离心离德，有不少人直接渡河投降了冯异。

朱鲔也是一位很优秀的将领，他得知刘秀已经率大军北征，此刻河内郡兵力空虚，势单力孤，就派遣部将苏茂、贾强领兵 3 万余人渡过巩河，进攻温县。朱鲔则亲自领兵数万人进攻平阴，来牵制冯异的军队。

文书传到河内郡城，寇恂马上集结城里的军队急速出发，并传令下属各县发兵到温县城下会合。手下的军吏们全都劝阻道："眼下洛阳大军正渡过巩河，队伍绵延不绝，我们不能贸然出击，应该等到各县军队全都聚集，才能够出战。"寇恂说："温县是本郡郡城的屏障，如果温县有个闪失，郡城就守不住了。"于是寇恂率军疾行，赶赴战场迎敌。第二天天明，双方战在一处，而正当此时，冯异派出的救兵和各县的军队恰好赶到，兵马云集，幡旗蔽野。寇恂下令，让士兵在城楼上大声呼喊："刘公大军来了！"苏茂的部众听到喊声，阵脚大乱，寇恂乘势出击，斩杀将军贾强，大破敌军。冯异也率军渡过巩河袭击朱鲔的军队，朱鲔败走。冯异和寇恂一直追到洛阳城下，绕城一周而还。从此洛阳全城震恐，白天也紧闭城门。朱鲔也再没有能力主动出击了。

在长安，自从分封了诸将之后，刘玄真正地放飞了自我。先是娶了右大司马赵萌的女儿做夫人，百般宠幸，继而把政事全都交给赵萌去管，自己则日夜在后宫饮宴。臣属们想向皇帝奏报或议论政事，刘玄常常因为醉酒，不能与大臣相见，有时逼得没辙，就让侍中坐在帐幕之中和群臣说话，大家听出不是刘玄的声音，出来后都抱怨说："现在成败尚未可知，陛下为何放纵成这个样子？"

刘玄的原配韩夫人尤其喜欢喝酒，每当侍奉刘玄宴饮，看见中常侍来向天子奏事，她就大发雷霆，说："陛下正与我饮酒，你就非得挑这个时间来奏事吗！"激动起身，把书案都拍破了。而在朝外，右大司马赵萌专擅大权，作威作福。郎官中有人说赵萌放纵，刘玄听了大怒，直接拔剑斩杀了这位郎官，自此以后没有人敢再说赵萌的不是。甚至刘玄身边的侍中与赵萌结仇，赵萌竟直接将人带出来杀害，连刘玄亲自出面说情都没有用。长安城有歌谣讽刺更始政权，说："灶下养，中郎将。烂羊胃，骑都尉。烂羊头，关内侯。"

军师将军豫章人李淑实在看不下去，上书规劝说："陛下创业，虽是利用下江兵、平林兵的势力，但那是临时举措，不可把它施用于已经安定的时期。只有名分与车服仪制等规矩，才是圣人所看重的。现在您把权力给了不应给的人，希望他们能实行王化，治理国家，就犹如缘木求鱼、升山采珠，是根本不可能的。四海之内的人看到这样的事情，就会有人暗中窥伺汉家的帝位。"刘玄听完大怒，便把这位李淑下狱，关了起来。成语缘木求鱼、升山采珠即出自此处。这时的更始政权，将领们在朝廷外的都自行赏罚，各自设置官吏，各州、郡官制交叉错杂，百姓根本不知服从谁才好。因此刘玄在关中地区逐渐失去民心，三辅地区变乱横行。

当时，梁王刘永凭借他的封国起兵，招揽各郡的英雄豪杰。沛人周建等都被任命为将帅，相继攻陷济阴、山阳、沛、楚、淮阳、汝南等地，一共占领了28座城池。又派遣使者任命西防贼的首领山阳人佼强为横行将军，东海赤眉军的首领董宪为翼汉大将军，琅琊变民军首领张步为辅汉大将军，监管青、徐两州，几方军队一合并，便在东方称霸；邔人秦丰在黎丘起兵，攻陷邔、宜城等10余个县，手下有部众1万人，自称楚黎王；汝南人田戎攻陷夷陵，自称扫地大将军，转战劫掠周围各郡、县，也有部众数万人。

刘玄对待天下这些叛军，基本都是以征召为主。比如，之前刘玄曾征召天水军阀隗嚣和他的叔父隗崔、隗义等人。隗嚣听召，就准备出发，可他的谋士方望则认为，刘玄成败尚不可知，坚决反对隗嚣听从刘玄的征召，隗嚣没有听他的建议，方望就留下一封书信，告辞而去。隗嚣到了长安，刘玄就任命隗嚣当右将军，对隗崔、隗义也都按旧有的称号赐封。可是现在更始政权的人心尽失，已经没有人再去听从征召，也没有人再去在意刘玄的封赏了。

终于，在更始二年（24）十二月，赤眉军西进，攻破函谷关。就在赤眉军入关不到一个月之后，从隗嚣那里离开的方望找到了安陵人弓林，对他说："前安定公刘婴，是汉平帝的后嗣。即使在王莽当政之时，也曾做过汉家之主，人们都说他是刘氏真正的继承人，是接受天命的天子，我想和各位共谋大事，如何？"弓林这些人都同意他的看法，于是众人在长安找到刘婴，王莽在位这么多年，刘婴一直都被囚禁，而且王莽不允许侍者跟他说话，王莽被杀之后，刘婴被释放，连话都不会说。方望等人将他接到临泾邑，拥立他为皇帝，方望任丞相，弓林为大司马。更始帝派丞相李松和讨难将军苏茂前往镇压，将这些人全部杀死。

　　这件事看起来似乎很偶然，但它的影响着实不小，刘玄作为汉室宗亲，却亲手杀掉了汉平帝合法的继承人，这就代表人心思汉这件事，在刘玄这里破了产。反观刘秀，始终以恢复汉室为己任，所有在乱世中称帝的刘姓宗亲，没有一个人是被刘秀杀死的，反而像赤眉军拥立的刘盆子，刘秀还予以优待，让他得以善终。从这一点上来说，刘玄始终都没有一个真正帝王该有的胸襟。

　　就在苏茂消灭了方望集团之后，听说赤眉军的两支队伍在弘农会师，更始帝就让他去弘农打一下赤眉军，结果苏茂一下就失败了，损失了1000多人；过了一个月，更始帝又派丞相李松率大军进攻赤眉，朱鲔配合，双方在荔乡大战，更始军大败，死伤3万多人，李松本人弃军逃走，回了长安。

　　更始三年（25）正月，就在方望集团建国不久，邓禹率领刘秀拨给他的2万精兵，准备从箕关杀入河东郡。箕关在黄河以北，是河东郡的门户，从刘秀的根据地河内郡入关中，走箕关可以不用向南渡黄河，这一点做过河内郡太守的韩歆肯定最为清楚。结果河东郡都尉守关不开，邓禹连攻10天，破关而入，缴获了许多河东郡的辎重，大军进围安邑。更始帝大将军樊参率军数万人渡过黄河，准备进攻邓禹，邓禹派遣诸将在解县迎敌，大获全胜，斩杀樊参。

　　王匡、成丹、刘均等人再次纠集起10余万大军，一起攻打邓禹。

　　邓禹军经过几次交战，疲惫不堪，人员也不齐整，结果第一天战事不利，将军樊崇战死。天将入夜，双方罢兵。回营之后，军师韩歆及诸将看到各营伤损的情况，都来劝邓禹，应该趁夜撤军，但邓禹不听。

　　关于邓禹的争论一直很多，因为毕竟他排名"云台二十八将"之首，可纵观邓禹一生的作战记录，顶多算是胜败平平，那邓禹究竟是一位怎样的将领呢？从战略的角度看，邓禹是第一流的，他懂得军队要如何发展，向何处去，仗该不该打，尤其擅长制定战争的方略；从战术的角度看，邓禹大概算是个二流的将领，比较擅长打优势仗，阻碍邓禹成为一流将领的有两条，第一是人们不知邓禹本人弓马如何，史书上只说他13岁能诵诗，而没有记载邓禹在战争中冲锋陷阵，身先士卒的表现；第二则是邓禹本人似乎比较在乎面子，从做人的角度来说，这倒不一定是坏事，但打起仗来，胜败乃兵家常事，太要面子只会招来更大的损失。

这一夜没有撤兵，看起来完全是不明智的。王匡等人也算是久经沙场的将领，如果第二天再战，邓禹失败的可能是非常大的。可是这一次邓禹运气爆棚，王匡等人第二天没有派兵交战，原因则是这些人认为第二天是癸亥日，是干支纪日的最后一天，为六甲凶日，不宜用兵。于是邓禹的军队迎来了宝贵的休整时间，完成了二次部署。第三天甲子日，王匡全军出击，邓禹传令军中不得妄动，等王匡的军队到达营垒前，邓禹大军鼓噪并进，一战大破更始军。王匡等将领弃军逃走，邓禹率领轻骑追击，俘获刘均与河东太守杨宝等人，获得了许多战利品，就这样平定了河东郡。

这时的更始政权已经处在风雨飘摇之中，弘农、河东相继失陷，战事接连失败，而更始帝本人更是沉迷声色，不理朝政。这时，更始军的内部也出现了问题。

更始军中，匪气最重的将领张卬与诸将商议："现在赤眉军就在郑县和华阴之间，眨眼的工夫就会到达长安，这样下去，我们不久就会被消灭。不如干脆我们在长安抢掠一番，再向东逃回南阳。如果南阳再容不下我们，干脆我们再回到山中，重新做强盗，也算快活！"此话一出，申屠建、廖湛等人纷纷表示赞同，这一年多，官瘾也过够了，想想也没啥意思，还担惊受怕的。于是大家迅速达成一致，准备去说服老大刘玄。

这天，众人一同晋见。谁知刘玄听了非常愤怒，不发一言，大家也都不敢再继续说了。刘玄下令，派王匡、陈牧、成丹、赵萌驻屯新丰，命刚刚兵败的宰相李松屯兵掫城，准备和赤眉军决一死战。

张印、廖湛、胡殷、申屠建几个人与隗嚣合谋，准备借立秋这一天杀牲祭庙的时候，一起劫持刘玄，再实践此前的计划。结果消息走漏，被侍中刘能卿得知，报告了刘玄，于是刘玄就装病不出宫，并召见张印等人。刘玄的计划是将所有参与的人全都斩首。诸将应召进宫，只有隗嚣察觉有异，称病没有进宫，并召集他的门客王遵、周宗等人率亲兵自守。

结果事到临头，刘玄优柔寡断的老毛病又犯了，迟迟不能下定决心。张印、廖湛、胡殷等人怀疑事情有变，全部冲出宫去。只有申屠建留在宫中，结果被刘玄下令斩杀。刘玄又派执金吾邓晔领兵包围隗嚣的府邸，隗嚣坚守不出，直到黄昏，才率领亲兵数十名突出重围，斩杀守城门的卫士，连夜出平城门，逃回了天水老家。

矛盾激化，事情已经摆到了明面上，于是张印、廖湛、胡殷等人回到军营，各自率领本部人马烧毁宫门，杀入宫中，刘玄命令宫中卫士和宦官抵抗，大败。第二天清晨，刘玄带着妻子儿女，赶着百余辆车出皇宫向东，去投奔在新丰驻扎的赵萌。

到了新丰的刘玄，现在除了他岳父赵萌，已经无法相信任何人了。他怀疑王匡、陈牧、成丹和张印等人是同谋，于是一起召见他们。陈牧和成丹率先赶到，立刻都被刘玄斩首。王匡感到很害怕，就率军掉转方向，进入了长安，直接与张印等人会合。

就在此时，李松从撒城返回，刘玄很信任他，让他与赵萌一起攻打在长安城里的王匡和张印。仗打了一个多月，王匡终于战败逃走，刘玄便进城，暂时住在长信宫。这时，赤眉军已经到达了长安的郊区高陵，王匡等人迎接并投降了赤眉军，双方合兵，直逼长安。更始帝刘玄派李松出城交战，结果李松战败被俘，于是身为皇帝的刘玄只得亲自上城督战。李松的弟弟李汜此时担任城门校尉，赤眉军用李松的性命相威胁，李汜只好打开了城门。刘玄单骑逃走，妇人们跟在后面连声高喊："陛下，该下马辞谢城池！"刘玄当即下马，对着城池拜了拜，就慌忙上马逃走了。

兵荒马乱的长安城，即将在五年之内，迎接它的第三位主人。

二、赤眉入关

从吕母起义算起，赤眉军绝对是两汉之间持续最长的一次起义，可是，作为已经存在了十余年的一股强大的军事力量，赤眉军在政治上的存在感却一直不强。这归根结底，是与他们的组织形式有关。更始帝刘玄在定都洛阳的时候，赤眉军的首领樊崇（和刘秀手下的樊崇是重名）本来已经接受了刘玄的劝降，来到洛阳受封，但刘玄封的列侯，一无领地，二无部曲，而这些人在青、徐二州的军队却在溃逃。结果没多久，赤眉军的将领们就都逃回了自己军中。

回去之后，首领樊崇便率领赤眉军进入了颍川。这时的赤眉军人数众多，按照农民军的方式，樊崇还是把他的部众分为两部分：樊崇、逢安率领一部分，徐宣、谢禄、杨音率领另一部分。樊崇的军队进攻长社，南击宛县，杀死县令；徐宣和谢禄的军队也攻下阳翟县，引军来到大梁。

赤眉军虽然不断在打胜仗，但全军上下厌战情绪严重，这些士兵大都是青、徐二州的人，如今远离故土，背井离乡，军中有人日夜哭泣、哀怨，想返回东方。樊崇等将领一商议，如果放任这样的情况继续下去，部队就有一哄而散的危险，与其坐以待毙，不如干票大的，直接向西进攻长安！就这样，樊崇、逢安从武关入关中，徐宣等人从陆浑关进关中，两路军马计划在弘农郡会合。

陆浑关这个地方在伊水和洛水之间，在西汉时还是不存在的关隘。这个地方之所以重要起来，是因为汉武帝时期，将原本处于陕县的函谷关，向东移了数百里，这就导致原本防守关中的关隘，从两个变成了四个，除了传统的函谷关和武关之外，又多了陆浑关和箕关，只不过跟前两个相比，要想从陆浑关和箕关进入，到达长安，都得渡河，从陆浑关走要渡洛水，而从箕关进入，则需要渡过黄河。

更始三年（25）正月，赤眉的两路大军在弘农郡会合，与更始军交战，屡战屡胜，赤眉军的队伍也越来越壮大，樊崇将每一万人分为一营，每营的长官叫"三老"，副长官则称"卒正"，像这样的营，一共分了30个，也就是说，这时的赤眉军已有了大概30万人。要说赤眉军还真是"初心不改"，樊崇起兵时，就自称三老，手下称卒正，这么多年过去了，赤眉军内的职位还是这么"朴实无华"。其实越是这样，越证明赤眉军内，始终都缺乏有见识的人为他们谋划，赤眉军的行动轨迹，完全是由大字不识一个的樊崇，凭直觉规划的。

赤眉军进抵华阴，常有齐地的巫师随军击鼓舞蹈，来祭祀城阳景王刘章。刘章是高祖刘邦的庶长子刘肥的二儿子，当年吕后死后，是刘章联合周勃、陈平等人铲除"诸吕"，安定了刘氏的天下，汉文帝即位后，封他为城阳王，他死后的谥号是"景"，因此称他为"城阳景王"。在琅琊、青州等六郡，甚至渤海都邑、乡亭聚落等地方，都有祭祀他的祠堂，在东汉末年，这种民间信仰已经遍及齐地，据说一直持续到宋末元初才渐渐废止。因此，这时的巫师假托他的名义也不奇怪，甚至赤眉军中的巫师还会"景王上身"，指着众人大怒说："尔等应为天子，为何要做盗贼！"赤眉军的人听罢都取笑巫师，结果凡是嘲笑巫师的人，都得了病，一时间，军中议论纷纷。

之前因拥立刘婴被杀的方望的弟弟方阳此刻在赤眉军中，因为怨恨更始帝刘玄，便出言煽动樊崇等人说："更始帝荒淫无道，生活奢侈，朝政昏乱，各位将军流落至此。现在您已坐拥百万大军，此前依附刘玄，却没有得到应有的名号，最终还是盗贼的身份。这样下去，终究不是长久之计，不如我们也拥立一位刘氏宗室，挟天子之威讨伐不义，号令天下，谁敢不从？"樊崇等人认为方阳说得很有道理，而关于巫师的传言也越来越厉害。大军行进到郑县，赤眉军的将领坐在一起，共同商议说："现在军队已逼近长安，我们应该找一位刘氏皇族，共同尊奉他为皇帝。"

当初，赤眉军还在齐地的时候，有一次军队经过式县，劫持了已经去世的式侯刘萌的三个儿子：刘恭、刘茂和刘盆子，便让三人随军。刘恭在幼年时曾学习过《尚书》，算是比较有文化，后来跟从樊崇等人去洛阳投降更始帝刘玄，重新获封式侯，担任侍中，迁都之时，跟着刘玄去了长安。而他的弟弟刘茂和刘盆子则留在赤眉军中，归右校卒史刘侠卿管辖，负责放牛。

这次樊崇等人想要拥立皇帝，既然巫师总是以城阳景王来降下喻示，那么自然要优先找景王刘章的后代来继承大位。要说赤眉军的人员真是复杂，光是景王的后人，一下就找到了 70 多人，其中以刘茂、刘盆子以及前西安侯刘孝的血统最为亲近刘章。

可是这三位谁来继承呢？赤眉军采用了一种古老而有效的方法——抓阄。樊崇等人认为，在古时候，天子若能亲自领兵，就称为"上将军"。于是用一片木简做符，上写"上将军"三个字，又把两片没有写字的木简也放在竹筒中。在郑县的北面修筑高台，先祭祀了城阳景王刘章，然后各营三老、从事等人全都聚到这里，见证这一奇迹的时刻。

只见刘孝、刘茂、刘盆子三人在高台中央并排站立，按照长幼的顺序抽签。刘盆子年纪最小，最后抽，然而就是他抽中了"上将军"的那片简。于是将领们一见，全都向刘盆子称臣叩拜。刘盆子当时才 15 岁，披散着头发，光着两只脚，身上衣衫褴褛，在台上涨红了脸，汗流浃背。他看见众将这一跪拜，吓得几乎要哭出来，不知如何是好。

这时，二哥刘茂对他说："好好收起你的签！"刘盆子一听，立即把竹签放在嘴里咬断扔掉，之后又跑到刘侠卿的身边，刘侠卿给他做了体面的好衣服，但刘盆子还是跟其他的牧童一起玩儿。

樊崇这人勇力过人，大家都推举他为首领，但他实在是没有文化，诸位"三老"当中，只有徐宣过去做过县里看管监狱的小吏，据说能通晓《易经》，于是大家就推举他做丞相，樊崇为御史大夫，逢安为左大司马，谢禄为右大司马，其余的首领全被任命为卿和将军。刘盆子虽被立为皇帝，但每天早晚还要叩拜刘侠卿。他时常想到外面去和牧童们一起玩耍，刘侠卿总是愤怒地制止他。樊崇等人自从受封之后，也不再来问安探视。

到了秋天，刘秀也在鄗县称帝。七月初五这一天，屯兵在河东郡的邓禹迎来了刘秀的使者，刘秀封邓禹为大司徒、酇侯，食邑万户，并称其为"我之颜回"。这一年的邓禹，只有24岁。受封之后，邓禹从汾阴渡过黄河，进入夏阳。更始朝左辅都尉公乘歙率领部众10万人和左冯翊的军队在衙县共同抵抗邓禹。邓禹再次大败更始军，公乘歙等人逃走。

九月，赤眉军进入长安。刘玄一个人骑马从厨城门出逃。之前刘玄所封的式侯刘恭因为赤眉军拥立他的弟弟刘盆子即位做皇帝，就把自己绑缚起来，囚禁在诏狱。这时听说刘玄兵败逃跑，自己又从监狱出来了，跑去见刘玄所封的定陶王刘祉。刘祉替他除去身上的刑具，两人一起到渭水河畔追上了刘玄。右辅都尉严本害怕刘玄走丢，自己会因此被赤眉军杀害，就挟持刘玄到了高陵，住在传舍，严本的军队驻扎在外面，名为守卫，实际上是把刘玄看押起来。更始朝几乎满朝的文武官员全都投降了赤眉军。

赤眉军给刘玄送去书信说："圣公要是在二十日之内投降的话，就封为长沙王，过了期限，就不再接受了。"刘玄别无选择，只好派刘恭去请降。赤眉军也派右大司马谢禄前往高陵接受刘玄的投降。于是刘玄跟着谢禄，赤裸上身——这是谢罪的姿态，来到长安，向刘盆子呈上玉玺，之后，赤眉将领们并没有履行诺言，而是让刘玄坐在庭院中央，准备杀了他。

这时，刘恭、谢禄赶紧替更始帝求情，但众将都不同意。接着，就有赤眉将领把刘玄拉出去准备行刑。结果刘恭一边在后面追赶，一边大声呼喊："陛下！我已经尽了最大的努力，请允许我先走一步了！"于是拔剑，准备横刀自刎，樊崇等人一看刘盆子的大哥要自杀，急忙一起上前夺剑，制止了刘恭，也就赦免了刘玄，并封他为畏威侯。刘恭则又坚持认为赤眉军应该履行之前的承诺，赤眉军诸将终于答应，封刘玄为长沙王。可是刘玄并没有自己的部曲，只能依附谢禄，住在他的军营之中，身边只留刘恭保护自己。

赤眉军进入关中才短短几个月的时间，三辅地区已经不堪忍受赤眉将领的暴虐，百姓也因此非常同情刘玄。张卬等人现在都在赤眉军中，终于过上了梦想中的劫掠生活，听说这些传言之后，非常担心，就向谢禄建议，应该杀掉刘玄。于是谢禄就派随从与刘玄一起去郊外牧马，趁机把刘玄勒死了。消息传出，刘恭连夜去郊外装殓了刘玄的尸体。后来还是刘秀让邓禹把更始帝刘玄葬在了汉文帝的霸陵。

刘玄已死，皇帝换成了放牛娃刘盆子，可是赤眉军跟绿林军相比，更像一伙儿匪徒。刘盆子住在长乐宫，每天的所谓"朝会"，就是诸将一起争论谁的功劳大，一言不合就大声吵嚷，弄得房盖都要掀开了，更有甚者，一些将领拔出佩剑，向长乐宫里的柱子猛砍，根本就无法达成一致。刘盆子坐在宝座上，看着堂下如此放肆混乱，无计可施，只有痛哭，三辅郡县和各军营的长官派使者来为皇帝贡献礼物，刚呈上殿，就被赤眉军的士兵抢夺一空，长安城内也到处是劫掠的士兵，以及号哭无助的百姓。

到了腊八节，樊崇等人也设置了鼓乐，举行盛大的宴会，刘盆子照例坐在正殿中央，中黄门等各位宦官持兵器站在皇帝身后，公卿大臣也都按身份落座。酒席还未开始，有位将领拿出刀笔来，想上前书写贺词，结果许多不识字的人都起来，请求这位代写，这些人聚在一起，都背对着天子，议论纷纷。大司农杨音手按佩剑的剑柄，骂道："诸位公卿真是老糊涂了！今日如此正式的场合，朝廷设置君臣之礼，尔等却视如敝屣，小孩玩闹尚且不会这样，你们真是该杀！"各位将领闻听此言就互相争辩起来。这时，门外的士兵听到宫中大乱，就纷纷越过宫墙，砍断门闩，进入大殿掳掠酒肉，互相攻杀。卫尉诸葛稚闻声赶来，带兵进入殿内，杀死了100多人，才稳住了局面。经此一役，本就怯懦的刘盆子恐怕是吓出了心理阴影，在宫中日夜哭泣，不再管外面的任何事情。

刘盆子的大哥刘恭看到赤眉军内部如此混乱，觉得他们最终必将失败，于是他开始担心他们三兄弟的处境，暗地里告诉刘盆子应该归还玺绶，并且还教自己的弟弟如何对大臣们说这件事。

建武二年（26）正月初一（建武为刘秀的年号），樊崇等人照例举行盛大的朝会，刘恭首先说："各位拥立我弟弟为皇帝，恩德实在是深厚，可是他做了将近一年的天子，天下却一天比一天更混乱，看来我这弟弟实在不适合做皇帝，也不值得大家辅佐。我们兄弟就算是死，也没有办法完成这个任务，希望诸位将军能让他做回平民，改立一位更为贤能的人，请各位一定认真考虑。"

樊崇等人一听，便集体请罪，道："这是我们的过错。"可是刘恭却一再坚持，这时赤眉诸将不愿意了，有人说："天子之事是你式侯一人说了算吗？"刘恭一听，知道自己多说无益，又怕引火烧身，便起身退下了。

在宝座之上，一直没说话的刘盆子此时站起身解下了玺绶，跪在诸将面前，叩头说："如今虽然诸位立我为天子，可是天下的盗贼却跟过去一样猖獗，就连官吏前来贡献的物品都被抢劫，这样的事情传到四方，会被天下人怨恨，也不会再有人相信朝廷。这一切都是我这个皇帝不称职造成的，希望各位能放我一条生路，另立贤者，如果一定要杀我才能补救过错的话，我也不会逃避，衷心希望各位能体谅我。"刘盆子越说越激动，樊崇等与会的几百人也纷纷同情落泪，纷纷离座叩首，保证此后不再抢掠，之后起身把刘盆子抱上宝座，将玺绶还给他，刘盆子仍然大声哭号。诸位将领回营，纷纷约束自己的部队，闭营不出，禁止抢掠。于是三辅地区恢复了平静，百姓们返回长安，纷纷夸赞天子聪慧。

可是，刘盆子终究不足以威慑朝堂诸将。仅仅20多天后，赤眉军便忍不住了，再次出城抢掠，城里的粮食已经全都吃完了，众人便焚烧宫室，把抢来的东西都装上车，带领兵马向西行进。路过南郊，还不忘祭祀一番。这时的赤眉军，据说有上百万人。刘盆子坐在三匹马拉的王车上，跟着赤眉军又进入安定等地。

赤眉军本打算去陇西，结果被隗嚣派大将杨广拦截，紧接着又在乌氏和泾阳接连被击败。在番须附近又遭遇大雪，士兵冻死很多，于是又准备返回长安。路过西汉的皇陵时，赤眉军便开始盗掘陵墓，皇陵中被抢掠的随葬品不计其数。

建武二年（26）九月，赤眉军回到了长安，可等待他们的，却是即将到来的失败。

三、收服赤眉

单就战斗力来说，赤眉军恐怕是当时最强大的军队。他们人数众多，在正面冲突的时候，几乎没有打过败仗，赤眉军的将领也大多身先士卒。这一点，恐怕一直在关中地区的邓禹是最有体会的。

就在赤眉军在三辅地区胡作非为的时候，各位将领和军师都劝邓禹直接南下攻取长安。邓禹则认为不行，对部下说："此时我军人数虽然看着不少，但能打仗的战士却不多，如果贸然进军长安，一旦粮食吃完，后方又没有补给，必将陷入困境。反观此时的赤眉军，刚刚攻下长安，兵精粮足，士气旺盛，很难战胜。然而赤眉军聚众而居，也没有长期的规划，虽然钱粮很多，但变故也多，根本是守不住的。不如北上去夺取上郡、北地、安定三个郡，这些地方地广人稀，谷物、牲畜都很多，我们暂且北上，到有粮的地方休整士兵，静观其变，等着赤眉军松懈，再计划攻城。"

就这样，邓禹率领军队向北进发，沿途的很多郡县都望风归降。这时的邓禹相当清醒，虽然临场指挥作战，邓禹可能不是最顶级的，但此刻仗该不该打的问题，他还是判断得很准确的。

可是这时的刘秀却并不这样想，因为他刚刚率军攻下了洛阳。

平定河北之后，刘秀在鄗县称帝，随即率军南下，到达洛阳。这时的洛阳城内还有许多更始的军队。洛阳城城防坚固，想攻下来并不容易，而且城内守将朱鲔守城的态度十分坚决，大军包围了洛阳城几个月，城内仍然没有什么动静。

刘秀找来廷尉岑彭，因为他曾经担任过朱鲔的校尉，刘秀决定派岑彭去试着劝降朱鲔。于是岑彭催马来到城下，邀朱鲔相见。朱鲔站在城头，二人寒暄过后，岑彭说："过去我有幸做过将军的随从，承蒙将军大恩，我心中常怀感激之情。如今赤眉军已经攻破长安，更始帝手下三王造反，萧王刘秀已经即位，平定燕赵，坐拥幽、冀二州，百姓争相归附。如今陛下亲率大军攻城，而将军您今日又是为谁守城呢？"

朱鲔说："大司徒刘演被害时，我曾经参与谋划，后又曾劝更始帝不要派遣萧王北伐。我知道自己罪孽深重，实在不敢投降。"岑彭一听，知道此次劝降无果，就返回，把这些话禀报给刘秀。刘秀说："做大事之人，不必斤斤计较。朱鲔现在如果愿意投降，我可以保全他的官职和爵位，怎么能够治罪呢？"说罢刘秀一指身后："有黄河水在此作证，我刘秀决不食言！"

得知了刘秀的态度，岑彭又去向朱鲔转告。朱鲔从城上坠下绳索，对岑彭说："如果你所说为真，就请攀着绳子上城来。"岑彭听罢，立即下马，上前抓住绳索，准备攀登。朱鲔看到岑彭是出于挚诚劝降，当即答应投降。过了五天，九月二十六，朱鲔率领轻骑出降，临走时，对部将说："各位坚守城池，等我回来，如果我没回来，你们可以率领军队去投奔郾王尹尊。"

出城后，朱鲔见到岑彭，反绑双手，与岑彭一起赶往河阳，去见刘秀。一见面，刘秀亲自为朱鲔解开了绑缚，出言安抚，并让岑彭连夜护送朱鲔回到洛阳城。第二天一早，洛阳城门大开，朱鲔带着苏茂等人全体出城投降。刘秀任命朱鲔为平狄将军，封扶沟侯。朱鲔后来曾做过少府，朱家的封爵得以世代相传。

十月十八日，当冬天刚刚来临时，刘秀进入洛阳，登上南宫却非殿，正式定都洛阳。这时的刘秀看到关中还没有平定，而邓禹又长时间没有动作，于是下诏说：

"司徒，尧也；亡贼，桀也。长安吏人，遑遑无所依归。宜以时进讨，镇慰西京，系百姓之心。"

此时的刘秀也许是看到了邓禹当初为自己描绘的未来，也许是因为打铜马军的过程很顺利，还有一种可能性，就是他开始有点儿看不透邓禹。不管是出于什么目的，刘秀让邓禹出击很明显是不明智的，因为邓禹和赤眉军的实力相差得过于悬殊。

当初刘秀分兵三路，邓禹这一路可以说是最为凶险的，因为邓禹进入关中之后，后方的补给很难及时运达，再加上从新莽末年开始，关中动乱了这么多年，就地补给也变得不是很容易，这也就决定了，邓禹的军队人数不可能太多。与此同时，邓禹还肩负着在关中传播汉军美名的责任，受到赤眉掳掠的三辅百姓也有很多跟着汉军。因此，这时指望着邓禹去正面对抗赤眉军是不现实的。

邓禹此时也没有执行刘秀的命令。他坚持认为自己先前的决定是正确的。于是分兵继续攻打上郡各县，同时发兵运输谷物粮食，都送到北地郡。从这个部署，也能看出来邓禹在做准备，从北地郡沿着泾水南下，便可直抵高陵。不过这时，发生了一个意外。

邓禹派冯愔、宗歆驻守枸邑，但这二人因争夺权力，互相攻伐，冯愔竟然杀了宗歆，接着掉转头来攻打邓禹。邓禹就把这件事禀报了刘秀，刘秀问使者："冯愔最亲近的人是谁？"使者说是护军黄防。刘秀回信告诉邓禹说："最终逮捕冯愔的人，必是黄防。"于是派遣尚书宗广拿着符节去招降黄防。一个月后，黄防果然抓了冯愔，率部投降。

这时，之前投降赤眉军的更始诸将王匡、胡殷等人，也都到宗广这里投降，并跟随宗广一道东归洛阳。走到安邑时，王匡等人想中途逃走，宗广就把他们都杀了。冯愔跟着到洛阳，刘秀赦免了他。

转过年来，朝廷派来使者封邓禹为梁侯，食邑4个县。大家别小瞧了这4个县，这已经是列侯中食邑最多的了。当时赤眉军抛弃长安向西抢掠，邓禹马上出兵占领了长安，驻军在昆明池，犒赏将士，选择良辰吉日，带着祭品去祭祀了西汉的宗庙，收集了11位皇帝的牌位，派使者送回了洛阳，接着邓禹巡视了皇陵，为皇陵设置了官兵守卫。可就在这时，赤眉军掉头回来了，邓禹也迎来了指挥生涯的"滑铁卢"。

赤眉军东归，邓禹派兵在郁夷迎战，被赤眉打败，撤军退守云阳。汉中王刘嘉派自己手下的大将来歙来见邓禹，表达了归降的意愿。早在邓禹离开河内郡时，刘秀就叮嘱过他："刘嘉为人历来小心谨慎，很善于处理人事关系，在年少时，我们是很好的朋友。他现在的处境一定是受了长安轻薄子弟的误导。"这次来歙和邓禹见面，互相转达了彼此的意思，不到一年之后，刘嘉就带着来歙等人去了洛阳。

当时在长安东南方向的杜陵有一支军队，首领叫延岑。延岑是一员猛将，只可惜在这个英雄辈出的时代里，比他优秀的人实在太多，所以延岑屡遭败绩，辗转各地，与刘秀作战了10余年。此刻他之所以在杜陵，是受了汉中王刘嘉的命令。

延岑也是南阳人，在新莽末年聚众造反，在更始帝刘玄称帝之后，被刘嘉击败，就这样投降了更始政权。更始二年（24），刘玄迁都长安，刘嘉被封为汉中王，于是延岑作为部将随刘嘉来到汉中，协助镇守汉中郡各县。后来刘玄败亡，更始朝廷分崩离析，延岑趁机再次起兵，包围了郡府南郑，进攻汉中王刘嘉。大战之后，刘嘉不敌，率残部败走，延岑便占据了汉中郡，自称"武安王"，准备率军西出，攻打武都郡，结果与更始政权的两位将军李宝、张忠相遇，延岑战败，率军退至天水郡。

就在延岑与李宝交战的时候，割据巴蜀的公孙述派大将侯丹率军北上，奇袭南郑，进而占领了整个汉中郡。在这时，刘嘉也收拾残部，任用李宝为相，进攻延岑。于是延岑眼看在秦岭以南已无法立足，就率部取道大散关，进入了关中，抵达陈仓，结果刘嘉、李宝率10万大军穷追不舍，延岑被迫迎战，又被击败，只好再次投降刘嘉，刘嘉考虑此时正值用人之际，就接受了他的投降。

刘嘉的选择也算英明。不久，赤眉军派遣更始降将廖湛率领18万大军进犯陈仓谷口，前来清剿这一地区的更始残军。刘嘉、李宝、延岑率部死战，斩杀廖湛。之后，刘嘉就命李宝、延岑率部进驻右扶风，驻扎在杜陵，静观长安之变。

刚刚击退邓禹，率先进驻长安的赤眉军，决定由逢安率主力10多万人进攻延岑。大军刚走，邓禹见机会来了，长安城只有羸弱士卒若干和刘盆子还在，于是亲自率军南下，再攻长安。没想到赤眉军并不是一起回来的，邓禹刚到，恰好赤眉将领谢禄赶到。双方在长安城的槁街激战，邓禹再次战败，撤出长安，退往高陵。这时，邓禹的军队已经断粮了，将士们只能靠吃野枣野菜来充饥。

这时的刘秀恢复了理智，下诏给邓禹说："赤眉军无粮，自然会向东进军，我就算折断马鞭也要击败他们，这不是各位将领要担心的，不要再贸然进军了。"这番话说得实在是让人暖心，既分析了天下的形势，也显示了赤眉军强悍的战斗力，同时又给了邓禹台阶下，最后还不忘强调军事部署。可是邓禹这人脸皮薄，越是这样，邓禹越是觉得自己枉受君恩，却没有功劳，十分惭愧。于是多次率领饥饿的士兵出战，结果自然也总是失败。

给了赤眉军最后一击的人，竟是延岑。

延岑见逢安大军来者不善，便和更始将军李宝合兵一处，在杜陵与赤眉军大战，延岑等人战败，死者有一万多人，李宝也投降了赤眉军。正当延岑收拾残部，准备退走之际，李宝派人秘密找到延岑，说自己是诈降，让延岑领兵再战，自己愿意做内应，里应外合，必将大胜。

延岑得到消息，马上还军，再次向赤眉挑战，逢安等人倾巢出动，结果李宝在城内把赤眉军的旗帜全部拔掉，换上自己的军旗。延岑与逢安激战，难分胜负，逢安撤回杜陵，结果发现城头的旗帜已经变为白色，大惊失色，逢安的军队竟然就此瓦解，延岑依计率军追杀，赤眉兵士仓皇逃窜，跌入山川河谷，死者有数万人，逢安跳下山崖，仅带着几千人返回长安。

这时的三辅地区已经大乱，连年的战争造成的饥荒，让"人吃人"已经成了司空见惯的事情。很多城邑都空空荡荡，白骨蔽野。幸存下来的人都聚在一起，兴筑营寨来自保，坚壁清野。就像刘秀预料的那样，赤眉军抢不到粮食，便决定东归，这时赤眉军还有20余万，一路上纷纷逃散。刘秀见状，就派破奸将军侯进等人驻扎新安，建威大将军耿弇屯兵宜阳。新安在通往函谷关的要道上，而宜阳则地处洛水之畔，两地相距不过60多里，也就是说，赤眉向东走，则耿弇可以从宜阳来救；而赤眉向南走，则侯进可以从新安来援。

自从冯愔等人叛变后，邓禹原本在关中的名声受到损害，再加上缺乏军粮，与赤眉军交战不利，归附他的人也逐渐离散。延岑的军队在击败了赤眉之后，占据了三辅地区，残暴程度跟赤眉军相比有过之而无不及。各郡县的人们都集兵力自保，导致征粮更加困难，邓禹此时已经无能为力。于是刘秀决定，派遣冯异为征西大将军，接替邓禹与赤眉军交战。

冯异大军行进至华阴，遭遇了东归的赤眉军，双方对抗60多天，交锋几十次，赤眉军将领刘始、王宣率5000人投降。刘秀此时也亲自到宜阳坐镇，等待与赤眉军决战。这时邓禹收到了圣旨，率领车骑将军邓弘等人通过河北县抵达湖县，与向西进军的冯异相遇，邓禹希望冯异和自己一起攻打赤眉，决一死战，冯异摇头说："我已经与赤眉军对抗了几十天，虽然多次俘虏他们的将领，但他们剩下的人数还是很多，我们可以逐渐用恩义去动摇他们，很难一下子就以武力征服。现在皇上已经派将领们屯驻在渑池，威胁赤眉的东翼，而我则应该绕到他们的西翼攻打并一举消灭他们，这才是万全之计！"冯异的这个策略实际上就是要把赤眉军赶进刘秀设下的圈套之中，然后三面夹击，这确实是一个好办法，但邓禹和邓弘并没有听进去。

随后，邓弘军率先与赤眉军接战，战斗进行了一整天，赤眉军佯装败走，将辎重车辆沿途丢弃。车上装满了泥土，看起来很重，再把豆子覆盖在泥土上面，邓弘的士卒饥饿难耐，纷纷去抢夺车辆。赤眉军乘机杀回，邓弘的军队阵脚大乱，眼看就要崩溃，这时冯异和邓禹的救兵赶到，奋力厮杀，赤眉军才稍稍退却。

冯异认为此时士兵们又饿又累，应该暂且休息。但邓禹不听，又率军出营交战，冯异只好硬着头皮跟上，结果二人被赤眉军打得大败，士卒死伤3000余人。邓禹仅带着24名骑兵逃出战场，回到宜阳。冯异舍弃战马，徒步翻越了一条叫回溪阪的深沟，和部下数人回到军营，召集逃散的士兵，重新固守营寨自保。

邓禹回到宜阳之后，向刘秀呈上了大司徒、梁侯的印信绶带，以示请罪。刘秀下诏，归还了梁侯的印绶，过了几个月就再次任命邓禹为右将军。邓禹这次出兵，历经了两年多的时间，虽然战败而归，但这段时间，邓禹在关中，也让关中百姓看到了汉室将军的威仪，为刘秀打下了很好的基础，整体的战略上也并不算失败。

邓禹走后，冯异留下继续与赤眉军交战。在见识了赤眉军惊人的战斗力之后，冯异想了个办法——他挑了一些精壮的士兵，让他们改换服装，穿戴和赤眉军一样，在道路两侧埋伏下来。第二天，赤眉军派出 1 万人攻击冯异军的前锋，冯异只派出很少的军队救援。赤眉一见冯异的军队人数很少，于是全军出击，进攻冯异，冯异这才发兵与赤眉军大战。到太阳偏西，赤眉军的士气逐渐衰落，路边的伏兵突然杀出，因衣服混杂，赤眉军已无法判断敌我，士卒开始惊恐溃散。冯异军追击，在崤底大破赤眉军，收降赤眉军男女 8 万多人。刘秀得到消息，下诏慰劳冯异说：

"赤眉破平，士吏劳苦，始虽垂翅回溪，终能奋翼渑池，可谓失之东隅，收之桑榆。方论功赏，以答大勋。"

被冯异击败的赤眉军残部向东南方的宜阳移动。刘秀在宜阳亲率大军，严阵以待。赤眉突然遇到如此规模的大军，感觉十分震惊，不知所措。于是，刘盆子派刘恭向刘秀乞降，说："刘盆子率领百万之众投降陛下，陛下准备如何对待他呢？"

刘秀说："可以饶尔等不死！"

两天之后，樊崇带着刘盆子及丞相徐宣及以下 30 余人赤裸上身投降，献出所得的传国玉玺和绶带，还有更始帝刘玄的七尺宝剑及玉璧各一件。赤眉军上缴的兵器盔甲都放在宜阳城西，堆积得像熊耳山一样高。此时的赤眉部众还有 10 余万人，已经断粮数日，于是刘秀命令御厨赐给赤眉军将士食物，让众人吃了一顿饱饭。

第二天，刘秀在洛水边陈列大军，诏令刘盆子君臣列队观看。刘秀问刘盆子："你知道自己该当何罪吗？"刘盆子答道："臣罪该万死。有幸得到陛下的垂怜，才免除死罪。"刘秀听罢大笑道："你这小子还挺聪明，果然咱们刘姓宗室没有笨人。"

这时，刘秀又转头对樊崇等人说："你们后悔投降吗？如若后悔，朕可以让尔等马上回营，整顿兵马，我们鸣鼓再战，一决雌雄，如何？"徐宣等人一听，连忙叩头说："臣等走出长安的东都门，就已经商议好了，要把自己的生命交给陛下。之后与百姓同享太平，此事隐秘，不宜外传，所以没有告诉众人。今日得以归降圣上，犹如脱离虎口，回到慈母的怀抱，确实欢乐欣喜，没有什么可遗憾的了！"

刘秀称赞徐宣说："你就是铁中刚利的部分，凡人中的出类拔萃之人！"又转身对诸将讲："你们这些人做了许多伤天害理的事情，所经过的地方连老弱之人都不放过，摧残社稷，玷污井灶。然尔等也有三个优点：第一，攻破城池，横行乡里，却没有更换结发妻子；第二，拥立的君主，仍然是刘氏的宗亲；第三，其他贼寇拥立刘氏君主，在情况紧急时，就会将君主杀头请降，以此为进身之功，诸位最终却能保全刘盆子的性命，将他完好地交予朕。这是你们的三个善行。"刘秀的这段话并不是胜利者的宣言，而是在语重心长地把这些人往好的方向上引导，对于赤眉诸将来说，他们已经习惯了烧杀抢掠的生活，刘秀这么说，其实也是在告诫他们，你们都是拥护刘氏的百姓，应该回乡和妻子团聚，好好过日子。

受降仪式结束后，刘秀从宜阳返回都城。他让樊崇等首领各自携妻子儿女住在洛阳，赐给他们田地和住宅。这既是恩典，也是监视，果然，当年夏天，樊崇、逢安又图谋反叛，就被杀了。杨音在长安时对刘秀的叔父刘良有恩，被封为关内侯，刘秀让他和徐宣一起回到家乡，得以善终。

式侯刘恭为替刘玄报仇，杀了谢禄，然后自己走入监狱。刘秀赦免了他。刘秀很可怜刘盆子，任命他当赵王刘良的郎中。后来刘盆子患病，双目失明，刘秀把荥阳均输官掌握的土地赏赐给他，让刘盆子从中抽取税利，以此养活自己，度过余生。

至此，绿林军与赤眉军就全部退出了历史舞台。此时的天下，虽然还远远没有平定，但许多有识之士都已经看到，在这个乱世之中，唯一有能力给天下带来和平的人，就是刘秀，而他又是汉室子孙——如果说一开始有人拥护刘秀是因为他是汉室子孙的话，那么现在的许多人之所以拥护汉室，则是因为他们期待刘秀可以结束这个乱世。这就是人心的力量。

四、人心的力量

《左传》上说："人心之不同，如其面焉。"对于不同类型的人才，懂得如何发挥他们的作用；对于手下人之间的关系，如何平衡和处理；对于自己亲近的人，如何爱护和避嫌，这些都是一个帝王的能力。可以说，刘秀的识人和用人能力，是他得以在乱世之中脱颖而出的重要原因。

刘秀在派冯异去关中接替邓禹时，一直送冯异到了河南县，并对冯异说了一番话："三辅地区遭受王莽、更始的灾难，又加上赤眉、延岑的暴行，生灵涂炭，没有地方哀告倾诉。将军现在奉命讨伐叛逆，对那些投降的营寨，将其首领送到京城洛阳即可，遣散其他的百姓，让他们回家耕田种桑，要摧毁那些营寨堡垒，让他们不能再聚集起来，也就行了。出征讨伐并不是一定要夺取土地、屠城杀人，关键在于平息叛乱、安抚百姓而已。我们的将领们打起仗来都很努力，但缺点是喜好掳掠。你要好好驾驭部众，并常常告诫自己，不要给郡县的百姓造成痛苦！"

这段话说得言辞恳切，一方面反映出刘秀对于百姓的理解，另一方面，也解释了他派冯异入关的原因。之前之所以派邓禹出击，是因为当时刘秀的主要目标是河北的幽、冀二州，邓禹此行，最主要的是随机应变，同时向关中的百姓展示，天下还有刘秀这样一股势力的存在，至于攻城略地，则属于额外的任务。这件事邓禹完成得一般，整体上算是差强人意，如果没有冯愔的叛乱，可能还有个七十分，但经此一乱，基本上邓禹在军中的地位也就无法与吴汉、冯异等人相比了。之后邓禹只率军出战过延岑，刘秀还给他配备了两位能打的副将邓晔和于匡。在这之后，《后汉书》再写到邓禹，已经到了建武十三年（37），也就是十年之后了。

而冯异则不然，他为人低调，不喜欢张扬，而且长于谋略，虽然他没有表现出邓禹那样有指点江山的大智略，但刘秀凡是遇到这种以守为攻的局面时，都会第一个想到冯异。这除了信任之外，也是刘秀看准了冯异灵活而又持重的品质。别忘了，刘秀在称帝之前，特意把冯异从河内郡前线召到了北方的鄗县，并且把自己做的天子之梦讲给他听。想必刘秀知道，如果冯异说可以，那一定就是可以了。

除了对自己手下的将领了如指掌之外，刘秀也对天下的名士非常敬重。而且刘秀做这些并不是为了收买人心，而完全是出于挚诚，不管最后此人是否愿意为自己效力。谈到这，就要介绍一下卓茂与严光两个人了。

卓茂是宛城人，为人宽厚仁义，性情恬淡坦荡而乐于遵守圣贤之道，做事朴实无华而不修饰，行动在清浊之间而不偏激。从少年到老朽，从未与别人起过争执，家乡的亲朋故友即使品行才干与卓茂完全不同，也仍然很仰慕他。

最初，卓茂到密县上任后，废除了一些法令，也增加了一些措施。官民嘲笑他，他也不为所动，照常办公。几年之后，他所推行的教化形成风气，以至于路不拾遗。后卓茂升迁为京部丞，密县的老少全流着眼泪，一路跟随着为他送行。等到王莽摄政时，卓茂称病辞官，回归故里。刘秀称帝后，首先做的就是寻访卓茂的下落。卓茂当时已70多岁。建武元年（25）九月，刘秀下诏："誉满天下，应当受最重的奖赏。现任命卓茂为太傅，封褒德侯。"

这件事看起来似乎像是作秀，但实际上却是传达一种态度，越是推崇卓茂这样的名士，才越能证明刘秀是想建立起一套秩序的大汉天子，而不像其他的军阀一样纵兵抢掠，鱼肉百姓。这样的姿态本身就是那个年代所真正稀缺的行为，哪怕这个人最终并不为刘秀所用，比如严光。

和王莽手下的大将严尤一样，严光本姓庄，是后人为了避汉明帝刘庄的讳，在写书时将他改姓严。严光字子陵，是会稽余姚人。刘秀之所以重视他，是因为二人年少时曾是太学同学，刘秀知道此人很有见识。

建武元年（25），听说刘秀称帝，严光便隐名换姓，隐居在桐庐富春江畔，每日垂钓。刘秀这人很念旧，做了皇帝之后，就下令按照严光的形貌在全国查访他。齐地有人称一男子披着羊裘在江上垂钓，刘秀怀疑那就是严光，随即遣使备置高车厚礼，使者往返多次，严光才答应入京，住在北军的军营里。

司徒侯霸与严光有旧交，派使者送信给严光，并传话说："侯公听说先生到了，本来要亲自拜访，限于朝廷典章制度，所以不便前来。希望在天黑后，亲自来向您表达歉意。"

严光也不回答，将书简扔给送信的人，口授回信说："君房先生（侯霸字君房）：官做到了三公，很好。怀仁辅义天下悦，阿谀顺旨要领绝。"侯霸收到信看过，封好了再上奏刘秀。刘秀笑着说："这狂家伙还是老样子。"

就在这天，刘秀亲自来到严光居住的馆舍。严光躺着不起来，刘秀就直接进了他的卧室，摸着严光的肚子说："哎呀！子陵，就不能帮着我做点事吗？"严光又睡着了，不答话，过了好一会儿，才睁开眼睛仔细看着刘秀，说："过去唐尧有那么高尚的品德，巢父、许由那样的人听说要禅让天下尚且去洗耳朵。读书人本各有志向，为何要逼迫我到这样的地步呢？"刘秀说："子陵，我最终也不能请动你吗？"于是刘秀便上车，叹息着离开了。

后来，刘秀又请严光到宫里去，谈说过去的交往旧事，两人在一起相处好多天。一次，刘秀随意地问严光："我比过去怎么样？"严光回答说："陛下比过去稍稍有点变化。"说完话，二人就睡在一起。严光睡熟了，把脚压在刘秀的肚子上。

第二天，太史奏告，有客星冲犯帝座。刘秀笑着说："是我和老朋友严子陵睡在一起罢了。"后来，朝廷授谏议大夫的官职给严光，严光拒不接受，坚持归隐富春山，耕读垂钓，后人把他垂钓的地方命名为严陵濑。

建武十七年（41），朝廷再次征召他，严光仍不就，80 岁时，在家中去世。刘秀听说之后，非常悲伤，下诏郡县赐钱百万、谷千斛，将严光安葬在陈山。北宋名臣范仲淹曾在谪居睦州之时，写下《严先生祠堂记》，评价严光："云山苍苍，江水泱泱，先生之风，山高水长。"

这样的故事，虽然真伪难辨，但至少都说明了刘秀非常重视人才，特别是道德高尚的人。同时，在建武十三年（37），平定了公孙述以后，刘秀几乎就不再任用功臣做官，而是重视对儒生官僚的培养，这些人都是职业官吏，非常敬业，同时也没有居功自傲的问题。

同时，刘秀还十分注重内部的团结与平衡，比如处理贾复和寇恂之间的矛盾。

贾复是刘秀的爱将，年轻时勤奋好学，通晓《尚书》，被老师李生称为"将相之才"。在更始称帝之后，归附了刘嘉，后来被刘嘉推荐给了刘秀。贾复作战勇猛，为人骄傲刚直。建武元年（25）四月，贾复在真定大战五校起义军，身受重伤，命在旦夕。刘秀大惊说："我之所以不让贾复单独领军，就是担心他轻敌。果不其然，今日就要失去一位爱将。我听说他的妻子已有身孕，如果生下女儿，我就让我的儿子娶她，如果生下男孩，就把我的女儿嫁给他。总之，不要让贾复为妻儿担心！"不久，贾复伤病痊愈，在蓟城追上刘秀，刘秀喜出望外，从此很少再让贾复单独出征。不过在众人论功的时候，刘秀总是为贾复说话："贾君的功劳，朕心里最清楚。"

寇恂则是另一种情况。在刘秀出征河北的时候，寇恂留守河内郡，在全国多地连年饥荒的情况下，寇恂亲自督促粮运。由于畜力不足，寇恂又组织人力挽车，奔赴各地，在寇恂的督促下，粮车前后络绎不绝，从而保证了军粮供应，甚至作为文武百官俸禄的禄米也由他运粮接济。刘秀多次下诏慰劳寇恂，寇恂的威望也日益提高，结果他的同学董崇告诫寇恂说："陛下刚刚即位，四方尚未安定，而君侯您此时占据大郡，内得人心，外破强敌，声名显赫，这正是那些谄媚小人侧目怨恨的时候。从前萧何镇守关中，采纳鲍生的建议，倾全家之力助力汉军，而高祖大喜。如今君侯您率领的都是宗族子弟，请以前人为戒！"寇恂觉得很有道理，就称病不理政事，光武帝南下，准备进攻洛阳，寇恂请求从军，刘秀说："河内郡离不开你。"于是寇恂派侄子寇张、外甥谷崇从军充当先锋。刘秀同意，并任命二人为偏将军。其实对于刘秀来说，寇恂这么做其实可能反而显得见外，刘秀也因此很长一段时间都没有重用寇恂。不过后来刘秀还是起用了寇恂，而寇恂也不再多想，多次充当刘秀的"救火大队长"，每次都能兵不血刃地平息叛乱。

可不久后，贾复和寇恂，这两位刘秀的重臣，居然闹到差点儿刀兵相见的地步，最终还是刘秀调和了二人的矛盾。

建武二年（26）秋天，贾复南下，进攻召陵、新息，很快占领了两地。贾复的部将在颍川杀人，颍川太守寇恂将其逮捕法办。当时国家草创，许多制度尚未完善，军人触犯法律，也大都可以得到宽宥，而寇恂却将贾复的部将当街处死示众。

贾复认为这简直是奇耻大辱，部队回师经过颍川，他对左右说："我和寇恂同朝为将，而我现在却被他欺侮，大丈夫有仇必报，今日见到寇恂，我一定要亲手杀了他！"寇恂知道贾复的态度，不想和他见面。寇恂的外甥谷崇说："我谷崇身为武将，愿意佩剑站在将军身旁，一旦事情有变，足可抵挡！"寇恂回答他说："不能这样，过去蔺相如不畏惧秦王而隐忍于廉颇，那都是为了国家利益。区区赵国，尚且有这样的义士，我怎能忘记先贤的榜样呢？"

于是寇恂下令所属各县，预备丰盛的酒菜。执金吾贾复的军队进入颍川境内，每人都是两份饮食。寇恂亲自出城在道上迎接贾复，然后再声称有病返回城内——这么做是为了顾全贾复的面子。贾复还想率军追击寇恂，结果手下的官兵们都喝醉了，只好过境而去。

之后，寇恂派谷崇到洛阳把情况向刘秀汇报，于是被征召到洛阳，谒见刘秀，结果看见贾复已先在座，就想起身回避。刘秀趁机说："天下还未安定，两位虎将怎么能私下相斗！今日朕为你们调解吧。"于是两人并坐畅饮，都非常高兴，随后乘一辆车出宫，就此结为好友。

在帝王的身份之外，刘秀还是一个很讲情义的人。刘秀年少时，有次去宛城，机缘巧合，见到了宛城阴家的大小姐阴丽华，刘秀一见钟情。后来去京城读书，见到了京城中执金吾率领马队卫兵巡逻，刘秀觉得很威风，羡慕不已，于是脱口而出那句著名的话：

"仕宦当作执金吾，娶妻当得阴丽华！"

后来在昆阳大战结束后，刘秀就在宛城迎娶了自己的梦中情人阴丽华。只不过新婚刚过，就发生了刘演被杀的事情，刘秀在洛阳没多久，就奉命巡抚河北。于是阴丽华就暂时和刘秀的姐姐、妹妹一起被送到新野。不料在真定，刘杨将外甥女郭圣通嫁给了刘秀。但刘秀并没有忘记阴丽华。

建武元年（25），刘秀刚刚进入洛阳，就派侍中傅俊迎接阴丽华以及刘秀的姐姐湖阳公主、妹妹宁平公主，一家人团聚后，刘秀便封阴丽华为贵人。转过年来，刘秀觉得阴丽华性情温柔宽厚，想立她为皇后。结果阴丽华自己不肯，还劝刘秀说郭贵人已有儿子，家族也非常显赫，应该立郭氏为后，刘秀便同意了，封贵人郭氏为皇后，立郭氏的儿子刘强为皇太子，并大赦天下。

可最终，刘秀还是给了阴丽华皇后的地位，而继位的汉明帝刘庄也是阴丽华的儿子。

这时的天下，尽管很多地方还未平定，但许多有识之士已经意识到，洛阳的刘秀才是真命天子，这当然少不了人心的力量。汉朝中兴的曙光就在前方。

第六章

扫平关东

西汉时期的"司隶部"除了包括三辅地区，即京兆尹（长安周围）、左冯翊（长安北部）、右扶风（长安以西）之外，还包含四个郡，即弘农郡（洛水流域）、河东郡（汾水流域）、河南郡（洛阳附近）以及黄河以北的河内郡。

在赤眉军投降刘秀之后，三辅地区并没有迎来久违的平静。两次击败赤眉军的延岑，此时声势浩大，关中地区的许多割据势力纷纷依附他。于是延岑就产生了将关中据为己有的想法。就这样，延岑率领本部人马入据蓝田，自立门户，并大肆招兵封官，把张邯、公孙守、吕鲔、角闳、骆延、汝章等各种地方势力都招到自己的麾下，随后又自己任命各地的地方官员，俨然成了三辅地区的首领。

这时的冯异正在向西挺进，目前驻军在长安附近的上林苑。摆在眼前的是一个毫无疑问的烂摊子。除了延岑率军驻扎在蓝田以外，王歆占据下邽，芳丹占据新丰，蒋震占据霸陵，张邯占据长安，公孙守占据长陵，杨周占据谷口，吕鲔占据陈仓，角闳占据汧县，骆延占据盩厔，任良占据鄠县，汝章占据槐里。除了东南部靠近函谷关的弘农郡大部在刘秀的掌控之外，几乎整个三辅地区都被延岑的势力所控制。

在这些投靠延岑的降将之中，张邯、公孙守二人是原绿林军的将领；吕鲔则是地方民团营堡势力的代表；而角闳、骆延、任良、汝章等四人，则是当年跟着邓王廖湛攻打陈仓败退下来，又来不及跟着樊崇东归的赤眉军余党。这些人在被延岑委任之前，都自称将军，多的拥兵万余人，少的也有数千人。虽然表面上接受了延岑的官职，可彼此之间还是互不相让，常常彼此攻讦，抢掠百姓，制造出无尽的麻烦。

建武三年（27）三月，为了打通东进的道路，延岑联合张邯、任良等人一同攻打东边的冯异所部，双方一场大战，结果延岑被冯异击败。先前依附于他的地方势力又纷纷转降于冯异。延岑在此地已无法立足，便向自己的老家荆州退去，首先派兵攻取析县，保证退路。但冯异根本不给延岑喘息的机会，他继续派复汉将军邓晔、辅汉将军于匡进攻，延岑依旧不敌，大败亏输，部将苏臣等8000多人投降。延岑无奈，只好出了武关，退入南阳郡内。

赶走了延岑之后，冯异也陷入了困境，最主要的问题是没有粮食吃。这时的关中早就是人吃人的地狱，在长安城内，1斤黄金只能买到5升豆子。通往关东的道路几乎都已经断绝，运输军粮极其困难，军士们都去摘野果作为口粮。

好在这时刘秀命南阳人赵匡为右扶风，率领军队援助冯异，并且送来了丝绢和粮谷，军中一见到粮食，齐呼万岁。在此时的关中，有粮就意味着有兵，随着军粮日益充足，冯异实力大增，对那些不听命的豪强，一律加以诛杀；而那些投降依附的人则都获得了表彰，许多农民军的首领，投降后都被冯异送往京师，由刘秀处理，至于其他部众，如之前刘秀交代的那样，一律遣散回乡，只有吕鲔、张邯、蒋震几人准备去投降蜀地的公孙述。

建武四年（28），公孙述派将领程焉率领几万人向吕鲔靠拢，先占领了陈仓。冯异和赵匡闻讯领兵前来迎战，大败公孙述的军队，程焉退往汉川，冯异继续追击，在箕谷再败程焉，又回头击败吕鲔，平定了三辅地区。以后每次公孙述的军队从蜀地出兵进犯，都被冯异打退。除了作战之外，冯异还在关中安抚百姓，鼓励农桑，治理冤狱，3年的时间，原先上林苑的所在地，都成为城市。此时的刘秀，也就算完整地占据了"两京"地区。

就在刘秀称帝、东征西讨之际，也有一些刘秀手下的将领，或因待遇不公，或因将帅失和，又或许只是不满意刘秀的某些做法，就选择拥兵自立，背叛汉朝，其中有一些人甚至多次击败汉军，平叛几乎成了刘秀即位前几年最主要的任务之一。

一、数平内乱

建武二年（26），之前在攻灭王郎之时帮助过汉军，还把外甥女郭圣通嫁给刘秀的真定王刘杨造反了。刘杨这人脖子上长了一个肉瘤，他觉得自己的这个相貌可以成为忽悠百姓的一个特征，于是就自己编造了一条谶言："赤九之后，瘿杨为主。"所谓的赤九，应该是指赤帝子刘邦的九世孙，具体指长瘤子的刘杨应该成为君主。除了舆论造势以外，刘杨还与绵曼县的盗贼相勾结。

面对刘杨的反叛，刘秀先是派遣骑都尉陈副、游击将军邓隆去召刘杨见面，这很明显是在给刘杨一个面圣的机会，只要承认错误，估计刘秀也就不会计较。结果刘杨紧闭城门，根本不让他们二人入内。

既然软的不行，只有来硬的了。刘秀又派前将军耿纯持符节巡视幽、冀二州，沿途慰劳各处有爵位的王侯，并密令他逮捕刘杨。耿纯作为刘秀手下综合能力最强的干将之一，到达真定后，就住在驿站，并直接邀请刘杨见面。耿纯的母亲是刘杨的本家，所以刘杨不怀疑他。而且此时在他的地盘，自己人多势众。同时，据说耿纯此次前来，神情安详，并无杀意。于是刘杨就带着随从官属前去面见耿纯。

刘杨让自己的兄弟们全都带领轻装的士兵守在门外，自己走进耿纯的住所。二人相见后，耿纯对刘杨十分礼敬，邀请刘杨的兄弟们全都进屋。旋即关闭房门，命人将刘杨一行全部诛杀，然后耿纯便率领军队，径直离开。整个真定都被吓傻了，处于震撼和恐惧之中，没有人敢有所举动。刘秀听说之后，很可怜刘杨，觉得他谋反还没有行动就被诛杀，于是就又封他的儿子刘德继任真定王。

如果说刘杨的反叛还只是一个小插曲的话，那邓奉的反叛却是让刘秀非常难堪的一次变故，因为事情发生在刘秀的老家南阳，战事持续了一年多，最后刘秀不得不御驾亲征，这场叛乱才算平定。

邓奉是新野人。邓氏也是新野的豪强大户，邓奉的叔叔便是刘秀的二姐夫邓晨。王莽地皇三年（22），邓晨随同刘演、刘秀兄弟起兵反抗王莽。邓奉也在家乡联络四方豪杰，起兵配合。后来王莽被杀，邓奉便趁着天下大乱，率军占据了新野北边的淯阳县。

刘演被杀之后，刘秀害怕刘玄迫害他的家属，就让妻兄阴识带着阴丽华从洛阳回老家南阳郡避难。当时天下兵荒马乱，因为邓、刘两家是姻亲，阴识就带着全家到邓奉军中寻求保护，邓奉热情地接待了阴氏一族，并将阴氏全家老小安置在自己的府邸里，不仅派兵严加保护，而且在生活上对他们也多有照顾。

刘秀称帝以后，趁着侍中傅俊到南阳郡迎接阴丽华的机会，邓奉率部加入了汉军，此后屡立战功，累功晋升为破虏将军。

建武二年（26）八月，南阳郡堵乡县人董欣聚众作乱，抓了南阳太守刘骥，占据了宛城；复阳县人许邯也在杏聚起兵，声援董欣。刘秀听说这件事时正在河内劳军，之前吴汉的大军一直在邺城剿匪，先是率诸将进攻邺城西山的贼寇黎伯卿等人，进而大军向南，挺进到河内郡修武县，在这里攻破了敌人所有屯聚的营垒。刘秀到达河内，听说了董欣叛乱，再加上南阳郡此时还有很多当年更始帝的部将，如今拥兵自重，割据县邑，刘秀于是直接派吴汉率军，向南去进攻南阳诸部，其中就包括董欣、延岑等人物。

大军出发，吴汉派扬化将军坚镡、右将军万修为前锋，率军队先行，驰援南阳平叛。坚镡和万修到了宛城，董欣不敢开城迎战，于是坚镡选拔取死队连夜登上城墙，砍断了城门的门闩，大军入城，董诉见不能抵挡，便逃回了堵乡。

吴汉随后率大军赶到，连续收复宛城、涅阳、郦县、穰城、新野等地，但是此时吴汉的军队军纪败坏，再加上将领们大多纵容部下掠夺乡民，搞得南阳民怨沸腾。此时，破虏将军邓奉正好从洛阳请假回新野祭祀祖庙。沿途见吴汉军队的暴行，邓奉大怒，便率领乡民及邓氏部曲攻打吴汉，结果吴汉没有准备，被邓奉击败，随军的许多辎重都被抢走。战胜之后，邓奉率军回到了自己的老根据地淯阳县。

由于物资粮草全部被邓奉洗劫一空，吴汉被迫率部南撤。此时，攻占宛城将领之一的万修病死在军中，只剩下坚镡孤军坚守。

邓奉在击退吴汉之后，索性就造了反，将手下部队分成四路，陆续击破汉军其他各部，很快就控制了南阳郡的大部分地区。不仅如此，他还与被冯异击败的延岑、堵乡的叛贼董诉以及其他的更始政权残部联合。同时，邓奉还向南与盘踞在黎丘的楚黎王秦丰联系，形成联盟。

邓奉做这件事很显然是鲁莽而不妥的，不管出于什么原因，出了事自然应该禀报皇帝。何况刘秀对邓奉乃至邓家一直都很好，此刻他造反，连他的老朋友赵憙也多次写信责备他，刚刚安生不久的南阳郡也因此大乱。

建武二年（26）十一月，为了平息南阳邓奉的叛乱，刘秀再派征南大将军岑彭率领朱祐、贾复、耿弇以及新近归降的汉忠将军王常等八位将领共同出击，攻打邓奉、董诉、许邯等人。

岑彭为将非常稳重，他采取的是先易后难的策略，进入南阳郡境内之后，首先击破了驻扎在杏聚实力最弱的许邯，许邯投降。紧接着又挥师南下，进兵堵乡，前去围攻董诉。

邓奉听说之后，亲率一万多人前来救援，双方激战于堵乡城下。邓奉、董诉的军队，都是南阳郡的精兵，勇猛异常。尤其是邓奉手下的南阳子弟兵，为了保卫家乡，士气高涨，锐不可当。这一仗，汉军大败，刘秀的同学、建义大将军朱祐被俘。因为朱祐和邓奉及他的叔叔邓晨早年就相识，因此邓奉没有伤害朱祐。但经过这场惨败，汉军的士气大挫，不能取胜。双方开始在南阳郡内相持，前后整整七个月的时间。

在这场战争胶着之际，刘秀正忙着准备和赤眉军决战，耿弇等人也被调回关中，参与布防。建武三年（27）二月，赤眉军投降。三月，冯异军占领了长安。在消灭了西线的赤眉军之后，刘秀腾出手来，亲率主力汉军南下征讨邓奉。见皇帝御驾亲征，汉军士气大振，围攻堵乡，邓奉战败，退守淯阳，董䜣投降；接着汉军继续攻打淯阳，邓奉再次战败，退至小长安聚（今河南省南阳市宛城区瓦店镇）。这里正是当年刘演和刘秀初次起兵失败的地方。

刘秀在后面率军紧追不舍。到了四月，邓奉知道形势已经不可挽回，决定投降。于是就把朱祐请出来，然后自己脱掉上衣，光着上身，由朱祐押着，一起来到刘秀大营请罪。

刘秀觉得他是姐夫的侄子，又有保护阴丽华一家的功劳，而且他的叛乱是由吴汉纵兵劫掠引起的，就动了赦免他的念头。此时，岑彭和耿弇都认为应该用这件事去警示那些蠢蠢欲动的人，于是二人劝谏道："邓奉背恩叛逆，使朝廷的军队在外征战一年多，损失很大，而且邓奉击伤贾复，生擒朱祐，让汉军威名受损，陛下亲自前来讨伐，邓奉依旧不知悔改，反而排兵布阵，直到无力再战才肯投降，如果不杀他，实在难以彰显陛下惩治叛乱的决心。"于是刘秀只好下令诛杀了邓奉。

老同学朱祐觉得被俘很羞愧，向刘秀请罪，刘秀不但赦免了他，还恢复了朱祐所有的官职、爵位，并继续派他领兵作战，先后平定了新野和随县。

邓奉的叛乱至少说明了两个问题，第一就是刘秀手下的将领此时已经很多，人多了难免心不齐，大军出征，将军动辄十数人，互相之间难免不好相处，也容易滋生反叛；第二则是军纪问题，军队在外作战，如果粮饷供应不充足的话，将领是很难约束士兵不抢掠的，或者说，许多军队都把行军沿途劫掠百姓当成是对军士的奖赏，可是如果想树立威信，赢得民心，这样做肯定是不行的。同时，如果光想着做表面功夫，也会招来那些出生入死的武将的不满。这也酿成了刘秀称帝前期规模最大、破坏最强的彭宠之乱。

如果说刘秀有什么缺点的话，那么"寡恩"可能算一条。对于最初在河北支持刘秀的上谷、渔阳两郡太守耿况和彭宠，刘秀的封赏一直不多，彭宠的爵位建忠侯，还是刘秀以更始帝刘玄的名义封的。刘秀即位以后，甚至没有改封或加赐，而耿况封侯甚至是在彭宠造反以后。除此之外，当时的幽州牧朱浮也有一定的责任。

朱浮是萧县人，早在刘秀担任大司马的时候，就跟随刘秀担任主簿，在攻破王莽之际，升任为偏将军。后来吴汉在无终县杀了更始帝刘玄派来的幽州牧苗曾，刘秀就任命朱浮为大将军，暂时代理幽州牧的职务。如此一来，朱浮就成了彭宠的上级。

朱浮做了幽州牧以后，征召涿郡名士王岑等人，礼遇有加，并且拜他们为从事，还留任王莽时的两千石官员，都安排在自己的幕府，同时朱浮还征调幽州诸郡的粮食，为这些官员发放薪俸，并且把这些人的妻子儿女都养了起来。彭宠对此很是看不惯，他认为天下未定，各地义军风起云涌，安排这么多人，白白耗费钱粮，所以就拒绝执行朱浮的命令。结果二人的矛盾逐渐开始显现。

之前刘秀征讨王郎时，彭宠征调渔阳突骑南下助战，自己在后方转运粮草，前后不断。等到刘秀在河北扫荡铜马军、北上进抵蓟县时，彭宠趁机前来拜谒，自恃有功，对刘秀给自己的封赏很不满意。刘秀有所察觉，就召来朱浮问情况。朱浮回答说："此前，吴汉在北部州郡起兵，大王赐予彭宠一把佩剑，又尊其为北部州郡的主帅，彭宠认为，大王此次来，应该在阁外亲自迎接，与他握手言欢，而后坐下畅谈，可是适才相见，不合彭宠的期望，因此他感到失望。"接下来，朱浮便开始提醒刘秀："当年王莽担任宰衡，甄丰在府中日夜参谋，等到王莽篡汉，甄丰欲壑难填，常有不满，最终被王莽诛杀。"这段话说得实在是让人不寒而栗，这很明显是在劝刘秀杀掉彭宠。不过刘秀倒是没放在心上，朗声大笑，觉得事情没到这一步。

虽然刘秀没有在意，但朱浮和彭宠的嫌隙还是越来越大，同时，朱浮越是指手画脚，彭宠就越觉得自己受到了不公正的待遇。建武元年（25）六月，刘秀在鄗县即位，吴汉、王梁都位列三公，这些人当年都是彭宠的部下，如今官职爵位都在彭宠之上，彭宠很不痛快，常跟周围的人抱怨："比功劳我应该封王，可如今却是这样，陛下莫非忘了我吗？"

这一时期，由于连年战乱，北方州郡全都凋零残破，只有渔阳郡没有受到多少战火的蹂躏，城池也比较完整。而且这里有旧时设置的铁官。彭宠觉得求封无望，便转过头来经营渔阳郡，运铁矿来换取谷物，积蓄珍宝，一天比一天富有。

另一方面，朱浮多次向刘秀进谗言，陷害彭宠，密奏彭宠集结大量军队和粮草，意图很难预料。而刘秀还是采取他的老办法，故意将这些消息泄露给彭宠。这样的做法，一方面是展示刘秀对彭宠的信任，另一方面也是侧面敲打他，告诉他不要乱来。正常情况，彭宠听到这些消息，应该赶紧上书请罪，去找朱浮化解矛盾，结果彭宠对此毫无反应。

没过多久，就有诏令征召彭宠入洛阳，结果彭宠给刘秀上书，请求让朱浮和自己一起去，刘秀不准。这里只能说彭宠的情商堪忧，首先，任何君主都不可能容许边疆的武将和自己讲这种条件；其次，不管怎样朱浮也是你的上司，彭宠竟然想用这种方式让刘秀评理；最后，退一万步说，如果彭宠和朱浮都进了京，二人一旦发生争执，不是让刘秀难堪吗？所以这个提议刘秀只能拒绝。

彭宠一看刘秀拒绝，就更加疑心，担心自己到京城会被弹劾治罪。这时他的妻子对他说："天下未定，英雄割据，我们渔阳也是个大郡，兵强马壮，为什么一定要放弃这里的一切离去呢？"结果彭宠和自己的部下一商量，大家都怨恨朱浮，也不同意他去洛阳。这时，刘秀派彭宠的堂弟子后兰卿去劝导彭宠，彭宠就趁机留下子后兰卿，随后同他一起起兵造反。第一个目标就是亲率2万精兵，去攻打朱浮所在的蓟县。

除了自己起兵，他还派人去联络自己的老朋友上谷太守耿况，他觉得耿况和自己一样没有受到应有的封赏，应该和自己一起造反。从这件事上来看，彭宠的智商可以说是负的，耿况的长子耿弇正在刘秀的手下担任大将，受封好時侯，这时的耿弇刚刚23岁，前途大好，耿况怎么会跟彭宠一起反叛呢？果然不出所料，耿况多次拒绝彭宠，最后干脆杀了彭宠的使者。

建武二年（26）秋天，刘秀派游击将军邓隆援救蓟县的朱浮。朱浮本来以为是天子亲自率军前来救援，可没想到，来的竟是这个名不见经传的邓隆，顿时慌了手脚，给刘秀写信——后汉书的《朱浮传》排在列传第23位，已经算很后面了，但是内容却很长，全文收录了朱浮的好几篇书信和上书，这人的文章确实写得好，但在军事方面则毫无头脑可言。

此时的刘秀，同时打着好几场仗：盖延统兵，正在睢阳围困刘永；贾复刚刚南下，去进攻郾城的更始残部尹尊；吴汉则率领众将在宛城平叛，攻打董䜣；邓禹的军队在关中，冯异还在筹措大军准备迎战东来的赤眉军，别的不说，光是供应这几路大军的军粮就很成问题，哪里有余力来管彭宠呢？

这个游击将军邓隆很明显是个打酱油的，来的目的也是防御，而不是进攻。结果就这样，还没和朱浮想到一块儿，当时朱浮的军队驻扎在雍奴县，而邓隆进入幽州之后，驻扎在潞县，大家如果看地图就会发现，潞县这个地方离彭宠的大本营渔阳和朱浮所在的雍奴县几乎一样远，而雍奴县附近水道纵横，根本不适合防守。刘秀本来想让二人互保，结果收到军报之后大怒，指着传信的使臣，大骂："这两人的营寨相距近百里，一旦有事，怎么互相救援？等你回去的时候，彭宠必然会击败他们！"

刘秀的军事才能在东汉初年也是数一数二的，特别善于制订计划和审时度势。果然，彭宠亲自率兵到河边与邓隆相持，暗地里派三千骑兵，从背后奇袭邓隆，邓隆大败，朱浮想救又来不及，只好引兵撤退，困守蓟县。

彭宠击败邓隆之后，没有马上行动，而是挺过了幽州寒冷而漫长的冬季。这段时间里，彭宠发现刘秀并没有再派救兵，而朱浮根本就不足为虑。于是建武三年（27）开春，彭宠就率兵攻占了右北平、上谷两郡的多个县邑，并派兵围困了蓟县。朱浮没有援军，城里的粮食逐渐耗尽，出现了人吃人的惨剧。在城破前夕，上谷太守耿况的援兵赶到，朱浮才得以脱身南下，只身逃回洛阳。尚书令侯霸弹劾朱浮是幽州反叛的始作俑者，面临危局，不能以死报国，结果刘秀心软，并没有处罚他，还让他代替贾复，做了执金吾。

彭宠占领蓟县之后，自封"燕王"，派遣使者以美女和丝绸贿赂匈奴，要与匈奴和亲交好。匈奴单于也挺热情，派左南将军七八千骑，往来游击，帮助彭宠。另外，彭宠还向南边结交张步及富平人获索等各路豪杰，与他们交换人质，互相联合，俨然把自己当作了幽州之主。

建武四年（28），刘秀收复了赤眉，平定了邓奉，终于腾出手来，命建威大将军耿弇为主将，率领诸将出兵北上，征讨彭宠的叛军。

耿弇此时感到很为难，也很紧张，刘秀的这个任命表面看是因为耿弇熟悉幽州的情况，可实际上也是在试探耿家的态度，耿弇觉得父亲耿况和彭宠有些交情，而自己的家眷又没有人在洛阳，也怕刘秀起疑，于是上书请求回归洛阳。

这时，刘秀目的达到，下诏要他放心，并命他与王常一起屯兵涿郡。耿况听说耿弇前来征讨彭宠，马上明白了刘秀的用意，立即派耿弇的弟弟耿国从上谷郡出发，赶到洛阳去侍奉刘秀。这样一来，耿弇和刘秀都安了心。刘秀十分高兴，晋封耿况为隃糜侯，命耿弇与建义大将军朱祐、汉忠将军王常进攻望都、故安等地十余处堡垒，全部攻破。彭宠见势不妙，决定主动出击。

关键时刻，彭宠想起了"老朋友"匈奴，就派使者携重金请匈奴单于出兵相助。匈奴单于见到珍宝财物，很是满意，便派两王引兵南下助战。于是彭宠派弟弟彭纯率领两千多匈奴骑兵为一路，自己率领数万渔阳兵马为另一路，分别进攻汉军。彭纯这一路在向西经过广阳郡军都县时，被上谷太守耿况探知，耿况立即命儿子耿舒带领上谷突骑袭击匈奴骑兵。双方接战，匈奴大败，两王都被杀死。彭宠害怕了，主动退出了蓟县，率领主力撤回渔阳。

建武五年（29）春天，汉军大军压境，彭宠的压力越来越大，而且家中也不安生。先是彭宠的妻子连续做噩梦，接着，府中也陆续发生一些怪事：有些东西莫名其妙地失踪，还有些则会无缘无故地损坏。彭宠感到心烦意乱，请来占卜的人告诉他，王府中有杀气，恐怕军中会有叛逆者出现。这时的彭宠主要怀疑的是自己的族弟子后兰卿，因为他毕竟在刘秀那里当过人质，不算完全意义上的自己人，于是彭宠下令将他派驻在外，不敢带在身边。

由于战事失利，家中"闹鬼"，彭宠为了祈福避祸，开始在家斋戒。身边只留奴仆，没有侍卫。这一天，彭宠在屋内午睡，手下的仆人子密联络了另两个仆人，进屋将彭宠绑在了床上，并派其中一人去召彭宠的妻子。妻子进屋看见彭宠被绑，大惊失色，彭宠怕她喊叫，赶忙呵斥道："快为各位将军整理行装！"于是两个家奴带着彭宠的妻子去搜刮财宝，这时彭宠身边的看守只剩一人，彭宠对他说："你还是个孩子，平日里我就很喜欢你，今天的事情，你是受了子密的胁迫，快为我松绑，我把女儿彭珠嫁给你。"仆人心动，正要解开绑绳，只见子密正在窗外偷听他们的谈话，仆人吓得赶紧收手。

三人搜刮了彭宠的财宝，用六匹马驮着，让彭宠妻子缝了两个袋子，此时已到了晚上，几人松开绑绳，逼着彭宠写下通关路条，说派此三人前往子后兰卿的驻地。路条写罢，三人杀了彭宠和夫人，将头颅割下，装进两个袋子，顺利出了城，前往洛阳领赏，刘秀将子密封为"不义侯"。

第二天清晨，诸将才发现彭宠已死，大惊失色。彭宠的尚书韩立等人拥立彭宠的儿子彭午为王，没过几天，彭午就被部将杀死，渔阳郡向汉军投降。刘秀下诏，夷灭彭宠的家族。

幽州的战事结束之后，刘秀对耿况说，上谷地处塞外，天气苦寒，不适宜生活，于是派光禄大夫持符节前去迎接耿况到洛阳来。耿况接到消息，马上举族迁往洛阳，到了之后，刘秀赐予耿况洛阳最好的甲等宅邸，并享受奉朝请的待遇——奉朝请是两汉魏晋时期常见的一种待遇，一般是给那些有功有爵位，但是没有实际官职的人列席重要朝会的资格。春季的朝见为"朝"，秋季的朝见为"请"，所以得名。除了耿况之外，刘秀还将率军击败匈奴兵的耿舒封为牟平侯。在这之后，刘秀让耿弇和吴汉一起在平原县进攻富平、获索两股盗贼，投降的贼寇有 4 万多人。之后的耿弇便迎来了自己从军生涯最为辉煌的一战，这一战让刘秀把耿弇比作自己的韩信。

二、耿弇建功

人们常说建武初年最让刘秀棘手的有三场叛乱，除了邓奉和彭宠之外，还有一个就是刘永，只不过跟邓奉和彭宠相比，刘永其实看起来更有叛乱的理由，虽然他的实力并不算强，但也是出身皇族，而且严格意义上来说，他也不是造了刘秀的反，因为他本来就是诸侯王之一。

刘永是梁郡睢阳人，是西汉梁孝王刘武的第八代孙。而且他这一支是嫡传，刘永的父亲刘立是第八代梁王，可谓根正苗红。汉平帝的时候，王莽辅政，这位刘立与汉平帝生母所属的卫氏家族来往密切，遭到怀疑，被王莽杀死，而且除国，于是刘永就没能成为第九代梁王。

更始元年（23）九月，王莽兵败被杀。更始帝刘玄移都洛阳，刘永一看汉室宗亲复位，就赶紧跑到洛阳求见刘玄，请求恢复他的王国爵位。刘玄就按旧制封刘永为梁王，以睢阳为梁国国都。

结果刘玄迁都长安一年多，政治腐败，朝政混乱。远在睢阳的刘永也听说了，就决定凭着梁国的地盘起兵割据。打仗亲兄弟，刘永首先任命弟弟刘防做辅国大将军，幼弟刘少公为御史大夫，加封鲁王。接着，刘永开始招纳诸郡的豪杰，以周建等人为将，先后攻下济阴郡、山阳郡、沛郡、楚郡、淮阳郡、汝南郡等地的28座城邑。

当时青、徐二州割据的势力很多，山阳郡的贼寇佼强占据西防县；曾当过赤眉军的董宪在东海郡称雄；赤眉军向西入关之后发展起来的张步在琅琊郡，而且已经基本平定了齐地。当时的黄河从洛阳北边开始拐弯，一路向东北方向流去，最终在蓼城（今山东省利津县附近）入海，将华北平原一分为二，此前刘秀平定的幽、冀二州基本上在黄河的西侧，而这几个割据势力整体上都在黄河以东。

刘永此时为了扩大势力，就以更始梁王的名义，任命董宪为翼汉大将军、张步为辅汉大将军、佼强为横行将军，这些人也都接受了刘永的册封。就这样，刘永将割据山东的各割据势力网罗到自己旗下，共同组成联军，盘踞在关东诸地。

建武元年（25）六月，刘秀在河北称帝。九月，赤眉军攻破长安城，更始帝刘玄败亡。十一月，刘永就自立为帝。从这个时间线来看，刘永应该谁也没有背叛，但是毕竟他和刘秀的距离更近，冲突不可避免，先是建武元年（25），耿纯率军进攻济阴郡，击败了刘永的部队，占据了定陶。

到了建武二年（26）三月，刘秀根据"先关东、后陇蜀"的方略，命虎牙大将军盖延为主将，以驸马都尉马武、骑都尉刘隆、护军都尉马成、偏将军王霸等四人为副将，率军数万东征割据睢阳的刘永。汉军分东西两路进兵，西路夺占襄邑，东路攻占麻乡。盖延的军中有位将军叫苏茂，原来是朱鲔的部将，后来在洛阳，跟随朱鲔一起投降刘秀，这次由于和盖延搭档不和，就率军离去，占据广乐县，投降了刘永，刘永非常高兴，任命他做大司马，并册封他为淮阳王。

此刻刘永连吃败仗，率领残部逃进了睢阳城，闭门不出。盖延率军长驱直入，包围睢阳。

双方在睢阳相持了几个月。直到秋天，盖延命令军队将野外的麦子收割殆尽，刘永军心不稳，晚上，汉军趁夜攀上城垣，杀入城内，攻破睢阳。

城破之后，刘永带着家人在部下的保护下冲出东门，盖延率军追击，刘永一路跑到虞县，本打算暂避一时，可谁料虞县人反叛，将刘永的母亲及妻儿等一家老小都杀了，于是刘永只好带着剩下的侍卫数十人，逃亡谯县。这时，刘永的几个部将苏茂、佼强、周建合兵一处，一共3万人前来救援刘永，与盖延的追兵相遇，双方在沛县以西大战，刘永军战败，苏茂逃回广乐县，佼强和周建则追随刘永，逃往湖陵县，继续抵抗。盖延平定沛县等地，修葺高祖刘邦的宗庙，留专人祭祀。

建武三年（27）开春，对于刘秀来说，最主要的事情是收复赤眉，于是刘秀就任命大司徒伏湛的儿子伏隆为太中大夫，持符节出使青、徐二州，这是很合理的，因为伏湛家也是琅琊郡人。张步听说伏隆来了，就派使者孙昱去和伏隆见面，还让孙昱随伏隆到洛阳上书请降，并献上鲍鱼等土特产作为礼物进贡给刘秀。伏隆到了剧县张步的大本营，任命张步为东莱太守，张步也表示接受。

可就在此时，刘永之前听说伏隆持节到齐地，马上也派人赶往剧县，宣布立张步为齐王。张步贪图王爵，犹豫不定。伏隆对他解释说："高祖曾与诸将斩白马盟誓，非刘姓不可称王，现在你最多可以获封为侯爵罢了！"张步决定接受刘永的封赏，但想留下伏隆为自己所用，结果伏隆不同意，要求返回洛阳报告情况。于是张步就把伏隆抓了起来，最终接受了刘永的封爵。

伏隆身在山东，派密使上书说："我奉命出使，不能完成使命，被叛贼拘捕，处于险境。我虽然身处困境之中，但为完成陛下授予的使命，即使牺牲生命，也在所不惜。另外，官民们知道张步叛变，民心不能归附。希望陛下及时进军，不要顾念我。如果我能够活着回到朝廷，甘愿被主管官吏诛杀，这是我最大的愿望。假如我死于叛贼之手，就把父母兄弟长期托付给陛下。祝福陛下和皇后、太子永远享受万国拥戴，寿与天齐！"刘秀拿到了伏隆的奏书，就召见了他的父亲伏湛，流着泪把奏书拿给他看，说："我恨不得暂且许诺张步封王而让伏隆马上回来！"后来，张步还是杀了伏隆。

这时，刘秀正担心北方渔阳彭宠的叛乱。南边则有大将岑彭正在率军攻打秦丰。而去年盖延击败刘永以后回师，和大司马吴汉配合，在轵县西攻打青犊军，大获全胜，冯异正率军在函谷关内与延岑交战，刘秀已经抽不出兵力去攻打张步，所以，张步趁着这个机会发展壮大，一人独霸齐地，占据了12个郡。

建武三年（27）四月，睢阳县叛乱，驱逐了汉军，举城迎接刘永归来。刘秀于是急令吴汉与盖延的军队去攻打，其中吴汉率领骠骑大将军杜茂等7位将军在广乐包围苏茂。周建募集了数万人去援救苏茂。吴汉正面迎战周建，没能取胜，自己还从马上摔了下来，膝盖受伤，回到大营。

周建于是率军进了广乐县城。诸将对吴汉说："大敌当前，而您受伤躺在床上，大家心里都感到恐惧。"于是，吴汉咬牙包扎伤口，猛地站起来，杀牛宰羊犒劳军士，抚慰伤员，军中士气倍增。第二天，苏茂、周建出兵包围吴汉，吴汉奋力反击，大败敌军。苏茂逃到了湖陵。吴汉留下杜茂、陈俊守卫广乐，自己带兵协助盖延包围睢阳。

盖延这边的战事跟一年前几乎一样，军队包围了睢阳城，刘永也不敢出战，推测此时吴汉和盖延的军队都不多，估计也没法攻城，双方又相持了近百日。到了秋天，盖延故技重施，将睢阳周围田间的麦子全部收走，城中断粮。刘永被迫率军突围，逃往酂县，盖延率诸将紧追不舍，缴获了刘永的大量辎重。后勤一出问题，刘永军军心涣散，部将庆吾杀了刘永，向汉军投降，被封为列侯。刘永死后，他的弟弟刘防举城投降。苏茂、周建等人也被吴汉击败，逃奔垂惠，共立刘永儿子刘纡为梁王，继续顽抗。

这段时间的张步过得相当安稳，自己独占齐地，也并没有遭受什么攻击，可随着彭宠被杀、赤眉投降、刘永败亡，张步的好日子也快到头了。其实张步当年能起兵，还与刘秀有点儿关系。

张步字文公，是琅琊郡人。王莽地皇三年（22），刘演、刘秀兄弟在春陵起兵后，张步受到鼓舞，再加上作为吕母和樊崇的故乡，琅琊郡本就是兵荒马乱，张步就趁着汉军起兵的势头，自己也乘机聚集了数千人马，举旗造反，攻略附近县城，没想到战斗挺顺利，接连攻下了几个城池，于是张步自称"五威将军"，就独霸了琅琊郡。

更始元年（23）二月，绿林军拥立刘玄为帝之后，遣使者到各地招抚——因为当时关东地区连年遭灾，再加上黄河泛滥，起义军随处可见，此时刘玄也没有能力一一攻灭，只好任命官员去招抚各地的势力。魏郡人王闳这时被任命为琅琊太守，负责去接收张步控制的琅琊郡。这个王闳不是一般人，他是王莽叔叔王谭的儿子，汉哀帝时就在宫中做官，据说还参与过罢免男宠董贤的行动。

张步听说王闳来收取自己的地盘，就下令紧闭城门，不放王闳入城。王闳也不含糊，发檄文晓谕各县官吏，命众人投降，共有6县响应，收编了数千士兵。于是王闳就率这些人去讨伐张步，结果被张步打得大败。

也就是这一仗，引起了梁王刘永的注意，刘永为了拉拢张步，封他为辅汉大将军、忠节侯，总管青、徐二州。这一下张步就有了合法的身份，于是他在剧县整编部队，把三个弟弟张弘、张蓝、张寿分别任命为卫将军、玄武大将军和高密太守。并调兵遣将，先后夺取了太山、东莱等几个郡，声威大震，兵精粮足。

这时王闳的处境变得非常尴尬，因为张步此刻与他一样，名义上都是更始政权的官员，自己和张步的对抗，变得名不正言不顺。就这样，王闳决定亲自到剧县去见张步，跟他讲讲道理。双方一见面，张步就大发雷霆，说："我有什么过错，你以前为什么非要攻我攻得那么厉害！"王闳不卑不亢，手按佩剑说："我是朝廷任命的太守，奉朝廷的命令接收此地，而你拥兵相拒，我只是讨伐贼寇而已，有什么过分的呢？"张步这人是个武夫，一听这话没词儿了，默然良久之后，竟然离开主位，向王闳跪拜谢罪，并以上宾的礼节接待了王闳，留下他为自己掌管政事。

建武三年（27），刘永死后，张步想拥立刘永的儿子刘纡为天子，自己为定汉公，设置百官。王闳阻止了他，说："梁王刘永因为奉更始帝刘玄为主，所以山东诸郡县多能归顺于他。现在如果立他儿子为帝，大家反而会产生怀疑。"张步这才作罢。

建武四年（28），刘秀想要以攻为守，发兵震慑一下张步，并且最好能夺下泰山郡。大司马吴汉举荐自己的部将陈俊，于是刘秀拜陈俊为泰山太守，代理大将军，去攻击泰山郡。张步听说之后，便派遣部将迎战，双方在赢县附近大战，陈俊大胜，一直追击到济南郡的边境。

建武五年（29），刘秀终于基本消灭了关东地区的割据势力，接着命岑彭为主帅，进行收尾工作。盘踞在青、徐一带的张步就成了汉军的首要攻击目标。这时，耿弇正和吴汉在平原县进攻富平、获索两股势力，大获全胜，有4万多贼寇投降了汉军，刘秀就把这些人拨给耿弇，命他继续向东，去征剿张步。于是耿弇将投降的士卒加以整编，安排将领，率领骑都尉刘歆、泰山太守陈俊，向张步军进发。

张步听说耿弇已经率军渡过济水，马上派将军费邑去历下邑驻军，又分出一部分兵力驻守祝阿邑，同时，在泰山郡钟城邑还有数十营的士兵，三路大军，以逸待劳，准备迎战耿弇。

耿弇渡过济水，首先进攻祝阿邑，与盖延和吴汉习惯围城的作战方式不同，天刚破晓，耿弇便直接下令攻城，张步军难以抵挡，不到中午，祝阿邑便被攻占。之所以这一仗打得这么猛，也是为了先立军威，战后耿弇故意放一些人逃走，让他们逃回钟城报信。钟城守军听说祝阿邑已被攻破，顿时惊慌，一哄而散，耿弇又顺利地占领了钟城。

费邑听说两城丢失，急忙派弟弟费敢去镇守巨里县。耿弇率军抵达巨里城下，命令士卒砍伐木材，建造攻城器具，并扬言要填平护城河。数日之后，有投降的士卒报告称，费邑听说耿弇要攻城，想要率军前来救援。耿弇便接连下令——各营整修攻城器械，三日后全力攻打巨里城。同时，耿弇释放了一些俘虏，故意让他们把攻城的日期报告给费邑。

费邑得到消息之后，果然亲自率领 3 万精兵前来救援。耿弇收到情报之后大喜，对身边人讲："我之所以传令要抓紧时间整修器械，准备攻城，就是为了引诱费邑上钩，与我决战，现在费邑来了，正中我计！"于是耿弇只留3000 人继续围困巨里，亲自率领大部队登上高坡，居高临下指挥汉军，大破费邑的援军，当场斩杀费邑。

随后，耿弇带着费邑的人头，向巨里城的守军展示，城中更加恐慌，费敢见大哥被杀，又怕军士哗变，只好率领残军，退回张步的地盘。耿弇一战缴获了巨里城聚积的大量军需物资，派部队四处出击，攻打没有投降的地方，很快就平定了济南郡。

当时张步以剧县作为都城，派弟弟张蓝率领精兵 2 万，驻守在剧县西北方向的西安县，派各郡太守集合 1 万余人守卫临菑县，两地相距 40 里，可以互相救援。耿弇率军进军画中城，画中城位于西安和临菑之间。耿弇看到西安城方圆虽小，但城防很坚固，而且张蓝的军队又很精锐，相反临菑县虽负盛名，但实际上防守松懈，容易攻取。就这样，耿弇便召集诸校尉商议，决定 5 日后联合攻打西安城。

张蓝听说以后，日夜警戒守卫。到了 5 日后的夜半，耿弇下令将领们全都在住宿地提早吃饭。天亮时分，大军抵达临菑城。护军荀梁等人见行军方向不对，便提出了反对意见，说："攻打临菑，西安必定救援；攻打西安，临菑县则不能救援，我们不如先攻西安。"耿弇回答说："非也。西安方面知道我们要攻打他们，日夜戒备，正担心自己的安全，哪有工夫援救别人！临菑县方面根本想不到我们会回来攻打他们，一定会惊慌失措。我只需要一天时间，必能攻破。攻陷了临菑县，西安立即变得孤立，和剧县的交通也会被我们切断，西安守军必然再弃城逃跑，这是一石二鸟之计。如果我们先攻西安，很难速战速决，到时大军被困坚城之下，伤亡一定会很多。纵使最后破城，张蓝也会率军逃回临菑县，和那里的守军合并，继续观察我们的虚实。我们现在孤军深入，后方粮草转运困难，10 天之内，就会陷入困境，诸位的想法实在是没有抓到问题的要害。"天亮之时，大军进攻临菑县，半天时间便攻下城池，耿弇率大军入城。张蓝听到临菑失守的消息，十分恐惧，就率领军队逃回到剧县去了。

耿弇说得固然有道理，但还有一条他没有说。大家看地图就明白，先打临菑固然是有道理，但倘若此时，张蓝从西安出兵，张步从剧县出兵，耿弇的军队就会陷入腹背受敌的局面，而且临菑这个地方，前后都有河水拦路，一旦陷入那样的局面，恐怕耿弇也是九死一生，先打西安虽然在此时并不容易，却是步步为营、进可攻退可守的选择。

但耿弇的决定，恰恰是刘秀得以获得天下的原因：首先，这么做，耿弇其实抱定了不胜利不撤军的打算，所以这既是冒险，也是搏命；其次，除了耿弇提到的粮草问题之外，这支军队的主力实际上是农民军出身，看张步的手下就知道，这样的军队没有信念可言，只能打顺风仗，这也就是为何邓奉、庞萌等人一旦反叛，像吴汉、盖延这样的名将就会被打得大败亏输，归根结底是军队本身并没有经过正式的训练，而且士卒的来源非常复杂，关键时刻，很难展现出韧性，耿弇常年在上谷领兵，自然知道耿家突骑和这些乌合之众的区别，所以宁可冒险，也不能打攻城战；最后，耿弇估计也料到张步等人不懂兵法，没有胆量主动发起进攻吧。

占领西安和临菑之后，耿弇下令军队不可到剧县附近掳掠，等到张步到来时再开始攻城，想以此来激怒张步。而张步在经历了两场可以写进战争教科书的失败之后，竟然仍没有把耿弇放在眼里，大笑说："当年的尤来、大肜（都是山东的农民军），有10余万人之多，我打他们可谓予取予求，现在耿弇的军队比他们少得多，又全都疲劳不堪，有啥好怕的？"

于是张步联合3个弟弟张蓝、张弘、张寿以及前大肜军的首领重异等人，组建联军，号称20万人，抵达临菑城城东，准备进攻耿弇。耿弇向刘秀报告军情说："我占据临菑城，挖深壕，筑高墙。张步从剧县前来攻打，军队疲劳饥渴。他要攻城，我就引诱而攻打他；他要撤退，我必尾随追击他。我背靠自己的营垒作战，以逸待劳，以实攻虚，10天之内，一定献上张步的首级。"

耿弇先在菑水上布阵，与重异的军队遭遇，轻骑兵想上前挑战，耿弇害怕一下把对方击溃，就挫伤了张步的士气，会让这些人退回剧县，于是就主动向重异示弱。重异军一看汉军节节后退，非常得意，步步紧逼。耿弇把敌人引到城下，刘歆率先与重异军接战。耿弇则登上临菑城的王宫旧台，观察战局，随即，耿弇发现破绽，亲率一支精兵，在东城下拦腰将张步的军阵斩断，张步军大乱。

激战之中，一支流箭射中了耿弇的大腿，耿弇拔出佩刀，将箭杆砍断，左右将领都不知道耿弇受伤，双方大战了整整一个白天，直至夕阳西下，方才罢兵。第二天清晨，耿弇不顾腿伤，准备指挥汉军出城作战。陈俊对耿弇说："剧县的贼寇现在兵势正盛，我们应该暂且关闭营门，让士卒们休息，等待陛下前来救援。"耿弇说："皇帝车驾前来，做臣子的应当杀牛酾酒，迎接朝廷百官，怎么能把贼人留给君父剿灭呢？"于是汉军出城，耿弇一马当先，从清晨战至黄昏，大败张步军，杀伤无数，临菑城周围的沟壑都填满死尸，耿弇这时看出张步已经力竭欲走，就在退路的两翼，预设埋伏，等待张步撤退。

当天夜里，张步觉得耿弇军激战了一天，必然需要休息，不会注意到自己的动向，决定领兵撤退，结果正中耿弇埋伏。耿弇军从两翼杀出，将张步的军队再次拦腰截断，穷追猛打，一直追到巨昧河边，沿途八九十里尸横遍野，耿弇光是缴获张步的辎重车辆就达到 2000 多辆。张步退回剧县，这时大势已去。

之前刘秀身在鲁城，收到耿弇军报，大吃一惊，担心耿弇不敌，亲自率军前去援救。等刘秀几天之后赶到临菑，耿弇已经大获全胜。于是刘秀亲自慰劳军队，大会文武百官。在酒席宴上，刘秀对耿弇说："过去韩信攻破历下，开创了大业的基础；今天将军攻破祝阿，建功立业，这些地方全是过去齐国的西部边界，你们二人的功劳足可以相比。而韩信攻击的都是已经投降的军队，将军却单独打败强大的敌人，这其实比韩信更难！再有，田横曾经烹杀郦食其，等到田横投降刘邦，刘邦下诏郦食其的儿子卫尉郦商不要报仇。张步先前也杀了伏隆，今天如果他来归顺，我就下诏让大司徒伏湛不要记恨，这两件事情又尤为相似。将军以前在南阳时，曾提出那些伟大的功业，我之前总感觉难以实现。看来'有志者事竟成也'。"刘秀在"贡献"了一个成语之后，大军过河，进抵剧县，张步又退守平寿县。

当初耿弇来攻的时候，张步曾写信给苏茂求援。此刻，苏茂率领一万余人前来援救。见此局面，责备张步说："南阳军皆是精锐，延岑那么能打，都败在耿弇的手下，大王您为何要冒着风险去进攻耿弇呢？您既然已经召我前来救援，为何却不等我！"听苏茂这么一说，张步道："我实在惭愧，将军别再说了。"

这时，刘秀派人分别晓谕张步、苏茂，如能诛杀对方并投降朝廷，可受封为侯。于是张步也没啥说的，当即杀了苏茂，赤裸上身到耿弇军营门前投降。耿弇用驿车把张步送到刘秀驻地，自己率军进入平寿城。竖起十二郡的旗帜，在旗下设鼓，命张步的士兵分别站到本郡的旗下。此时，张步军还有10余万人，辎重车7000多辆，耿弇将这些士兵甄别后，全部遣返回本郡。把张步的3个弟弟分别下狱。

张步见到刘秀，刘秀将他和兄弟几人尽数赦免，并封张步为安丘侯，让他和妻子儿女住在洛阳。当时琅琊郡还没有完全平定，刘秀就调陈俊为琅琊太守。陈俊刚刚入境，盗贼就全都散去。建武八年（32），张步再次反叛，准备乘船入海，被陈俊斩杀。

平定张步之后，耿弇又率军抵达城阳，收降五校军的残部，至此齐地全部平定，耿弇整军返回洛阳。令人惊讶的是此时的耿弇刚刚26岁。

三、悉定关东

建武三年（27），刘永死后，周建、苏茂等人带着新立的梁王逃到了垂惠县。建武四年（28）秋天，刘秀派捕虏将军马武、骑都尉王霸在垂惠县包围了周建和刘纡。苏茂率领五校军前来援救，周建出城，双方合力击败了马武。马武的军队逃跑时经过王霸营垒，大声呼救。王霸说："贼军的士气很盛，我如果出兵，你我两军一定都被打败，你只有自己努力了！"于是关闭营门，严密戒备。军官们全表示反对，王霸说："苏茂的军队很精锐，人数又多，我们的将士内心恐惧。而马武依赖我军，两支军队不一致，这是自取灭亡。现在我们闭营坚守，表示我们不援助马武，贼军一定轻率冒进。马武背水一战，战斗力自然倍增。这样，苏茂的军队就会疲劳，我们趁他疲劳的时候进攻，可以一击而胜。"

苏茂、周建一看马武孤立无援，果然倾巢出动，进攻马武。双方大战许久，不分胜负，可是马武兵少，渐渐不支。王霸军中有数十名壮士割断头发请战。王霸见军士士气高涨，便打开营垒后门，派出精锐骑兵从背后袭击苏茂、周建的军队。二人腹背受敌，阵脚大乱，旋即败走，王霸、马武也各自回营。

不久，苏茂、周建又聚集起军队挑战。王霸坚守不出，在军中演乐，大宴部下。苏茂下令朝王霸营中放箭，顿时箭如雨下，忽然，一支箭射中了王霸面前的酒杯，但王霸安然不动，稳坐中央。军官们都谏言说："我们昨日已经击败苏茂，今日再战，定可取胜。"王霸说："不然。苏茂的军队远道而来，粮草匮乏，所以频繁挑战，想速战速决。现在我们关闭营门，休整军队，正所谓不战而屈人之兵！"苏茂、周建见王霸闭门不战，只好回营。此时周建的侄子周诵反叛，关闭垂惠城门，不让二人进城。于是二人只好退走，周建死在途中，苏茂则逃到下邳，与董宪会合。而继任的梁王刘纡则去投奔了佼强。

和刘永一样，董宪起兵也是在新莽末年，最初的董宪打的是赤眉军的旗号，所以很多人都把他这伙军队称作赤眉军别部。董宪最高光的时刻，就是在刚起兵时，就击败了王莽的儿子王匡和更始将军廉丹的军队，其中廉丹还死在了董宪的手上，当然，那时的廉丹可能也不想活了。

之后董宪一直在梁地活动，主要的根据地在东海郡，大致在今天的山东南部和江苏北部一带。后来董宪接受了刘永的册封，先是翼汉大将军，后来是西海王。

建武四年（28）春，盖延追着苏茂、周建等人，从沛县一路到了彭城的留县，与董宪的军队遭遇，双方在留县城下展开激战，董宪战败。

见战事不利，董宪手下的将领贲休欲献兰陵县投降。董宪得到消息后，就从东南方向的郯县出发，率军包围了兰陵。盖延与平狄将军山阳人庞萌在楚郡驻扎，上书给刘秀，请求前往兰陵救援贲休。刘秀回信告诫盖延说："你的大军可以直捣郯县，这样兰陵之围自然就会解除。"盖延等人拿到诏书，认为贲休所守的兰陵城很危险，如果按照刘秀说的那样，恐怕大军没等占领郯县，贲休就挺不住了。于是盖延率军，先奔赴兰陵救援。董宪率军迎战，然后诈败撤退。盖延以为董宪被赶走，就率军进了城。结果第二天，董宪大军围困兰陵，盖延等人一下慌了神，赶紧突围出城，又去攻打郯县。

刘秀听说之后，写信责备盖延说："先前要你进攻郯县，那是出其不意，攻其不备。贼人围城的计划已然成功，你再去攻打郯县，还能解兰陵之围吗？"果然，等盖延等人到达郯县，董宪早已有所防备，无法攻克。而董宪也终于攻陷兰陵，诛杀了贲休。

这时的盖延感觉丢了面子，在彭城、郯县、邳县等地来回奔波，攻击董宪的部将，有时一天打好几仗，总体上还是能压制董宪。但刘秀此时已经察觉到了盖延轻敌冒进的问题，多次下敕书告诫盖延。可是这些诏书，都是直接下发给统帅盖延，庞萌没有接到刘秀的命令，于是他就怀疑是盖延在背后诋毁自己，越想越觉得不对劲，最后干脆造了反。

庞萌是山阳县人，最初是绿林军下江兵的一员，后来在刘玄称帝时受封冀州牧，在尚书令谢躬手下做事。后来谢躬被杀，庞萌便投靠了刘秀，因为他为人谦恭，很得刘秀信任。刘秀曾当众夸奖庞萌是可以"托孤"的大臣。没想到此时庞萌造反，盖延措手不及，被打得大败，向北渡过泗水，凿沉船只，破坏桥梁，只身逃回洛阳。

刘秀听说庞萌造反的消息，勃然大怒，集合汉军，亲自讨伐庞萌，并下诏给诸将说："过去我把庞萌当作股肱之臣，各位不会因此事笑话我吧？此次出兵，朕定要夷灭老贼的宗族，诸将厉兵秣马，让我们会师睢阳！"董宪听说刘秀亲征，知道不好对付，于是和苏茂、佼强一起，保护刘纡离开下邳，退守兰陵。刘纡派苏茂、佼强协助庞萌，双方共计有3万人，一起发兵去围困桃城。

刘秀当时刚走到蒙县，听说桃城被围，便留下辎重，亲率轻装部队，日夜疾驰，到达亢父县，有人说部队都很疲劳，应该暂停行军，住宿休息。刘秀不同意，又行军10里，在任城县住宿，任城距离桃城只有60里。

第二天，将领们请求进军，庞萌等也派军挑战。刘秀命令将领们不得出击，休整部众，养精蓄锐，以挫败敌军的锐气。当时吴汉等在东郡，刘秀派人骑快马召他前来。庞萌吃惊地说："数百里路日夜行军，我们以为到了就会投入战斗，可现在刘秀却稳坐任城，召别人到城下。我们确实不能去挑战刘秀！"于是便全力进攻桃城。城内的人一听皇帝会亲自来救援，士气大增，军心愈固。庞萌等人攻打20多天，将士们疲劳不堪，却不能攻克。这时，吴汉、王常、盖延、王梁、马武、王霸等人都率军纷纷到达，就这样，刘秀率领各路大军进攻桃城，亲自参加战斗，大破敌军。庞萌、苏茂、佼强连夜逃跑，投奔董宪。

到了建武四年（28）的秋季，七月初四，刘秀到达沛县。董宪和刘纡带领全部兵马数万人驻扎在昌虑县。董宪人手有限，就招引五校军的残部，让他们防守建阳。接下来，刘秀到达蕃县，这里距离董宪的营垒只有百余里，将领们请求进攻，刘秀不同意。刘秀知道五校军缺乏粮食，很快就会撤退，告诫各路大军坚守营垒，等待敌军疲惫。不久，五校军没有吃的，果然离去。刘秀于是亲临战场，四面围攻董宪，三天后，大破董宪的军队。佼强率领部众投降，苏茂投奔张步后被杀，董宪和庞萌逃跑，据守郯县。

八月初六，刘秀到达郯县，留下吴汉攻城，自己转而攻取彭城、下邳。吴汉攻占郯县，董宪、庞萌逃到朐县据守。刘纡现在已经不知还能逃往何处，结果被他的军士高扈所斩，高扈之后投降了刘秀。吴汉进军包围了朐县。

转过年，城中的粮食耗尽，董宪、庞萌逃出城，去攻打赣榆县，结果琅琊郡太守陈俊率军迎战。陈俊可不是一般的太守，而是刘秀手下最擅长奇袭的武将之一，结果董宪战败，又和庞萌一起逃入水泽之中。这时恰逢吴汉攻破了朐县，将二人的妻儿全部俘虏。董宪流着泪对将士们讲："妻子儿女已经落入敌手，大家跟着我受苦了，仗也打到头了。"随后率领十几名骑兵连夜逃走，想从小路去见刘秀。结果吴汉手下校尉韩湛在方与县追上了董宪，将其斩杀，方与县人黔陵杀了庞萌，二人的首级传至洛阳。韩湛和黔陵都得到了赏赐。

就在青、徐二州打得不可开交的时候，岑彭一直率兵在南方作战，讨伐秦丰和田戎。

秦丰是南郡邔县人，田戎则是汝南郡西平县人。早在刘秀兄弟起兵之前的地皇二年（21），秦丰就在黎丘起兵造反，随后攻占了邔县、宜城、邓县等12个县，有部众上万人。更始二年（24），天下大乱，秦丰趁机自立为楚黎王。

在秦丰地盘的南边，大约在同一时期，田戎和同乡张义起兵，攻占了夷陵，紧接着占领了周围几个县，田戎自称扫地大将军，陈义自称黎丘大将军，自封官吏，割据一方，部队也扩张到了数万人。

建武三年（27），刘秀击败了造反的邓奉之后，秦丰感到压力倍增，因为整个南阳郡都被刘秀拿下，意味着自己的地盘要直接面对刘秀的冲击了。于是秦丰转而联络南方的田戎，还收留被汉军击败、从关中逃窜而来的延岑。为了拉拢他们，秦丰把两个女儿分别嫁给田戎、延岑，把他们招为女婿。

　　果然，荡平南阳郡之后，汉军的目标指向了南郡的秦丰。建武三年（27）五月，刘秀以征南大将军岑彭为主将，积弩将军傅俊和骑都尉臧宫、刘宏等3人为副将，率领汉军3万余人继续南征秦丰，攻打黄邮县。

　　秦丰知道汉军来者不善，所以进行了严密的军事部署：秦丰自己与悍将蔡宏守卫在汉军南下的必经之路邓县。同时命延岑率军驻扎在邓县附近的东阳聚，协助东阳守将张成防守，两地互相声援，岑彭的军队数月不能前进一步。刘秀觉得奇怪，就下令责备了岑彭。

　　要说岑彭这人也是牵着不走打着走，看皇帝责备自己，岑彭马上紧张起来，很快就有了办法。这天夜里，岑彭连夜整顿兵马，号令全军，第二天清晨汉军西进，攻打山都镇。同时又故意释放俘虏，让这些人逃跑，去给秦丰报信儿。秦丰听说消息，马上派军队迎击。

　　秦丰派兵西进之后，岑彭却率军悄悄渡过沔水，攻占了张杨防守的阿头山，这一下就绕过了邓县的秦丰，撕开了防线的缺口。紧接着岑彭又命令士兵在山谷中伐木开道，奔袭秦丰的老巢黎丘，大败秦丰派驻在黎丘外围的军队。

　　秦丰听到消息后大惊，赶紧率领蔡宏连夜回军。岑彭早有准备，背靠东山扎营。秦丰与蔡宏连夜进攻，被岑彭击败，秦丰败走，大将蔡宏被岑彭追击杀掉。此时，刘秀封岑彭为舞阴侯。秦丰逃回黎丘城之后，秦丰的国相赵京献出宜城，并投降汉军，刘秀封他为成汉将军，与岑彭一起围困黎丘。此时战事急转直下，在岑彭与秦丰大战之际，刘秀已经派建义大将军朱祐、征虏将军祭遵攻占了东阳聚，张成阵亡，延岑率领残部南逃。

　　这时的"扫地大将军"田戎见汉军势大，就想主动归降刘秀。结果田戎的大舅哥辛臣听说以后忙去阻止，辛臣手指着地图对田戎说："如今豪杰并起，割据一方，洛阳地方狭窄，不过巴掌大小，我们还是应该保存实力，静观其变。"

田戎说："眼下汉朝征南大将军岑彭拥有雄兵数万，谁可匹敌？秦丰那么强大，都被洛阳官军打得大败。如今，他困守在黎丘孤城，旦夕之间就有可能成为囚虏。我意已决，你就不要再说了。"

就这样，田戎令辛臣留守夷陵，自己亲率兵马溯长江而上，取道沔水去黎丘投奔围城的岑彭。没想到田戎刚走，辛臣便把田戎的珍宝洗劫一空，从小路先去投奔了岑彭。之后还装模作样地给田戎写了一封劝降信。

田戎此时见信，心中狐疑，怀疑辛臣出卖了自己。反复权衡后，他改了主意，决定去黎丘救援秦丰。结果岑彭出兵与田戎激战，战争打了几个月，田戎战败，大将伍公率部向岑彭投降，田戎带领残部，仓皇逃回夷陵。

田戎一败，秦丰彻底失去了外援。岑彭与秦丰作战，前后3年，斩杀9万多人，城中粮食即将耗尽，刘秀觉得秦丰已不足为虑。建武四年（28）十一月，刘秀下令岑彭率军继续南下去征讨田戎，改由朱祐率军继续围困黎丘。朱祐接手后，挥军击破蔡阳，擒杀了秦丰的守将张康，秦丰的覆灭就进入了倒计时。

建武四年（28）十二月二十日，刘秀亲临黎丘，派御史中丞李由为使者持玺书来到城下招降。但濒临绝境的秦丰却拒绝了招降，而且口出恶言。刘秀非常愤怒，在回京之前，特地叮嘱朱祐："尽快破城，对负隅顽抗的秦丰就地处决，并灭其三族。"

岑彭接到命令后，率军南下进攻田戎，建武五年（29）三月，田戎率军与岑彭在南郡江陵县津乡展开会战，田戎被岑彭打得大败。岑彭顺势攻克夷陵，一路追击田戎到了南郡秭归，两军接战，田戎再败。最后，田戎只带着数十骑投奔蜀地的公孙述，他的妻儿宗族，以及部下数万人全部被岑彭俘获。田戎逃到了蜀地之后，被公孙述封为翼江王。

同年六月，在汉军连续攻击之下，困守黎丘两年的秦丰终于撑不住了，只好领他的母亲、妻子、子女9人肉袒出城投降。朱祐将秦丰及家属收监，然后用槛车送往洛阳报捷。刘秀下令将秦丰斩首。

击败田戎的岑彭想策划趁机攻打蜀地。但因长江两岸粮食不足，水势险恶，且漕运困难而作罢，留下威虏将军冯骏驻屯江州、都尉田鸿驻屯夷陵、领军李玄驻屯夷道。岑彭自己则率领军队返回，驻屯津乡，把守荆州要冲，通告投降的各地方部族，已经上奏请求封他们的首领。

王莽执政末期，交趾所属各郡封闭边境自守。岑彭平素和交趾牧邓让很有交情，就给邓让写信，陈述朝廷的威望和恩德；又派遣偏将军屈充在江南地区传布文告，颁行天子的命令。于是，邓让和江夏太守侯登、武陵太守王堂、长沙国相韩福、桂阳太守张隆、零陵太守田翕、苍梧太守杜穆、交趾太守锡光等，相继派遣使者向朝廷进贡。刘秀将他们全部封为侯爵。锡光是汉中人，在交趾用中原的礼仪教导百姓和外族。刘秀又任命宛城人任延当九真太守。任延教当地百姓耕种以及婚配的礼仪。所以岭南地区接受中原的文化习俗，是从锡光、任延两位郡太守开始的。

到建武六年（30），天下五分之四的领土都已经被刘秀平定了。而函谷关以东，也完全落入刘秀的掌握之中，接下来，刘秀的目标便转向了西北的隗嚣与蜀地的公孙述。

第七章

一统天下

自从冯异赶走了延岑和关中诸贼寇之后，一直在这里苦心经营，让上林苑地区的很多园林都变成了百姓聚居的集市。但作为一位拥兵在外的将领，冯异常常感到不安，所以多次上书朝廷，说自己思念皇帝，请求返回洛阳，侍奉天子，刘秀都没有同意。

后来有人呈上奏章，说冯异在关中独断专行，斩杀长安的官员，威权过重，百姓也都真心归附，称冯异为"咸阳王"。刘秀还是依据自己的方法，把这个奏章拿给冯异看。冯异更加恐慌，赶紧上书谢罪，这段文字堪称回应刘秀这一做法的标准答案：

"臣本诸生，遭遇受命之会，充备行伍，过蒙恩私，位大将，爵通侯，受任方面，以立微功，皆自国家谋虑，愚臣无所能及。臣伏自思惟：以诏敕战攻，每辄如意；时以私心断决，未尝不有悔。国家独见之明，久而益远，乃知'性与天道，不可得而闻也'。当兵革始起，扰攘之时，豪杰竞逐，迷惑千数。臣以遭遇，托身圣明，在倾危混淆之中，尚不敢过差，而况天下平定，上尊下卑，而臣爵位所蒙，巍巍不测乎？诚冀以谨敕，遂自终始。见所示臣章，战栗怖惧。伏念明主知臣愚性，固敢因缘自陈。"

冯异的这段话主要就是说自己取得的功劳都是陛下出的主意，也完全依赖皇帝的信任。现在天下即将平定，自己希望回到洛阳，侍奉在皇帝身边。冯异想以这样的方式表示自己没有二心。冯异的说法完全说到了刘秀的心坎儿上，于是刘秀下诏："将军对于国家，以'义'衡量，已经尽了君臣之义；以'恩'衡量，你我君臣情同父子。将军有何顾虑，何必心怀恐惧呢？"就这样，冯异继续留在长安镇守。

建武六年（30），冯异从长安到洛阳入朝晋见。刘秀对公卿介绍说："冯异是我当初起兵时的主簿，为我披荆斩棘，平定关中。"晋见结束，刘秀赏赐给冯异若干珍宝、钱、帛，并下诏说："当初在危难之际，君在芜蒌亭进献豆粥，在滹沱河进献麦饭，如此深情厚谊，朕长久未能回报。"冯异叩头拜谢说："臣听说管仲曾对齐桓公讲：'愿君王不忘我射您带钩之事，我也不忘被装入囚车的事。'齐国依靠这两个人强盛起来，臣今天也愿陛下勿忘河北的苦难，臣亦不敢忘记在巾车乡您对我的恩德。"冯异在洛阳逗留10余天，刘秀命他和妻子儿女西行返回任所。

冯异能带着妻子儿女一起返回长安，足见刘秀对他的信任。同时，之所以刘秀一直派冯异在长安留守，很大程度上是因为长安地区的形势仍然不容乐观，冯异这人有一个刘秀手下其他将领都不具备的优点——不贪功。现在三辅地区的西侧有隗嚣，再往西有窦融，虽说二人都在表面上归附刘秀，但其实真假难测。三辅以南的汉中郡有公孙述的人马虎视眈眈；北边安定郡还有卢芳的势力。冯异手下的军队，防守有余，进攻不足，如果派别人去，一旦贪功冒进，很有可能导致三辅地区得而复失的局面。所以，冯异是防守这里的最好选择。

不过建武六年（30）的刘秀似乎已经厌倦了战争，再加上隗嚣已经把长子派到洛阳来做人质，公孙述又远在边陲，刘秀对将领们说，暂且不去管这两个人，下令汉军上下在洛阳休养，将军队调到河内郡驻防。这一阶段，刘秀主要采取心理攻势，多次向隗嚣和公孙述传递书信，为他们分析祸福利害，希望他们投降内附，保证他们的高官厚禄。刘秀的劝降，可不是空头支票，窦融就是最好的例子。

一、河西与陇右

建武六年（30），关东悉定。刘秀虽然暂时没有直接出兵西北和西南，但他的注意力已经转移到了这里，与东部的义军大多出身草莽不同，西部的这几位军阀除了卢芳属于跳梁小丑之外，其他几位枭雄还都是官宦人家子弟。其中公孙述在汉哀帝当政时就做过郎官，而窦融和隗嚣则都是在王莽的时代出仕，所以他们很懂得治理自己的根据地，也有许多当地豪族拥戴他们，所以最好的方法就是拉拢他们投降，这其中最先表态，也最为忠诚的便是窦融。而隗嚣虽然也表了态，却并没有践行自己的忠诚。

窦融字周公，扶风郡平陵县人。他的七世祖是西汉孝文窦皇后的弟弟窦广国，封为章武侯。窦融这一支是从他高祖父的时候从常山国迁到平陵的。窦融很小的时候，父亲就去世了。在王莽做"假皇帝"的时候，窦融出仕，做了强弩将军王俊的司马，东击翟义等人的起义，因军功被封为建武男爵。后来他的妹妹做了大司空王邑的小妾，因此他也跟着住在长安，交往权贵，结交豪杰，行侠仗义。同时，窦融还是个孝子，服侍母亲，礼敬兄长，抚养弱小的弟弟，都非常尽心。

新莽末年，窦融跟随王匡在昆阳城下被刘秀打得大败，逃回长安，后经王邑举荐，窦融获封波水将军。等到王莽败亡，窦融便投靠了更始帝刘玄的岳父赵萌，赵萌任用窦融做了校尉，很器重他，并举荐窦融为巨鹿太守。巨鹿在河北，动荡不堪，窦融并不想去上任。

想到自己的高祖父曾做过张掖太守，从祖父做过护羌校尉，族弟也做过武威太守，几代人都在河西，很了解这个地方，窦融就对自己周围的人说："现在天下的安危还不可知，河西富饶，以黄河为险，很是牢固，张掖属国有精兵万骑，一旦发生紧急事变，封锁黄河渡口，就足以自守，这是我们遗留子孙后代的好地方啊。"大家都表示同意。

窦融就在当天求见赵萌，辞去巨鹿太守，要求到河西去。赵萌便向更始帝刘玄建议，封窦融为张掖属国都尉。窦融听后大喜，带着全家老小就到河西去了。到了张掖，窦融安抚结交当地豪杰，与周边的少数民族和睦相处，很得四方民众的欢心。

这时的酒泉太守梁统、金城太守库钧、张掖都尉史苞、酒泉都尉竺曾、敦煌都尉辛肜和所有州郡豪杰，都与窦融结交，这些人以后就成了窦融的主要班底，河西地区很快就全都归附于他。

等到更始帝败亡，窦融与梁统等人商议说："今天下扰乱，不知结局如何。河西险要，地处羌胡中间，不同心协力就不能自守。可现在大家权力都是一样大，没有一个统帅，这样不行，我们应当推举一人为大将军，保卫五郡安全，来观察时局的变化。"大家决定好后，对大将军人选却互相谦让，最后因为窦融家世代在河西做官，于是就推举他为首领，代理河西五郡大将军职务。这时的武威太守马期和张掖太守任仲都属于没有靠山的官吏，几人以大将军名义给二人写信告知，结果二人不愿加入，都解下印绶离去。

就这样，5个郡变成了7个郡，以梁统为武威太守，史苞为张掖太守，竺曾为酒泉太守，辛肜和库钧仍为敦煌太守和金城太守。窦融治所在张掖属国，兼任都尉职务不变，配备从事监察五郡，河西地区俨然成了一个独立的王国。

河西地区民风淳朴，而窦融在政治上也很宽和，上下相亲，民众安然富裕。每当有羌人或匈奴侵犯边境，窦融经常亲自上阵杀敌，击退入侵者，后来匈奴吸取了教训，很少再来侵扰，于是附近的羌人、胡人都来依附河西，就连安定、北地、上郡等地遭到饥荒的流浪人口也都前来投奔。

窦融这人并没有很大的野心，听说刘秀已经即位做了皇帝，就一心想向洛阳归附，只是河西与洛阳相隔遥远，道路也不通，根本联系不上。这时陇西的隗嚣率先使用了刘秀的建武年号，窦融等人一看，便也奉刘秀为正朔。

这时，隗嚣派人来游说窦融，大概意思就是说更始败亡，如今天下大乱，如果认定一个主君，那无异于交出了手中的权力，一旦天下有变，则追悔莫及，不如河西、陇、蜀三地联合，这样进可以像六国一样成就一番事业，最差也能像南越王赵佗那样割据一方。这个建议对当时的窦融来说，应该是非常有吸引力的，于是窦融便召集诸人商议，有的人认为刘秀得天下是赤伏符早就预言了的，属于天命；也有人主张像隗嚣说的，暂且观望，窦融在详加比较分析了各方意见之后，还是决定，要东归洛阳。

建武五年（29），窦融派长史刘钧等人带着给刘秀的信到洛阳去。在这之前，刘秀早就听说河西地区完整富饶，而且地域与陇、蜀接壤，正想招降，便也派使者给窦融送信。双方的使者在路上遇到，刘秀的使者便带着刘钧一起返回洛阳。

刘秀见到刘钧十分高兴，对他以礼相见，设宴款待，然后让他回去汇报，并赐给窦融诏书说："现在益州有公孙述，天水有隗嚣。两家正互相攻打，胜败的命运掌握在将军手中，您有着举足轻重的作用。由此说来，您打算帮助某一方时，力量将不可估量！如果将军要创立齐桓公、晋文公那样的霸业，辅佐我这个弱小的政权，就应当努力完成这一功业；如果想实现诸侯割据的局面，合纵连横，也应该抓住时机决定。天下还没有统一，我和您土地不接壤，不会互相吞并。现在谈论这件事的人，一定有像任嚣让赵佗控制7个郡那样的计策。君王可以分封土地，但不能分割百姓。将军请慎重考虑，朝廷赐予将军黄金200斤，如果将军愿意联系我们，我们随时欢迎。"刘秀任命窦融做凉州牧。诏书传到河西，整个地区震惊，认为天子明察，连之前隗嚣派人说服河西的话都能知道。

这段话非常好地体现了刘秀的说话风格——以退为进。窦融的信应该是陈述了自己归附的意愿，可刘秀并没有马上对窦融发号施令，反而告诉窦融，如果你想合纵连横，也要抓住时机。南越王赵佗本是秦朝的将领，奉命做任嚣的副将，南征岭南，结果二人胜利后，秦朝灭亡，二人便拥兵自重，高祖元年，任嚣病重，临死之前，叫赵佗割据岭南七郡，自成一家。这里刘秀的话绵里藏针，实际上告诉了窦融，这样是行不通的。

窦融收到信，马上再派刘钧去上书，强调了自己是汉家外戚的后裔，家族世受皇恩，自己绝不会行任嚣、赵佗之事，也一定忠于汉室，并派自己的弟弟窦友前往洛阳，表达自己的忠心。但窦友刚到高平，便遇到隗嚣反叛，道路断绝，就只好返回。窦融另派司马席封从小道到洛阳呈上书信。刘秀再次让席封带回自己的信，对窦融等人加以宽慰。

窦融等人此时已经知道了刘秀的心意，便决定马上与隗嚣划清界限。

这个隗嚣我们在之前提过两次。隗嚣字季孟，是天水郡成纪县人，与其他军阀不同，隗嚣是个读书人，非常儒雅，因此很得家乡人爱戴。年少时受王莽的国师刘歆的引荐出仕做官，后来刘歆谋反而死，他便趁给王莽传令之际，逃离长安。

隗嚣的叔父隗崔，素来豪爽侠义，得众人拥护。更始元年（23），听闻更始帝刘玄自立，而王莽兵连败，就与兄隗义及上邽人杨广、冀县人周宗一同起兵响应更始帝刘玄。隗嚣一开始害怕连累宗族，并不同意，但这些人没有听他的，后来反而推举隗嚣做了起义军的首领。

更始二年（24），隗嚣受刘玄征召，去长安做官。一年之后，赤眉入关，三辅扰乱。民间传言刘秀已经在河北即位，隗嚣便向更始帝提出了一个非常有趣的建议，让他把国政交给光武帝的叔叔刘良，这样就能将刘秀置于一个比较尴尬的境地，让他为更始政权所用，但刘玄没有采纳这一建议。后来隗嚣卷入张卬一伙的谋反事件，在王遵和周宗的保护下逃出了长安。

回到天水，隗嚣再次召集旧部，占据原来的地盘，自称"西州上将军"。

更始败亡之后，许多三辅地区的耆老士大夫都逃奔到天水来归附隗嚣。隗嚣又素来谦恭礼让，总是尽自己的努力结交士人，所以一时之间，他手下可谓人才济济，以前王莽的平河大尹长安谷恭，被任命为掌野大夫，平陵范逡任命为师友，赵秉、苏衡、郑兴为祭酒，申屠刚、杜林为持书，杨广、王遵、周宗及平襄人行巡、河阳人王捷、长陵人王元为大将军，杜陵、金丹之属为宾客。这么多人才聚集陇西，连山东都流传着隗嚣的威名。

建武二年（26），大司徒邓禹的部将冯愔反叛，西攻天水。隗嚣迎击，在高平大破冯愔，缴获全部辎重。邓禹便秉承刘秀的旨意任命隗嚣为西州大将军，隗嚣也接受了。至此，隗嚣表面上算是认下了刘秀这位皇帝。后来赤眉军西进，又被隗嚣击败。

建武三年（27），隗嚣上书到京师洛阳。刘秀素来听闻他的美德和声誉，就以国宾之礼相待，写信时也称呼隗嚣的字，表示尊重。这时陈仓人吕鲔拥众数万，与公孙述相通，侵犯三辅地区。隗嚣再次派兵帮助征西大将军冯异进击平贼，将吕鲔赶走，并遣使上书报告刘秀。刘秀回信嘉奖了隗嚣，并将他比作自己的管仲。从此以后，对他恩礼更加隆重。

其后公孙述几次出兵汉中，遣使封隗嚣为大司空、扶安王。隗嚣感到做公孙述的臣子可耻，便斩杀了来使，并出兵连破公孙述军，导致公孙述军不敢再窥伺陇西。这时关中的汉军将帅几次上书，说起蜀军经常出兵骚扰州郡，刘秀还是老办法，将这些意见转给隗嚣看，并要他出兵讨伐蜀地，以考验其是否可以信赖。隗嚣见信，就遣长史上书，说三辅地区兵力薄弱，又有卢芳在旁，不宜伐蜀。这下刘秀便知道隗嚣是首鼠两端之辈，并不愿天下一统，就稍稍降低了对隗嚣的礼遇，采用正常的君臣礼仪。

隗嚣手下有位将军叫马援，扶风郡茂陵县人，据说祖上是马服君赵奢，早先在王莽的堂兄王林手下做官，后来与哥哥马员一起到凉州避祸，刘秀称帝之后，马员便去投奔，而马援则羁留在西州，受到隗嚣的器重，被任命为绥德将军，隗嚣的许多决策都有马援的参与。

建武元年（25），蜀地的公孙述称帝，马援因为小时候和公孙述住在同一条巷子里，交情很好，隗嚣便派马援出使公孙述探探虚实。

马援本以为他去了之后，公孙述会与他握手言欢，重续旧情，没想到他见到的是盛装站岗的御林军，接引马援觐见，交拜完毕，还没说上话，就想把马援引至馆舍，再为马援制作粗布衣、交让冠，在宗庙中宴请百官，立上旧交的座位。公孙述坐拥皇帝用的銮旗和旄骑，掌管仪礼和宴会的官员都很多，席间，公孙述表示，想授予马援大将军，封列侯。马援的宾客们都乐于留下，马援对众人说："天下胜负未定，公孙述不殷勤礼让，来迎接有才能的人共商成败，反而矫揉造作，弄得自己像木偶一样，这样的人如何能留住天下的人才呢？"于是起身告辞。回到陇右之后，马援告诉隗嚣说："公孙述不过是井底之蛙，却妄自尊大，您还是专心经营东方吧。"

建武四年（28），马援带着隗嚣的书信到洛阳，在宣德殿觐见刘秀。刘秀笑着说："卿周旋于二帝之间，现在见到你，真是让人倍感惭愧啊。"

马援道："当今之世，非独君择臣也，臣亦择君矣。臣与公孙述同县，年少时很有交情，之前臣到蜀地时，公孙述端坐大殿，两旁站满持戟的卫士，才敢召见臣。现在臣远道而来，陛下怎么知道我不是刺客呢？为何如此轻易地召见我？"

刘秀听完，笑道："卿不是刺客，是说客吧。"

马援又说："天下反复，欺世盗名者比比皆是，如今见陛下恢宏大度，犹如高祖当年，臣心中明了，帝王自有天命。"

刘秀很佩服他的胆识，认为他与众不同。随后，马援随刘秀南巡，先到黎丘，后又转到东海。南巡归来，刘秀又命马援为待诏，日备顾问。马援要回西州时，刘秀派太中大夫来歙持节相送，并出使隗嚣。

马援回来后，隗嚣询问他关于东边的传言，以及在京师的遭遇。马援说:"前次到朝廷,陛下多次接见我,每次与他在宴席间谈话,从夜晚谈到清晨,陛下的才能智计,不是别人所能匹敌的,而且陛下坦白诚恳,无所隐瞒,胸怀阔达而有大节,大抵与高祖相同,而其经学渊博,处理政事和文章辞辩,则前世的帝王无人可比。"隗嚣又问:"陛下和高祖比怎样?"马援回答:"不如。高帝上天入地,无所不能为;而当今陛下喜欢做官吏的事情,凡事按照礼法行事,又不喜欢饮酒。"隗嚣见马援如此夸刘秀,心里不高兴,说:"像你这样说,陛下倒胜过高祖了。"

当初,隗嚣与来歙、马援都有交情,所以刘秀几次派来歙、马援奉使往来,劝隗嚣入朝并许以重赏。但隗嚣不愿去洛阳,连连遣使带着深表谦辞的奏章入见,说自己没有功德,要等到四方平定,再告老还乡。

建武五年(29),刘秀再次派来歙出使陇右,说服隗嚣派儿子入侍,隗嚣听说刘永、彭宠都已经被灭,就派遣长子隗恂随来歙到京城为质,同时让马援带着家属前去洛阳护送,后来马援就留在了刘秀的阵营。隗恂到了之后,刘秀任命他做胡骑校尉,封镌羌侯。

就在这时,隗嚣收到了窦融的信,信中毫不留情地指出了隗嚣的诸多问题。这封信很长,大体意思是批评他出尔反尔,不识时务,不顾民生,要求隗嚣要深思何为逆顺之道云云。隗嚣不理睬。窦融乃与五郡太守共作战备,上书请战。

刘秀对窦融的态度和表现颇为赞赏,故意跟窦融套了一顿交情,说窦融乃文帝窦后家后裔,自己是窦后所生景帝之子长沙王之后;还说汉兵即将西进,希望窦融"以应期会"。窦融得到诏令,随即与诸郡守率兵入驻金城,进攻归顺隗嚣的先零羌君长封何的部众,斩杀千余人,后来因为汉军没有出击,窦融便率军返回。

二、隗嚣覆灭

此时的隗嚣很矛盾，一方面他觉得对刘秀称臣，名正言顺，另一方面，他又舍不得放下手中的权力。有一次，他问手下最有学问的大臣班彪："周朝衰微，战国时代群雄逐鹿，几代以后才重新一统，大概合纵连横之事要在今天重演吧？天命一定是由某个人承受吗？"班彪引经据典，从图谶、历史、天命等角度回答了隗嚣，可是此刻的隗嚣只是想听到自己想听的答案而已，于是班彪出走河西，投奔了窦融，而班氏和窦氏也就此结下了渊源。

隗嚣的谋臣郑兴曾趁隗恂去洛阳为质，请求顺道返回故乡安葬父母，隗嚣不同意，却让郑兴迁居舍，增加俸禄和礼遇。郑兴来见隗嚣，破口大骂说："我如今因父母未葬，请求返乡。如果因你给我增加俸禄，迁移住所，我就改变主意留下来，那不是用双亲做诱饵吗？那真是太无礼了！将军怎么能够任用这样的人呢？我情愿留下妻子儿女，只身返回故乡安葬双亲，将军又猜疑什么呢？"隗嚣被说得哑口无言，于是允许郑兴和妻子儿女一起东行。郑兴也就此离开了隗嚣。

隗嚣此时只能听得进去符合自己心意的意见，将领王元则在此时提出，天下胜败还不能预料，不愿意专心经营内政，他说现在天下称王称公的有十数人之多，劝隗嚣不能交出手里的权力。隗嚣很赞同他的计策，所以依旧固守一方。可是申屠刚劝他应识时务，履行诺言，他却充耳不闻。于是很多外来的贤者都渐渐地离开了他。

建武六年（30）夏四月，刘秀前往长安拜谒汉朝历代皇帝的陵墓，派遣耿弇、盖延等7位将军取道陇西征讨公孙述。刘秀先派中郎将来歙赐给隗嚣诏书，告诉他自己的意图。可是南征公孙述，大军必然经过陇右，隗嚣反复考虑，顾虑重重，很长时间不能决断。同时还想派人刺杀来歙，后来是部将王遵求情，来歙才得以顺利返回洛阳。

五月，隗嚣便起兵叛变。命王元防守陇坻，砍伐树木，堵塞道路。汉军将领们因此和隗嚣交战，结果被打得大败，各自率兵逃下陇山。隗嚣急速追赶，将军马武挑选精锐骑兵断后，杀敌数千人，各路军队才得以返回。

汉军将领们兵败退下陇山之后，刘秀命令耿弇驻军漆县，冯异驻军栒邑县，祭遵驻军汧县，吴汉等人则退驻长安。

冯异率军还没到达栒邑，隗嚣乘胜派王元、行巡率领2万余人下陇山，分派行巡夺取栒邑。冯异马上急行军挺进，要抢先占据栒邑。冯异抢先秘密进城，关闭城门，偃旗息鼓。行巡不知，匆忙行军到达栒邑。冯异乘其不备，突然率军而出。行巡的军队惊慌散乱，四下奔逃。冯异追击，大破敌军。另一路的祭遵也在汧县打败王元的军队。隗嚣随后上书谢罪。

官吏们觉得隗嚣出言傲慢，请求把他的儿子隗恂杀掉，刘秀不忍心，又派来歙到汧县送亲笔信给隗嚣，说："从前，高祖的大将柴武说：'陛下宽厚仁爱，诸侯中虽有逃亡反叛的，以后归顺，就恢复爵位封号，不予诛杀。'现在你如果能约束自己，再派隗恂的弟弟到朝廷来做人质，那你的爵位和俸禄都可保全，就算你有洪福了。我年近四十，在军旅中度过10年，讨厌那些浮夸的言辞。如果你不愿意，就不必答复。"

这很明显已经摊牌了，隗嚣知道刘秀已经看出他的欺骗伎俩，干脆就派遣使者向公孙述称臣。建武七年（31），公孙述封隗嚣为朔宁王，派兵前来助阵，以作声援。同年秋天，隗嚣率步兵与骑兵共3万，侵犯安定，到达阴槃县，冯异率诸将抵抗。隗嚣又令别将下陇山，攻击汧县的祭遵，但都没有占到便宜，就退兵了。刘秀听闻消息，准备亲自征讨隗嚣，先和窦融约定出兵日期。但正赶上大雨，道路断绝，而且隗嚣的军队已经撤退，刘秀就停止了进攻。接着刘秀诏令来歙给隗嚣的大将王遵写信，招降他。王遵本人一直跟随隗嚣，当年在长安正是王遵保卫隗嚣杀出城门，回到陇西。此时他也带着家眷投降了刘秀，刘秀任命他做了太中大夫，并封为向义侯。

建武八年（32）开春，来歙与征虏将军祭遵袭击略阳，祭遵在路上患病而还，分遣精兵追随来歙，合计 2000 余人，伐山开道，从番须、回中径直到略阳，斩隗嚣守将金梁，占领略阳城。隗嚣大惊说："怎么会如此神速！"刘秀听说来歙攻取略阳，非常高兴，说："略阳是隗嚣所依据的屏障，心腹已坏，那么制服他的肢体就容易了。"

吴汉等将领听说来歙占据略阳，争着率军驱驰前往。刘秀认为，隗嚣失去所依据的险阻，丢掉了重要的城市，势必出动所有的精锐部队前来进攻，等到旷日持久，敌军包围城市而不能攻占城市，士兵困顿疲惫的时候，汉军才可以乘敌人之危挺进。就这样，派人把吴汉等人全都追回。

隗嚣果然派王元在陇坻抵御，派行巡把守番须口，派王孟堵住鸡头道，派牛邯在瓦亭驻屯。隗嚣亲率大军数万人包围略阳。公孙述派遣将领李育、田弇协助作战。他们挖山筑堤，企图放水灌城。来歙和将士们誓死坚守，箭射完了，就拆掉房屋把木头断开作为兵器。隗嚣用全部精锐部队攻城，几个月都不能攻下。

夏季，闰四月，刘秀决定亲自率军征伐隗嚣。光禄勋汝南人郭宪劝阻说："东方刚刚平定，陛下不能远征。"于是以身当车，拔出佩刀，砍断引车前行的皮带。刘秀不听，坚持亲征，西行至漆县。将领们多数都认为，皇帝不宜远行深入到险恶之地，刘秀此时也拿不定主意，就征召马援询问意见。

马援说，隗嚣的将领们已有土崩瓦解之势，如果进军，必然大获全胜。他说着又让人搬来粮食，在刘秀面前，用米堆成山谷，指出敌我双方的形势，分析隗嚣军所在之处的地形地貌，展示大军进攻的路线、沿途的险关要隘，解释得清清楚楚。刘秀听罢，说："贼虏已尽在我的掌握之中！"第二天一早，大军出发，抵达高平县第一城，隗嚣的军队崩溃。马援也被认为是中国历史上使用"沙盘"的第一人。

就在此时，窦融率领五郡太守以及羌族、小月氏等步骑兵数万人、辎重车5000余辆，和刘秀的大军会合。当时军队还处于草创时期，将领们朝拜皇帝的礼仪多不整肃，窦融却先派从事请示朝见的恰当礼仪。刘秀听后认为很好，宣告百官让他们效法。于是汉廷设置盛大的酒宴，用特别的尊贵礼仪招待窦融等人。

就这样，双方组成联军，共同进军，分成几路上陇山。新归降的王遵则与吴汉留守长安。王遵知道隗嚣必败，就写信招降牛邯。牛邯投降，刘秀任命他当太中大夫。于是隗嚣的13位大将、所属的16个县、部众10余万人全部归降。隗嚣带着妻子儿女逃往西城，投奔杨广。公孙述的将领田弇、李育退保上邽县，略阳城解围。刘秀大喜，便赏赐了来歙，把他的席位单独设在将领们的上首，并赐给来歙的妻子1000匹绢帛。

刘秀到达上邽，下诏给隗嚣说："你如果放弃武力，自己前来投降，父子能够相见，可保全家无虞。倘若你要效仿黥布，也随你的便。"隗嚣到底不肯投降。于是刘秀就杀了他的儿子隗恂，派吴汉、岑彭包围西城，派耿弇、盖延包围上邽，而刘秀自己则东归洛阳。

对于窦融等人，刘秀则是给予了充分的信任。窦融获封安丰侯，食邑4个县，弟弟窦友为显亲侯。五郡太守也全被封为列侯，刘秀命他们回到西方的任所。窦融自己心里不安，觉得长期在一个地方独揽大权，容易引起嫌疑，几次上书请求让别人接替自己。刘秀下诏回答说："朕与将军的关系，就像左右手，卿几次谦虚退让，怎么不明了朕的心意呢？你要尽力安抚士人百姓，不要擅自离开自己的地盘。"

刘秀回洛阳的时候，曾告诫吴汉："现在各郡来的士兵没有战斗力，只能白白消耗军粮，如果有人逃亡，还会动摇军心，应当全部遣散。"吴汉等人却觉得人多势众，围困隗嚣更有底气，于是没有照做。结果粮食日渐减少，官兵围城非常疲惫，当逃兵的人很多。

不过一个月之后，杨广病死，隗嚣也已经走到了穷途末路。他的大将王捷在戎丘城驻扎，这时王捷登上城楼向汉军高喊："虽然知道替大王隗嚣守城的人全都必死，但我们没有二心。请你们赶快停止进攻，我愿以死明志。"说罢，自刎而亡。

岑彭眼见着攻城不利，心生一计，堵住谷水，把水灌进西城。水位离城头还有一丈多的时候，去蜀地搬兵的王元领着行巡、周宗等人，率领公孙述派的救兵5000余人，从高处突然出现，擂鼓大呼："百万大军来了！"汉军闻听大惊失色，还没来得及布阵，王元等人殊死战斗，突破包围，于是汉军得以进入西城。

这时，吴汉的军队粮食吃完，就干脆烧掉辎重装备，领兵下了陇山。盖延、耿弇也相继撤退。隗嚣出兵尾随追击汉军。岑彭率军断后，将领们才得以全军东归，只有祭遵驻守汧县没有撤退。吴汉等人回师长安，岑彭也退回津乡。就这样，安定、北地、天水、陇西几个郡又被隗嚣重新占领。

但此时的隗嚣已经行将就木，建武九年（33）春，隗嚣病情加重，且经过前番战斗，陇右的军粮已经消耗殆尽，军中饥饿，士卒们只好潜出城外寻找食物，隗嚣本人只能吃豆饭充饥。目睹此情此景，隗嚣气恨交加，忧愤而死。王元、周宗拥立隗嚣的小儿子隗纯为王。

建武九年（33），刘秀命来歙统率驻屯长安的所有将领，太中大夫马援做他的副手。来歙上书说："公孙述把陇西、天水作为屏障，所以能够苟延残喘。现在这两郡如能平定，公孙述就无计可施了。我们应当增派兵马，储备粮草。现在西州破败，军民疲劳饥饿，如果用金钱粮食招引他们，那么当地军民就能够集结起来。臣知道国家所要供给的不止一支军队，经费不足，然而这样做也是不得已！"刘秀对此表示赞同，于是下诏为大军储备6万斛粮食。秋八月，来歙率领耿弇、盖延、冯异等5位将军在天水讨伐公孙述的部将田弇、赵匡。

建武十年（34），冯异去世，来歙、耿弇、盖延等将领率军攻破落门聚。周宗、行巡等人带着隗纯投降，王元则向南投靠了公孙述，刘秀把隗氏家族迁徙到洛阳以东。这时，一直受隗嚣节制的先零羌部落和其他羌人部落侵犯金城、陇西。来歙便率领盖延等人出击，大败羌人，然后开仓放粮，赈救饥民，陇右于是安定下来，凉州的道路也打通了，接下来就是刘秀统一天下最后的敌人——公孙述。

三、得陇望蜀

当年岑彭在围困西城的时候，刘秀曾给他下过一封诏书，上说：

"两城若下，便可将兵南山蜀虏。人苦不知足，既平陇，复望蜀。一发兵，头须为白。"

这其实已经说明了刘秀的想法，隗嚣覆灭，接下来就是平定蜀地的战事。

汉代的益州范围很大，大体上包括四川、重庆、云南和贵州的一部分，而且这块地方西、南面是青藏高原和云贵高原，东有巫山，北有秦岭和大巴山，从三星堆的古蜀文明，到刘备在这里割据，都是因为这个地方地理环境封闭，而且蜀郡产粮，被称为"天府之国"，蜀锦更是天下闻名，因此，公孙述在这里统治了20多年的时间，几乎很少受到来自外部的干扰。那么他是如何占领蜀郡的呢？

公孙述字子阳，是扶风茂陵人，在汉哀帝时，就受父亲的保举做过郎官。王莽天凤年间，被任命为蜀郡太守，才来到益州。当时他住在临邛县，将自己的地盘治理得非常好，以至于在益州都很有名气。

等到新莽末年，烽烟四起。各路豪杰纷纷在自己所在的郡县起兵。南阳人宗成自称"虎牙将军"，侵入汉中；又有商县人王岑也起兵于洛县，自称"定汉将军"，杀了王莽任命的益州牧，来响应宗成，二人合兵之后有数万人。

公孙述一开始听说这些人起义，还派遣使者迎接这些人到成都。没想到宗成等人一来，在成都城掳掠抢夺，搞得公孙述很厌恶，于是他便召集县中豪杰对他们说："天下同苦于新莽，人心思汉很久了，所以一听到汉将军到，我就派人骑马前去迎接。现在这些人的做法，让无辜百姓，甚至妇女儿童都成了俘虏，百姓的家室房屋也都遭到焚烧，这是寇贼所为，并非义兵。我想保郡自守，来等待真正的圣主。你们愿意同我一起干的请留下，不愿意的可以离开。"结果大家纷纷表示愿意，公孙述于是派人诈称是汉使者从东方来了，命公孙述暂时代理辅汉将军、蜀郡太守兼益州牧的职务，授予印绶。之后选精兵千余，向西攻击宗成等人。等到达成都，部队已经发展到数千人，对宗成发起攻击，大破宗成。宗成的内部也发生内讧，将领垣副杀了宗成，率军向公孙述投降。

更始二年（24）秋，更始帝派柱功侯李宝、益州刺史张忠，率领兵众万余人侵掠蜀地。公孙述派他的弟弟公孙恢在绵竹攻击李宝、张忠，将二人赶走。自此以后，公孙述威震益州，于是在功曹李熊的建议下，自立为蜀王。

当时的三辅和关中地区天灾不断，可谓民不聊生。蜀地则肥沃富饶，兵精士强，因此很多北方的饥民都来归附，西南的小国邛、筰的国王，也都遣使给公孙述进贡。这时的公孙述已经有了自立为帝的想法，功曹李熊见公孙述有意，便赶紧进言，可公孙述这人特别迷信，说："帝王是天命所归，我怎么能承担得起呢？"李熊于是为他解惑，说："天命没有一定的，老百姓归附能者，能者承担起使命，您还怀疑什么呢！"

当天夜里，公孙述梦见有人对他说："八厶子系，十二为期。"这很明显是一条谶语，"八厶"即为"公"，"子系"即为"孙"，按公孙述的理解，这句话是说公孙氏可以做 12 年的皇帝。醒来后，公孙述对妻子说："我的梦富贵至极，却也短暂，怎么办呢？"公孙述妻子此处引用了孔子名言，说："'朝闻道，夕死可矣'，何况还有 12 年呢！"这一问一答属于标准的汉代谶纬，是对儒家经典的再解释。按照王莽的标配，光有谶语还不行，还要有祥瑞，于是这时，恰巧有龙飞出公孙述的府邸，夜间光芒耀眼，公孙述这才下定决心，并在手掌上"纹身"，刻上"公孙帝"三个字。

建武元年（25）四月，就在刘秀即位前两个月，公孙述就自立为天子，国号成家，崇尚白色，定都成都。设年号为龙兴，公元 25 年即为龙兴元年。当初劝自己称帝的李熊被任命为大司徒，其弟公孙光为大司马、公孙恢为大司空。改益州为司隶校尉，蜀郡为成都尹。这时，又有几名将领来投，公孙述自此基本完全占领益州，而且由于益州离这一时期争霸的战场很远，很多在中原失败的豪杰都逃往蜀郡。很快，公孙述设置诸将军，各置营垒，聚集起了甲兵数十万人。

同时，防守蜀地要北守汉中，东守水路。于是公孙述在汉中积聚粮食，在南郑修筑宫殿，又造十层赤楼帛兰船，多刻天下牧守的印章，设置公卿百官。派将军李育、程乌率领数万军众出陈仓，配合吕鲔侵犯三辅地区。

建武三年（27），冯异在陈仓大破吕鲔、李育，二人逃奔汉中；建武五年（29），延岑和田戎被汉军击败，纷纷逃亡入蜀，公孙述任命延岑为大司马，封汝宁王，封田戎为翼江王，这二人后来成为公孙述手下最能打仗的将领。

建武六年（30），刘秀平定了关东地区，决定暂时休整。而这段时间，公孙述则频频活动，屡次向中原地区发送文书，说自己有当皇帝的天赐符命，想借此来迷惑众人。刘秀于是给公孙述写信说："符命上说的'公孙'，是指汉宣帝，按照符命，取代汉朝的人应姓当涂，名高。您难道是当涂高本人吗？您又把掌纹'公孙帝'作为祥瑞，王莽的做法怎么会值得效仿呢？如今您不算我的乱臣贼子，只不过在天下混乱之际，人人都想做君主罢了。您已经年老，妻子还年轻，儿女还小，应当早作决定。天下帝王之位，不可以凭人力争得。望您三思！"这封信的信封上，刘秀还客气地称他为"公孙皇帝"。但公孙述没有答复。

这时的公孙述没空理会刘秀，因为他正在忙着行使皇帝的权力。首先就是下诏——废除铜钱，改铸铁钱，这一举措导致蜀地货币贬值，无法流通，百姓苦不堪言；其次，就是恢复汉朝的旧典，公孙述年轻时在宫中待过，见过汉家天子的威仪排场，于是自己称帝后出入宫廷都乘坐天子的华丽马车，用绣着鸾鸟的大旗、枪杆上挂着牦牛尾的骑士开路，就像马援出使时看到的一般；再有就是封自己的两个儿子为王，分别以犍为、广汉两郡的几个县做食邑。有人看不下去，向公孙述进谏，说："成败还未可知，战士们暴露在沙场上，而您却先封自己的爱子为王，这是没有远大志向的表现！"公孙述根本不听规劝，弄得大臣们全都心怀怨恨。

再者就是军事上，对于公孙述来说，他的军事实力属于勉强自保，主动出击的军事行动几乎没有赢过。在这种情况下，他手下的骑都尉荆邯向公孙述建议，应该征调国内的精锐部队，命田戎占据江陵，依凭巫山之险扼守长江，并向吴、楚各地发布文告，长沙以南一定会望风归降；同时命延岑出兵汉中，平定三辅，这样一来，天水、陇西自然拱手臣服。这样一来，还有争夺天下的机会。

这时博士吴柱出来说："当年武王伐纣，八百诸侯都赞成出兵，武王却仍旧在等上天的旨意，没有听说过在没有强援的时候，出兵千里之外的事。"荆邯说："刘秀当初没有一寸土地的依凭，带着一群乌合之众，上马迎敌，所向披靡，攻城略地，如果不赶快抓住时机和刘秀分庭抗礼，坐在那儿大谈周武王的主张，这跟隗嚣想做周文王有什么区别！"

这场争论基本可以看作公孙述政权的转折点，很明显荆邯的建议从战略上讲应该是可行的，但实际情况是：由于受实力的限制，公孙述根本无法执行这一计划。虽然公孙述本人同意荆邯的意见，准备征发所有在汉中屯垦的士兵以及由关东地区的人组成的客籍军队，命令延岑、田戎分两路出发，和汉中各将领的部队合并，共同出击，但蜀地人士和公孙述的弟弟公孙光都极力反对，认为不能这样孤注一掷地赌博。结果公孙述就动摇了，纵然延岑、田戎几位将领多次请求率军出战，但公孙述都没有同意，事情也就不了了之了。

建武八年（32），蜀郡接到了隗嚣战败的消息，连公孙述派去助阵的李育也全军覆没。蜀地惊恐震动。公孙述也觉得害怕，但又想安定人心。于是他想了个奇招，成都外城有一座秦时的旧粮仓，公孙述将其改名为白帝仓，这个仓库自王莽以来常常空着。公孙述便派人散布谣言，诈称白帝仓正源源不断地涌出谷物粮食，堆积如山。成都百姓闻听，倾巢前来围观，于是公孙述大会群臣，问道："白帝仓出了粮食吗？"群臣都说："没有。"公孙述趁机发表演说，道："谣言不可信，传言隗嚣已经被灭，就跟白帝仓出谷是一样的道理。"可是不久，隗嚣的部将王元便前来求援，公孙述知道隗嚣大势已去，只派了5000人前去救援。

当初岑彭在击败田戎以后，留下威虏将军冯骏驻守江洲，同时屯兵夷陵和夷道两地。建武九年（33），眼见着隗嚣必败，公孙述又派田戎率领大司徒任满、南郡太守程汎率数万人下江关，击败冯骏的军队，攻陷了巫县和夷道、夷陵，随后占据了荆门山和虎牙山，这两座山在夷陵以东，长江两岸，可以作为水路上的一道屏障。另外，田戎等人还在长江上架起浮桥，建筑关楼。把木柱集中在一起，竖立在江中阻断水道，跨山连接营垒堵塞陆路，准备以此来抗拒汉军。

建武十年（34），刘秀彻底平定陇右。转过年开春，刘秀派遣吴汉率领诛虏将军刘隆等3位将领，征调荆州军队共6万余人，包括骑兵5000人，与岑彭在荆门会师。岑彭之前驻扎在津乡时跟田戎有过几次交战，都没能取胜。这次岑彭准备了战船数千艘，可是吴汉吸取了上次陇山的教训，认为各郡派来的水军太消耗粮食，打算将其遣散。但岑彭毕竟和田戎交过手，知道公孙述的军队战力不凡，因此上书刘秀，认为不能遣散，刘秀答复岑彭说："大司马习惯指挥步骑兵，不懂水战。荆门方面的事，全凭征南大将军岑彭做主。"

闰三月，岑彭在军中招募攻击浮桥的战士，并下令先登上浮桥的，受上赏。于是偏将军鲁奇应募前行。当时东风刮得十分猛烈，鲁奇的船逆流而上，直冲浮桥。但密排在江中的木柱装有向反方向拉拽的耙钩，钩住了鲁奇的船，进退不能。鲁奇等人干脆直接投掷火炬焚烧浮桥。风狂火烈，桥楼烧毁坍塌。岑彭率领全军顺风而进，所向披靡。公孙述的军队大乱，落水淹死的有数千人。岑彭斩杀任满，活捉程汛，田戎逃跑，逆流而上，退守江州。

岑彭奏请刘秀任命刘隆为南郡太守，自己则率领辅威将军臧宫、骁骑将军刘歆，长驱直入江关。并且严令士兵，不得掳掠，所以军队所到之处，百姓们都奉献牛肉美酒迎接慰劳大军。岑彭一再推辞，不肯接受。百姓更加高兴，各地争着打开城门，望风归降。刘秀下诏，任命岑彭代理益州牧，同时，攻下某郡，则兼任某郡太守，如岑彭一旦离开该郡，就把太守的职位交付后面接防的将领。这样的命令八成只有刘秀会下，因为这就相当于将益州的官员任命权完全交给了岑彭，而且郡太守是2000石的高官，这实在是对岑彭莫大的信任。

岑彭抵达江州之后，看江州城城防坚固，粮食充足，很难快速攻陷，便又派冯骏留下看守，自己则乘胜率军直指垫江县，大军攻占平曲，获得稻米数十万石。这时的吴汉留在夷陵，为前线督造只露出船桨的战船，功成后率领南阳兵和招募来的免罪囚徒共计3万人，溯江而上，直追岑彭的军队。

与水路大军同时并进的是刚刚平定陇右的来歙，在举荐了马援做陇西太守之后，来歙便和盖延一起，率军南下。公孙述此时任命王元为将军，命他和领军环安在河池御敌。六月，来歙和盖延等进攻王元、环安，大败敌军，攻克下辨，乘胜前进。

蜀郡人十分恐慌，派出刺客行刺来歙，夜晚，刺客摸进军营，将尖刀插在来歙的要害，但来歙未死，命人紧急召来盖延。盖延来了看到来歙身上插着刀，面色惨白，竟伏地痛哭，不能抬头仰视来歙。来歙斥责盖延说："你怎么敢这个样子！现在我被刺客刺中，不能报效国家，所以叫你来，要将军中事务托付给你，你反而在那里学小孩女人般哭泣吗？刀虽然在我身上，难道我就不能命令士兵杀你吗？"

盖延于是收住眼泪，勉强起身接受军令。来歙亲手书写奏章，说："臣在深夜时，不知被什么人刺伤，中了要害。臣不敢痛惜自己，只是深感自己没有报答皇恩，却给朝廷带来羞辱。治理国家以能够任用贤才为根本，太中大夫段襄，正直刚强，可以重用，望陛下裁决明察。此外我的兄弟不贤，最终恐怕会获罪，请陛下怜悯他们，时常教诲监督。"写完信后，来歙扔掉笔，拔出凶器，气绝身亡。刘秀听到来歙遇刺的消息，极为震惊，一边看奏章，一边流泪。同时任命扬武将军马成代理中郎将，接替来歙。来歙的灵车运回洛阳，刘秀亲自乘车，身穿丧服，为来歙吊丧、送葬。

公孙述派延岑、吕鲔、王元、公孙恢调动所有的兵力，据守成都外围的广汉和资中，防守陆路；又派将领侯丹率领2万余人据守黄石，防守水路。这时的公孙述已是做最后的挣扎了。

岑彭命臧宫率领归降士兵5万人，沿涪水而上到平曲，直奔广汉去对抗延岑。自己则率领军队从垫江乘船返回江州，又向回走去黄石袭击侯丹，大破敌军。然后再率军上岸，日夜兼程，急行军2000余里，径直攻陷武阳。同时派出精锐骑兵，向北疾驰袭击广都，这里离成都已经不到百里了。

岑彭的军队攻势如暴风骤雨，兵锋所至，公孙述的军队全都奔逃四散。之前，公孙述还听说汉军在平曲，所以派大军去迎击。等到岑彭进抵武阳县，绕到延岑军队的背后，蜀地之人大为震骇。公孙述也大惊失色，用手杖敲打地面，说："敌军怎么如此神速！"

再说去进击延岑的臧宫，作为"云台二十八将"排名第十四的猛将，臧宫早在春陵起兵的时候就认识刘秀，后来因为作战勇猛被刘秀招至麾下。这些年还很少有像进攻延岑这样露脸的机会，但这时臧宫的形势并不算特别好。

延岑在沅水布下大军，以逸待劳。臧宫率领的是 5 万降卒，本来战斗力就要打个问号，这时还人多粮少，物资运输也难以为继，同时此次出征的主帅岑彭规定不得掳掠百姓，因此臧宫手下的降卒很多都想叛逃。当地郡县的许多城邑又重新屯聚堡垒防守，来观望成败。当时就算是臧宫率军撤退，都可能引起军队的崩溃。

不过好在这次运气不错，刘秀此时派谒者带兵到岑彭那里，送来战马700 匹。臧宫一看，就假传圣旨，把马全部收取，充实自己的军队。同时因为粮草支撑不了多久，臧宫下令昼夜行军，并竖起许多旗帜，派人登上山头擂鼓呐喊，虚张声势。右岸是步兵，左岸是骑兵，护卫着战船向前推进，呼喊声震动山谷。

延岑想不到汉军会来得这么快，登上山头眺望，只见尘土飞扬，战船连江，大为惊恐。臧宫抓住时机，趁机纵兵出击，大败延岑的军队，延岑手下被斩首、淹死的士兵有一万余人，血流进涪水，把河水都染红了。经此一败，延岑只好逃回成都，他的部队全都投降，臧宫夺得延岑所有的兵马珍宝。乘胜追击残余势力，公孙述的军队望风投降，有数十万之多，大军抵达平阳乡，王元也率部众投降。

接下来，臧宫率军连克绵竹、涪县，斩杀公孙恢，又迫近成都，攻占繁县、郫县。一路缴获符节 5 个、印绶 1800 枚。最终到达成都城下，与已经到达的大司马吴汉会合——在臧宫进军的这段时间里，岑彭又被公孙述刺杀了。

本来岑彭的军队进展顺利，大军进逼武阳。刘秀这时派使者给公孙述送信，陈述祸福利害，并承诺公孙述一旦投降，绝不会受到亏待。公孙述看信叹息，把它给亲信传阅。太常常少、光禄勋张隆全都劝公孙述投降。公孙述说："事业兴废，皆有天命，岂有投降的天子呢？"于是左右不敢再说话。常少和张隆也都因过度忧虑而死。但眼下岑彭大军压境，公孙述决定效仿来歙之事，出奇制胜。

冬十月，公孙述派刺客谎称是逃亡的奴仆归降，在夜间刺杀了岑彭。太中大夫、监军郑兴统领岑彭的军队后撤，等吴汉率军赶到后移交了大军。岑彭治军十分严格，对百姓秋毫无犯。公孙述封的邛谷王任贵听说了岑彭的威望信誉，从几千里之外派使者来投降。正赶上岑彭已被杀害，刘秀把任贵所献的礼品全都赐予岑彭的妻子儿女。蜀郡人甚至为岑彭立庙来祭祀他。

十二月，吴汉整顿军队，讨伐公孙述。次年正月，吴汉大军在鱼涪津打败公孙述的将领魏党、公孙永，随后向北包围武阳县。公孙述此时已无大将可供差遣，只有派女婿史兴前去武阳救援。吴汉迎击史兴，将其击败，进入犍为郡内。但郡内各县都闭城坚守。

此时刘秀命令吴汉径直夺取广都，占据敌人心腹。吴汉领命，占领广都，又派遣轻骑兵烧毁成都市桥。公孙述的将帅都十分恐惧，日夜都有人叛逃。公孙述诛杀叛逃者的全家，还是不能禁止。这时，刘秀最后一次下诏给公孙述："不要因来歙、岑彭两个人被害的事而心有疑虑，现在及时投降，家族都可以保全。如若不然，无异于羊入虎口，朕的诏书和亲笔信，不可多得，你若投降，朕绝不食言。"但公孙述仍然铁了心不肯投降。

秋七月，被岑彭留在江州的冯骏攻陷城池，俘获田戎。这时的公孙述，只有困守成都。

刘秀在给公孙述写信时，也写信告诫吴汉，说："成都城仍有 10 余万大军，不可轻视。卿只须坚守广都，等待敌人来攻，千万不要去和敌人决战。如果敌人不敢来攻，你就移动军营挑衅，逼他们出手，等到敌人精疲力尽时，才可以发起攻击。"刘秀这个战略构思以稳为主，这也是刘秀的性格，总希望用比较小的代价，尽量不冒险地击败敌人。

但此时的吴汉可不这么想，自己连战连捷，手下精兵数万，自然是应该乘胜追击，一举荡平成都。于是吴汉亲自率骑兵 2 万人迫近成都。离城 10 余里，在北岸扎营，架设浮桥，命副将武威将军刘尚率 1 万人，在南岸扎营，双方军营相隔 20 里。

刘秀听说以后，十分震惊，写信责备吴汉说："我不久前一再告诫你，没想到事到临头你还是乱来！你如此轻敌冒进，还和刘尚分别扎营，一旦发生危急之事，你们都无法互相救援。敌人一旦出兵牵制你，用主力攻击刘尚，一旦刘尚失败，你也就失败了。幸而现在还没发生其他变故，你赶紧火速率军返回广都。"还没等诏书到达，九月，公孙述采取动作，但好在公孙述也没有完全采取刘秀的办法，而是派大司徒谢丰、执金吾袁吉率领军队大约 10 万人，分成 20 余营，一起攻打吴汉；另派其他将领率领 1 万余人牵制刘尚，使他不能救援。虽然只是主攻方向与刘秀预判的不一样，但已经足以体现二者的军事能力了。此刻刘尚军弱，吴汉军强，攻打刘尚，有机会全歼其部，而吴汉身为主帅，动员能力比刘尚强得多。所以虽然双方大战一天之后，吴汉败退回营，但其实胜负还很难预料。

吴汉回营后，召集诸将，勉励他们说："我和你们各位越过险阻，转战千里，才深入敌境，进逼城下。可是现在和刘尚分别困在两地，不能互相援救，怕会酿成大祸。我准备悄悄率军到南岸和刘尚会师，合力抵御敌人。如果我们能够勠力同心，人人奋战，便可建功立业；反之，定会一败涂地。成败关键，在此一举。"这些将领跟随吴汉身经百战，自然纷纷听命。

于是吴汉下令犒劳士兵，喂饱战马，关闭营门，三日不出。在营中准备多多竖立旌旗，使烟火不断。入夜后，吴汉悄悄率领军队与刘尚会合，谢丰等没有发觉。第二天，蜀军兵分两路，一路在江北据守。谢丰亲自率军进攻江南。吴汉投入所有兵力迎战，从早晨打到下午，大败敌军，斩杀谢丰、袁吉。之后吴汉率军返回广都，留下刘尚看住公孙述。

回到广都，吴汉把情况——向刘秀报告，深刻地做了检讨。刘秀回复他说："卿回到广都，最恰当不过。公孙述必定不敢绕过刘尚而攻打你。他如果先攻打刘尚，你从广都救援，50里的路程，出动全部步、骑兵赶赴，这正是敌军危险困顿的时候，打败他们是必然的！"从那以后，吴汉和公孙述在广都和成都之间交战，八战八胜，汉军也终于进入成都外城。也就在这时，臧宫率部前来会师。

眼见着城外士兵越聚越多，公孙述无计可施，危困窘迫，对延岑说："事到如今，如何是好？"延岑说："大丈夫应当死里逃生，怎么能坐以待毙呢？财物容易聚敛，不应爱惜。"于是公孙述散发所有的黄金、绢帛，招募敢死队员5000余人分配给延岑。延岑在成都先布疑阵，竖立旌旗，擂鼓向汉军挑战。同时悄悄派出奇兵绕到吴汉军队的后面，打败吴汉军。吴汉堕马落水，抓着马尾才脱离险境。

此时，吴汉的军队已经只剩下7天的粮草，秘密准备战船打算撤退。蜀郡太守张堪是南阳人，听说以后，火速前往求见吴汉，陈述公孙述必然灭亡、不应退军的策略。吴汉接受他的意见，于是故意示弱，挑动敌人出战。

冬十一月，臧宫进驻成都咸阳门。公孙述在城里占卜，得到一条谶语，叫"虏死城下"，结果公孙述大喜，觉得这是上天让他出城作战，敌人必败。于是亲自率领数万人攻打吴汉，派延岑抗击臧宫。双方展开大战，延岑三战三胜，从早晨打到中午，官兵没时间吃饭，全都十分疲劳。

吴汉派遣护军高午、唐邯率领精锐部队数万人攻打公孙述，公孙述的军队大乱。高午直奔阵前，猛刺公孙述，公孙述胸部被刺穿，掉下战马，左右将他抬入城中。当夜，公孙述把延岑叫到身边，把军队的指挥权交给他，随后便去世了。第二天，延岑献城投降。

之后，吴汉诛杀公孙述的妻子儿女，屠杀公孙氏家族，长幼不留。并将延岑也一起灭族，然后纵兵大肆掳掠，焚烧公孙述官室。刘秀听说以后大怒，因为刘秀之前打仗是为了壮大队伍，对抗强敌，所以纵兵抢掠一方面可以提供补给，另一方面可以增长军队士气。因此大家都默认了这种行为的发生，而现在，在打下成都之后，刘秀下一步的打算是聚拢民心、稳定军队在成都的统治，吴汉这么做会使自己丧失民心，恐怕也正因如此，这次进攻蜀地，刘秀才没有一开始就让吴汉统兵。

刘秀下诏谴责吴汉，同时还谴责了副将刘尚，诏书说："成都城投降已三日，官民都服从归顺，连同老弱妇孺，人口数以万计，一旦纵兵抢掠，听到的人都会酸鼻掉泪。你是大汉宗室子弟，又曾经当过官吏，怎么忍心做出这种事？仰视苍天，俯视大地，你们真是失掉了斩杀敌将、拯救百姓的道义！"但事已至此，依照刘秀的性格，自然也没有处罚二人，至于蜀地的民心，只好用别的方式挽回。

好在公孙述做得实在是不怎么样，当初，公孙述征召广汉人李业当博士，李业坚持说有病而不肯接受。公孙述觉得丢了面子，就派大鸿胪尹融拿着诏书胁迫李业："你如果接受职位就封公侯，如果不接受职位就赐予毒酒。"而且尹融还解释说："当今天下分崩离析，朝廷仰慕您的名望品德，给您留下官位，到现在已7年了。四季进贡的山珍美味，不会忘记送给您。您应该上奉知己，下为子孙，性命和名誉都可保全，这样做不是上策吗？"李业于是叹息说："古人说，危邦不入，乱邦不居。我正是因为这个缘故。君子遇到危险而肯献出生命，为什么竟用高官厚禄引诱我呢？"尹融说："你应该叫家人来商量。"李业说："大丈夫决心断绝仕途已经很久了，为什么要和妻子儿女商量？"于是饮毒酒而死。刘秀占领四川之后，在李业家所居地的里门刻石，表彰他的节操。类似的情况还有好几个。同时，对于公孙述手下有才干的人，刘秀也会加以任用。从此以后，蜀地上下喜悦，逐渐认同并归顺了刘秀。

至此，刘秀终于完成了他的统一大业，汉朝也终于迎来了"光武中兴"的局面。

第八章

光武中兴

　　建武十二年（36），也就是公孙述被杀的那年，西北的最后一支割据势力卢芳正与贾览一起进攻云中，但久攻不下，他手下的许多将领都认为应该投降汉室，卢芳担心这些人叛变，便带着十几人逃入匈奴的地盘，其部下都归附了将军随昱。随昱与使者程恂一同入京投降，刘秀任命随昱为五原太守，封镌胡侯，他的弟弟随宪也获封武进侯。

　　建武十三年（37）三月，吴汉从蜀地整军返回，到达宛城。刘秀下诏，准许他到家乡祭祀祖坟，赐谷2万斛。四月，吴汉回到洛阳。刘秀举行盛大的宴会犒赏将士。有功之臣调整增加封地的，共计365人。外戚加恩分封的，有45人。封邓禹为高密侯，食邑4个县。封李通为固始侯、贾复为胶东侯，食邑6个县。其他侯爵的封地各有等差。对已经死去的功臣，加封其子孙，或改封其宗族旁支。这次分封，就可以看作是刘秀的"杯酒释兵权"。

　　刘秀从28岁起兵，到建武十三年（37），已经40多岁了，一直在军旅中，厌倦了战争。而且刘秀也知道天下百姓渴望休养生息。自从陇、蜀平定之后，除非有危险紧急的情况，刘秀不再谈论军事。皇太子曾向他请教打仗的事，刘秀说："从前卫灵公请教战争的事，孔子不肯答复。这不是你应该问的。"

　　邓禹、贾复知道刘秀决定放下武器，用礼乐教化进行统治，不愿功臣们身在洛阳而拥有重兵，于是二人主动交出军权，潜心研究儒家经典。刘秀也考虑到功臣们今后的去向，想保全他们的爵位和封地，不想让他们因为职务而有过失，于是撤销左将军、右将军的官职。耿弇等人也交出大将军、将军的印信绶带，全都以侯爵的身份离开朝廷，回到自己的宅第。朝廷给予他们很高的礼遇，加特进之衔，定期邀请他们参加朝会。远方进贡了什么珍味美食，刘秀一定先赏赐所有诸侯，最终功臣全都得以保全他们的爵位财产，没有被诛杀或遣退的。

建武十七年（41）十月，刘秀前往章陵郡，修葺先人的墓园和宗庙，祭祀旧宅，巡视田地农舍，摆设酒宴，演奏乐曲，例行赏赐。当时刘氏宗室的伯母、姑母、婶娘一众老太太，因喝酒喝得畅快高兴，就在一起说："陛下小时候谨慎守信，和人交往也不善于殷勤应酬，只不过是个柔和的男孩罢了，没想到今天竟然成此大事！"刘秀听后，大笑道："我治理天下，也要推行柔和之道。"

一、柔道治国

刘秀采取"柔道治国"的办法其实跟汉代初期的黄老之术颇为相似，主要是一种让百姓休养生息的办法。同时，在一定程度上限制政府的权力。

建武六年（30）六月，刘秀下诏说："设置官吏，是为了替老百姓服务。而今百姓遭难，户口减少，而国家官吏的设置还很多。现令司隶、州牧各自在所辖范围核实实际需要，裁减官员。无论是县还是封国，不足以设置长吏的，予以合并。"于是合并减少400余个县，官吏的职位也减少了，10个官员，只留任一个。这样的政策实际上是在纠正王莽施政的恶果，官吏之所以变得这么多是因为王莽将天下的郡县区划改得一塌糊涂，增加了许多本不该存在的官员。除了减少官员的数量之外，刘秀的同学执金吾朱祐提出，官员应该得人而久任，不能随意撤换，这样可以让官员充分施行自己的政治理念。刘秀也接受了这个意见。

这件事其实为东汉前期奠定了一个基调，那就是皇帝与士族共同治理国家。东汉和西汉不同，西汉开国的将领有多半连表字都没有，而东汉跟着刘秀最后成功的大多是一些世家子弟，这些人长期在地方掌权，虽然初期利于稳定，并利于生产恢复发展，但到了东汉末年，往往地方势力盘踞一方，成为威胁朝廷的军阀。

其实也正是因为这一点，刘秀在前期一直比较信任自己的南阳郡同乡。建武十二年（36），郭伋担任并州牧，经过京城洛阳时，刘秀询问他为政的得失，郭伋说："选拔补充各级官吏，应当从全国这个大范围选取贤能和俊杰，不应专用陛下的那些南阳郡同乡。"这时担任官职的很多都是刘秀的同乡或故旧，所以郭伋才谈到这一点。

同样是建武六年（30），刘秀还下诏，解释了之前由于战事频仍，国家开销巨大，所以按王莽时期"十税一"的标准征税。建武六年（30），东方已定，储粮增加，各郡、各封国恢复汉代前期的田租，按"三十税一"的标准收取。这一举措对关东地区恢复生产有很大的帮助，同时，从此以后，东汉前期再没发生过像赤眉军那样一呼百应的盗贼事件。

治国为政方面，刘秀采取"柔道"的方式，而对自己的生活，刘秀一样是一种节俭无为的态度。刘秀曾下诏："各郡、封国进贡山珍海味，官员不能再接受。远方进献祭祀宗庙食物，则依照旧例。"当时外国有进献良马的，可日行千里；又有进献宝剑的，价值百两黄金。刘秀下诏，把宝剑赏赐给骑士，让良马去驾皇家的鼓车。

刘秀平素不喜欢听音乐，手不持珍珠宝玉。有一次外出打猎，车驾夜里返回，上东门侯汝南人郅恽拒绝开门。刘秀命随从在门缝间和郅恽见面，郅恽说："灯火太远，看不清是谁。"于是不接受诏命。刘秀只好返回，从东中门进城。第二天，郅恽上书规劝说："从前，周文王不敢沉溺于狩猎，全身心地为万民服务。可是陛下远到山林中打猎，夜以继日，这对社稷和宗庙有什么好处呢？"奏章呈上后，刘秀赏赐郅恽100匹布，贬逐东中门侯当参封县尉。

在对周边的少数民族问题上，刘秀也大多采取守势，或者任用官员，采取以夷制夷的办法。这其中，最成功的当数辽东太守祭肜。

祭肜是征虏将军祭遵的同族弟弟，刘秀因为祭遵的原因，任命祭肜做了黄门侍郎，在皇帝身边侍奉。建武九年（33）春天，祭遵在军中逝世，刘秀因为对祭遵太过思念，提升祭肜做偃师县长，祭肜的任职地离祭遵的墓地很近，每年四季，祭肜都会按时祭扫。

祭肜这人很有能力，连续几个地方都做得很好。刘秀便考虑给他一个比较重要的职务。建武十七年（41），匈奴、鲜卑和赤山乌桓联合起来，实力强大，屡次掠夺边关，危害百姓，朝廷对此非常担忧，开始对边境增兵，边疆每个郡都有军队数千人，又派众将领分兵屯守要塞。这时，祭肜被拜为辽东太守。他到任后就厉兵秣马，广设探哨。另外祭肜本人很有力气，能开300斤的硬弓。敌人每次侵犯边塞，他都身先士卒，多次击退敌人。

建武二十一年（45）秋，鲜卑派出一万多骑兵侵犯辽东，祭肜率领几千人迎战，亲自穿上锁甲冲锋陷阵，敌人大举逃走，落水淹死的超过半数，祭肜乘胜追出边塞，敌人恐惧，都丢了兵器，光着身子四处逃跑。这一战，杀敌三千多，缴获马几千匹。从此后鲜卑震惊，恐惧祭肜，不敢再窥伺边塞。

祭肜常年担任辽东太守，他觉得一旦匈奴、鲜卑和乌桓三股敌人联合，就会对汉朝边疆构成巨大危害。建武二十五年（49）正月，祭肜就派使者招抚鲜卑，用财物引诱他们。鲜卑偏何的部落派使者来进贡，希望允许他们归顺，祭肜用厚礼慰问，赏赐偏何，鲜卑于是渐渐归顺汉朝。

周边其他的一些势力，如鲜卑其他部落以及高句丽等，陆续遣使进入边塞，进献貂裘好马，祭肜奏请刘秀，总是加倍赏赐他们。其后偏何的部落各路豪强全都归顺，愿意效力。

这时，祭肜对他们说："你们如果确实想立功，就该回去攻打匈奴，斩杀匈奴各王的头颅来见，以此证明功绩。"偏何等人都仰望天空，手指胸口盟誓，道："定当效力！"随后，偏何立即攻打匈奴左伊秩訾部落，杀死2000多人，带着头颅进献太守，祭肜赏赐了他们。此后鲜卑年年攻打匈奴，总是送来人头接受赏赐。从此匈奴越发衰弱。同时，祭肜还命偏何攻打侵犯上谷郡的赤山乌桓，斩杀其首领，辽东边疆再也没有外敌入侵的警报。祭肜的威望在北方边塞到处传扬，甚至武威郡都听说过他的名声。朝廷也因东北安定，裁撤了许多当地的驻军，节省了军费的开支。

除了防守，还有平叛。建武十六年（40），交趾女子征侧和妹妹征贰造反，攻打交趾郡。征侧是麓泠县雒将之女（交趾古称"骆越"，首领称骆王、骆侯，其部将称"雒将"），嫁给朱鸢县的诗索做妻子，体态魁梧，非常勇猛。交趾太守苏定要用律法惩罚诗索，征侧恼怒，于是举兵造反。继而九真郡、日南郡、合浦郡的少数民族都起兵响应征侧，一时间，攻陷了南越65座城邑。

交趾刺史和各郡太守仅仅能够自守。刘秀下诏要长沙、合浦、交趾准备车船，修筑道路桥梁，打通道路障碍和溪谷，储备粮食。建武十八年（42），刘秀任命马援为伏波将军、扶乐侯刘隆为副将，领派楼船将军段志等，调集长沙、桂阳、零陵、苍梧的部队1万多人征讨征侧。

大军进抵合浦郡，段志因病去世，马援合并了段志的军队，沿着南海前进，随山伐木，修筑道路1000余里。终于在建武十八年（42）春天，抵达浪泊湖，与敌军交战。大败敌军，斩杀数千人，有1万多人投降，马援追征侧追到了禁溪，多次大败征侧，敌军于是逐渐瓦解。

第二年夏四月，马援攻占了交趾郡，杀了征侧、征贰等人，将首级传回京城。其余的人全部投降溃散。刘秀封马援为新息侯，食邑3000户，并命马援继续进兵，攻打占据九真郡的征侧余部。马援大获全胜，将贼寇首领300多人迁居到零陵郡居住，这样岭外被全部平定。

马援班师回朝，快要到达京城时，许多老朋友都前往迎接。平陵人孟冀，很有计谋，也来向马援道贺。马援对他说："我希望您有好言教我，怎么反而和众人一样呢？过去伏波将军路博德开置七郡，才封食邑数百户；现在我立下小功，就受如此厚赏，如何能长久呢？先生有何见教？"结果孟冀说："我没有想到这些。"于是，马援自己说："现在匈奴、乌桓尚且袭扰北边，我想要请命出击，男儿当死于边野，以马革裹尸还葬耳，怎么能躺在床上，死在女子与小儿的手中呢？"

马援的话，固然彰显了男儿豪气，也从另一个角度说了刘秀治国的一个原则，那就是封赏有度。西汉和新莽都存在封爵过滥的问题，每一次封爵，都会增加朝廷的财政负担，而刘秀除了对开国功臣比较大度以外，封爵是非常克制的，这也是马援感到惶恐的重要原因。马援一生征战，其结局却并不好，但好在他的女儿做了汉明帝的皇后，也算是对马援清醒的回报吧。

二、中兴名臣

有人认为，所谓"中兴"的"中"，实际上取的是"仲"，也就是第二次的意思，所以光武中兴也就是光武帝刘秀将汉朝第二次复兴。在这次复兴之中，不仅涌现出了许多身经百战的名将，还有许多文吏也在历史上留下了属于自己浓墨重彩的一笔，这其中的代表人物就是宋弘，为后人留下了"糟糠之妻不下堂"的故事。

宋弘字仲子，是京兆长安人。父亲宋尚在成帝时曾官至少府，算得上书香世家，到了哀帝时，宋尚因为不愿依附董贤而获罪罢官。宋弘年少时性格温顺，哀帝、平帝两朝时，宋弘都做过侍中，王莽时官至少府。赤眉军攻入长安，派遣使者征召宋弘做官，宋弘不愿去，但无奈赤眉军逼迫，于是在行到渭桥时，自投于水，幸亏家人将他捞起，他装死获免。刘秀即位后，任命他做了太中大夫。

建武二年（26），宋弘代替王梁，做了大司空，获封枸邑侯。宋弘把所获得的地租俸禄全都分给族人，家中没有资产，因清雅的品行获得称誉。后来改封为宣平侯。刘秀曾经问宋弘，谁是通博之士，宋弘于是荐举沛国桓谭，说他才学丰富、见闻广博，差不多能与扬雄、刘向父子相媲美。于是刘秀征召桓谭，并拜为议郎、给事中。

刘秀每次宴会，就令桓谭抚琴，刘秀喜爱桓谭那复杂的琴声。宋弘听到后不高兴，后悔荐举了他，等桓谭从皇宫出来，宋弘穿着整齐的朝服坐在府上，派人召桓谭。桓谭到，没等他就席就批评说："我之所以荐举你，是想你用道德辅佐国家，现在你几次进献郑声以乱《雅》《颂》，这不是忠正的表现。你能自己改正吗？抑或是要我以法相举呢？"桓谭顿首谢罪，宋弘好久才让他走。

后来一次大会群臣，刘秀让桓谭鼓琴，桓谭见到宋弘，失其常态。刘秀见他失常，觉得奇怪而问他原因。宋弘就离席脱帽谢罪，道："臣所以荐举桓谭，是希望他能以忠心正直来引导陛下，而现在朝廷沉醉于声色，这都是臣的过错啊。"刘秀于是正色改容感谢，其后不再令桓谭抚琴。

宋弘保举贤士冯翊、桓梁30多人，有的继任为公卿。宋弘宴见，御座旁有新屏风，上面画着美人的肖像，刘秀多次回头看屏风。宋弘正色说："我没有见过喜好美德如喜好美色一样的人。"刘秀马上命令撤去图像，笑着对宋弘说："听到有道义的言论就服从，这样可以了吗？"宋弘答道："陛下能进德，臣不胜欣喜。"

刘秀除了有两个哥哥之外，还有姐妹三人，其中二姐刘元在先前战死，这时，大姐湖阳公主新寡，刘秀和她一起评论朝臣，悄悄地观察她的心意。公主说："宋弘容貌威严，很有德行，是别的大臣比不了的。"刘秀一听，便说："我会找他。"后来有一次，宋弘被召见，刘秀让公主坐在屏风后面，对宋弘说："俗话说，贵了便改变朋友，富了便再娶新妇，这是人之常情吗？"宋弘说："臣听说，贫贱之交不可忘，糟糠之妻不下堂。"刘秀于是回头对公主说："看来事情不成了。"宋弘做大司空5年，在任上禁止各种声色犬马的活动，为东汉初年朝廷的简朴清新定下了基调。

除了宋弘，由于刘秀宽仁好德，东汉初年也涌现出了许多受到百姓爱戴、洁身自好的好官，比如在西北和西南都做过官的循吏任延。

任延字长孙，是南阳宛城人。12岁时，他就成了太学的学生，在长安学习。他通晓《诗经》《易经》和《春秋》，在太学中很有名气，人称"任圣童"。但任延生不逢时，正赶上天下兵荒马乱，于是任延就躲到陇西避难。当时隗嚣已经占领陇西四郡，派人去请任延，但任延没有理睬隗嚣，而隗嚣毕竟是个读书人，也就没有为难任延。

更始元年（23），刘玄征召任延出来做官，任命他做大司马部属，授予他会稽都尉一职。当时任延只有19岁，来接他的官员见他如此年轻都很诧异。他到郡以后，恬淡无为，只是派人拿祭品去祭祀了延陵季札。

当时天下刚刚平定，道路不通，来江南避难的人都没有回归中原，所以会稽一带有才能的人很多。任延上任以后，对品行高洁之士像董子仪、严子陵等人一律修书聘请，并以师友之礼相待。手下部属有难，他总是分出自己的俸禄救济他们。裁减士兵，要他们去耕种公家的田地，以便周济穷困之人。他每次到各县巡行，也总是派人慰问当地的孝子，并招待他们吃饭。吴地有个叫龙丘苌的人，在太末隐居，立志不变。王莽时期，四辅和三公连续召他做官，他都不去。掾史禀告任延，请求将他召来。任延说："龙丘先生躬行德义，具有原宪、伯夷的节操。我上门洒水扫地，还担心使他受到羞辱，召见他是绝对不可以的。"于是派功曹拿了礼品拜见他，给他写信，送去医药，使者一个接一个。一年后，龙丘苌才坐车来到郡府，表示愿意在临死以前在郡内供职。任延再三推辞，最后要他暂任议曹祭酒。龙丘苌不久病逝，任延亲自为他治丧，3天没有处理政务。所以郡内有才能的士大夫争着到他这里任职。

建武初年，任延上书辞职，接着去京城拜见天子。刘秀召见他，赏赐给他马匹和各种丝帛，任命他为九真郡太守。九真郡地处交州，在今天的越南境内，路途遥远，刘秀特意下诏让他的妻子儿女留在洛阳。

九真这个地方，人们都以打猎为业，不懂得耕地种粮。老百姓的粮食都要去交趾购买，造成当地十分贫困。于是任延教他们制造农具，垦荒种地，这样九真郡耕地连年增多，百姓也更加富足。

同时，九真这个地方的人属于"百越"中的骆越，百姓没有婚姻礼法，结合全凭着自己的情欲喜好，没有固定的妻子，也不了解父子间的天性和夫妇间的伦理。任延于是发文书给所属各县，要求男子年龄在20—50岁之间，女子年龄在15—40岁之间，都按照年龄大小结合。有因贫穷而出不起聘礼的，就要长吏以下的官员各自从俸禄中拿出一部分救助他们。结果同时娶妻的有2000多人。

这一年，风调雨顺，粮食丰收。这些人生下孩子，才知道宗族姓氏。他们都说："使我有孩子的，是任君啊！"许多人给孩子取名为"任"。于是边境外的夜郎等部落仰慕德义，愿意替汉朝守保边关，因此任延撤掉了侦察候望的人和把守边关的士卒。

当初在平帝时期，汉中人锡光担任交趾太守，他引导当地的少数民族，使他们逐渐学习了儒家文化。新莽末年，锡光封锁边境，派兵拒守。建武初年，他派使者进贡，被封为盐水侯。岭南有华夏风气，从这两位太守开始。

任延在九真任职4年，朝廷召他去洛阳，因为生病耽搁了行程，被降为睢阳令。九真的官员和百姓为他建造了生祠，来祭拜他的恩德。回京后他被任命为武威太守。刘秀亲自召见他，告诫他说："好好侍奉上级，不要坏了名声。"任延回答说:"臣听说忠臣无私,有私则不忠。一心为国,这是臣子的本分。上下雷同,不是陛下的福气。陛下命臣好好侍奉上级官员,臣不敢接受您的命令。"刘秀叹了口气,说:"是您说得对。"

任延到了武威之后,当地统率军队的长史田绀出身郡内的望族,他的子侄和宾客为害百姓,任延将田绀拘捕,田绀父子和宾客有五六人受到惩罚。田绀的小儿子田尚便聚集了几百个轻薄小人,自称将军,夜间攻打郡府。任延随即发兵击败了田尚。从此,任延的威信大增,官吏和百姓都不敢再为非作歹。

武威这个地方北邻匈奴,南接羌人,老百姓害怕匈奴和羌人的入侵和抢掠,许多人连地都不敢种。任延到任之后,挑选有文韬武略的勇士 1000 人,申明赏罚,命令郡府官吏率领杂居在休屠的胡人、"黄石"部落的骑兵屯驻在要害之地,一旦有警讯,即出兵应战,敌寇每次来犯都有许多伤亡,从此也就不敢再来。

整个河西地区一直缺雨,任延于是设立主管水利的官员,负责修建水沟渠道,百姓都跟着受益。同时他又兴建学校,派官员管理,自掾史以下官员的子孙都让他们到学校接受教育,免去他们的徭役。通晓经义的人,官府一概任用,让他们获得显贵的地位。自此以后,武威多了许多博学多才的人。

任延后来因擅自杀害羌人被降职为召陵令。等到汉明帝即位,授予他颍川太守。过了一年,又召他入太学,接着任命他为河内太守。任延在任职 9年后病逝。

除了循吏之外,当然还有酷吏,只是刘秀任用的酷吏与西汉时期的酷吏并不是一个标准,他们的手段算不上残酷,只是有点儿"愣头青"罢了,比如敢于正面对抗湖阳公主的董宣。

董宣字少平,陈留郡圉县人。起初被大司徒侯霸征召,推举为考绩优等的人,累官升到北海郡国相。到任后,任命大姓公孙丹为五官掾。公孙丹新建住宅，占卜的认为一定会有人死去，公孙丹于是让儿子杀了过路的行人，把尸体放在屋里，来抵消他的灾祸。董宣知道了，便把公孙丹的儿子逮捕诛杀。

公孙丹的宗族和亲信 30 多人，拿着兵器到董宣官府喊冤叫屈。董宣认为公孙丹以前曾经投靠过王莽，担心他们跟海贼串通，就全部逮捕起来，囚在剧县监狱里，派门下书佐水丘岑把他们统统杀死。青州刺史认为他滥杀无辜，向皇帝上书告发董宣，检举他的罪状，董宣获罪被抓至廷尉。

董宣在监狱里，早晚诵读诗文，面无惧色。等到要押赴刑场受刑之时，官属做了饭菜，为他送行。董宣厉色说："我董宣生平没有吃过别人的东西，何况在死的时候呢？"于是登车而去。当时一起受刑的有 9 人，第二个就轮到了董宣。刘秀听说后急忙派侍从骑士赶去，赦免了董宣的死刑，并且命他回到监狱去。派使者审问董宣枉杀无辜的情况，董宣用全部事实回答使者，并说水丘岑是按他的授意办事，罪不在他，愿意自己受死，让水丘岑活下来。使者把这些情况告诉了刘秀，刘秀没有杀他，只是下诏将董宣降为怀县县长，同时令青州刺史不再查究水丘岑的罪行。水丘岑最后做官做到司隶校尉。

后来江夏郡有巨贼夏喜等侵扰郡境，朝廷任命董宣为江夏太守，前去讨贼。董宣到了江夏郡边界，发布文告称："朝廷认为本太守能够捉拿奸贼，所以我接受了这个任务。此刻在江夏郡界统率兵马，檄文到达之日，希望你们考虑自己的下场。"夏喜等人听了，心里害怕，立即投降解散。外戚阴氏此时是江夏郡都尉，董宣轻视侮慢他，因此被免职。后来朝廷特征召董宣为洛阳县长。

当时刘秀姐姐湖阳公主的奴仆曾在白天行凶杀人，因为躲在公主家里，官吏不能去抓他。等到湖阳公主外出时，还用这个杀人的奴仆陪乘。董宣于是带人在夏门亭等候湖阳公主，截住公主的车马，以刀划地，大声列举公的过错，呵斥那个奴仆下车，并且当场格杀了他。

湖阳公主立即回宫告诉了刘秀，刘秀大怒，召见董宣，想用乱棍打死他。董宣叩头说："我请求说一句话再死。"刘秀问："还想说什么？"董宣说："陛下圣德，中兴汉朝，却放纵奴仆杀害良民，将怎样治理天下呢？我不用棍打，请让我自杀吧。"于是就用头碰撞庭柱，血流满面。刘秀派身边小黄门扶着他，让董宣向公主叩头谢罪，董宣不服从，小黄门强迫他叩头，董宣两手拄地，始终不肯低头。

湖阳公主此刻嘲讽刘秀，说："文叔你当百姓时，隐藏逃犯和犯了死罪的人，官吏也不敢上门捉拿。现在做了天子，你的权威却不能加于一个县长吗？"刘秀无奈地笑着说："天子不能同老百姓一样啊。"

之后，便命令这个硬脖子县长退下。另赐给董宣30万钱，董宣把钱全给了手下的官吏们。从此，董宣打击豪强，没有不震惊发抖的，京师称他为"卧虎"，民间更有歌谣赞颂他说："董宣衙前无冤鼓。"

董宣任洛阳县长5年，于74岁高龄死在任上。刘秀下诏派使者到他家里探视，只见董宣的尸体被白布覆盖，妻子儿女相对而泣。家中只有几斛大麦，一辆破车。刘秀悲伤地说："董宣做官廉洁，死了我才知道啊！"因为董宣曾做过俸禄2000石的郡太守，朝廷便赐给他银印禄绶，用大夫之礼安葬了他。封他的儿子董并为郎中，后来董并官至齐国的国相。

中国古人常讲"主明臣直"，正是建武年间开放的社会风气以及刘秀的容人度量，才让这一时期的官场涌现出如此多的优秀官员，让被王莽破坏的社会生产得以有序恢复，才成就了光武中兴的局面。除了朝政，刘秀还废立过皇后和太子，在光武帝这一朝，就出现了东汉的第一股外戚势力——阴氏。

三、阴氏外戚

阴丽华是刘秀的第一任妻子，娶她的时候，刘秀已经 29 岁了，而阴丽华也已 19 岁了。二人新婚不久后便经历了分别，一直到刘秀称帝之后，才派傅俊去把阴丽华接到自己的身边来。

可这次到来，不知道阴丽华是怎样的心情，因为此时刘秀的身边已经有了真定王刘杨的外甥女郭圣通。而且在这时，郭圣通已经为刘秀生下了一个儿子，就是后来的太子刘强。此时，阴丽华和郭圣通的身份都是贵人，但刘秀封阴丽华的哥哥阴识为阴乡侯，算是一点儿补偿。

建武二年（26），汉室已经复立，刘秀决定选立一位皇后。本来刘秀觉得阴丽华"雅性宽仁，有母仪之美"，希望能够立她为后。可阴氏却坚辞不受，理由是郭圣通已经为皇帝诞下龙子，理应位居皇后，于是刘秀也就顺水推舟，封郭圣通为皇后，刘强为太子。

建武四年（28）五月，阴丽华为刘秀生了第一个儿子，因其出生时面色红润、头形丰下锐上，据说很像古代圣王尧的样子，于是刘秀就因此给孩子取名刘阳。这个孩子也就是后来的汉明帝。小刘阳 10 岁的时候就能通晓《春秋》，有一次，刘秀抚着刘阳的头，说："吴季子。"刘阳回答说："愚戆无比。"

这里刘秀说的是一个典故，春秋时吴国国君寿梦有 4 个儿子：长子诸樊，次子余祭，三子夷昧，四子季札。寿梦本想把国君之位传给小儿子，但季札不肯接受，于是吴国这哥儿几个采取了"曲线救国"的策略，想用兄终弟及的方式最终让季札即位，结果夷昧去世前，季札不愿即位，跑到别的国家去了，所以夷昧的儿子僚才即位。刘秀这里倒没有别的意思，只是因为刘阳与季札一样，都排行第四，同时，刘秀认为自己的儿子中，刘阳最为贤能。而刘阳则是直接当仁不让，说季札愚蠢，这是表明了自己想做皇帝的心意。

刘秀一共有 11 个儿子，其中只有楚王英是许美人所生，其余 10 个则是郭圣通和阴丽华各 5 个，现在已经无法确知这些孩子的排行，但刘庄是阴丽华长子，却排第四，可见郭圣通曾经也是很受宠的。

建武九年（33），洛阳附近的颍川和河东两郡发生变乱，叛军和盗贼四起，在动乱之中，阴丽华的母亲和弟弟被盗贼杀害，刘秀因此感到非常悲伤，而且非常歉疚，于是下诏给大司空，追封阴丽华的父亲阴陆为宣恩哀侯，弟弟阴欣为宣义恭侯，让阴就承袭宣恩哀侯的爵位。又召见阴就的哥哥侍中阴兴，也要封侯，把印信绶带放到他面前。阴兴坚决推辞，说："我没有冲锋陷阵的功劳，而一家人中，已有好几个人承蒙封爵赐土，使天下人不满，这确实是我不愿意的！"刘秀很赞赏他的举动，也没有强迫他。

阴丽华问阴兴为什么要这样做，阴兴说："皇帝的外戚家往往被不知谦让退避所害。嫁女儿要配侯王，娶媳妇要打公主的主意，我心里实在不安。富贵都有极限，人应当知足，夸耀奢侈会增加世人的指责。"阴丽华被他的话所感动，始终都没有替自家人要过封爵。

建武十七年（41），刘秀终于下定决心要废掉郭皇后了。主要的原因是郭皇后因为刘秀对她的恩宠有所减少而心存怨怼。刘秀在给三公的诏令中说："宫闱之内，其他嫔妃看到皇后，如同看到鹰隼一般。"但刘秀始终念及夫妻情分，只是把郭圣通迁为中山王太后，同时立郭圣通的二儿子右翊公刘辅为中山王，并将常山国并入中山国。又徙封郭况至大国，为阳安侯。郭皇后的堂兄郭竟，以骑都尉从光武征伐有功，受封为新郪侯，官至东海相。总之，刘秀加封了郭氏一族的爵位，同时把郭圣通请出了京城。

同时，刘秀下令封阴丽华为皇后。不过刘秀也在诏书中说明："这是一件异常的事，不是国家之福，不准百官祝福庆贺。"两年之后，因郭皇后被废，皇太子刘强总是感到心不自安。郅恽劝告太子说："殿下长久地处在不稳定的位置上，上违背孝道，下靠近危险。不如辞去太子之位，来奉养母亲。"于是刘强听从劝告，多次借刘秀左右亲信和诸王之口表达自己的诚意，希望退居藩国。

刘秀始终不忍心这样做，迟疑徘徊了几年，终于在建武十九年（43），刘秀下诏："据《春秋》大义，选立继承人，以身份高贵为标准。东海王刘阳是皇后之子，应该继承皇位。皇太子刘强，坚决谦让，愿退居藩国。出于父子之情，朕难以长久违背他的愿望。今封刘强为东海王；立刘阳为皇太子，改名刘庄。"这样等于刘秀将二人的身份换了一下，也就完成了太子的废立。

接下来就是选任太子的老师，刘秀的选择是太子的两个舅舅，刘秀分别封阴识为执金吾，阴兴为卫尉，让二人一起辅导太子。

阴识字次伯，南阳郡新野人。阴家是管仲的后人，据说管仲的七世孙管修，自齐国到了楚国，做阴大夫，因而家族改为阴姓。秦汉时，开始定居新野。刘演起兵时，阴识正在长安游学，听到消息以后，马上弃学而归，率领阴氏子弟、宗族、宾客千余人前往会见刘演。刘演任命他做了校尉。

后来刘秀派人到新野迎阴丽华，同时征召阴识。阴识便随阴丽华来到洛阳，刘秀任命他为骑都尉，更封阴乡侯。建武二年（26），因为征伐有功，刘秀想增加他的封地，阴识叩头推辞说："天下初定，将帅中有功劳的人很多，臣托属阴贵人之亲，仍加爵邑，没法昭示天下。"刘秀很赞赏他的态度，封他为关都尉，镇守函谷。后来迁为侍中，建武九年（33），因母丧辞归，回家治丧。

阴识天性忠厚，在朝廷中虽然直言正谏，但等到和宾客们一起谈话时，却从不涉及国事。刘秀很敬重他，常常指着他告诫皇亲贵戚，勉励左右要仿效阴识。

而阴兴是阴皇后的同胞兄弟，跟随刘秀南征北战，平定天下，每次刘秀出入，阴兴总会撑起伞盖，而指挥作战时，也能冲锋陷阵，刘秀非常信任他。阴兴虽然礼贤下士，乐于助人，但宾客中没有豪杰侠客。他和同郡人张宗、上谷人鲜于裒关系不好，但知道他们对国家有用，仍然称赞其长处推荐他们做官。友人张汜、杜禽，和阴兴交往很深，阴兴却认为他们华而不实，都只在钱财上帮助他们，始终不举荐他们入朝为官，所以世人都称赞阴兴对国家的忠诚。

就在阴兴受命辅佐太子的第二年，刘秀犯了头疼病，经常头晕目眩，诏令阴兴掌握宫中侍中，在云台广德殿接受遗诏。后来刘秀病愈，召见阴兴，想让他接替吴汉，担任大司马。结果阴兴伏在地上，磕头流泪，坚决不接受，说："臣并非爱惜自己，只是担心有负天子圣德，不敢接受这样的尊位。"阴兴言辞恳切，发自肺腑，左右听了都深受感动，刘秀也就没再勉强他。

阴氏一门，受封列侯者有 4 人。据说阴氏祖先曾见到灶神显灵，保佑阴氏发达，每年在腊八的时候都会用黄羊作为祭品，祭祀灶神。而实际上，在朝政上懂得进退，才是阴氏一门得以保全的重要原因。也正因如此，阴氏一族才得以存续，成为东汉一个比较显赫的家族。

但通过阴氏一族的例子，我们也知道了东汉对外戚其实并没有严格防范，阴识之所以没有滔天的权势，不光是因为刘秀英明，也是阴氏集团忠于朝廷的政治选择。不过毕竟不是所有的外戚都像阴氏一样低调隐忍，而这样的权力结构，也就决定了东汉王朝会在未来饱受外戚专权的困扰。

第九章

明帝治国

如果说刘秀有什么非常突出的缺点的话，那么迷信图谶绝对算是一项。

建武三十年（54）春二月，刘秀乘车去东方巡视。大臣们趁机向光武帝建议："陛下即位已30年，应当到泰山封禅，祭祀天地。"光武帝下诏答复说："朕即位30年来，百姓怨恨满腹，《论语》说：'吾谁欺？欺天乎？'为什么要玷污记载72位封禅贤君的史册呢！若是各郡县远道派官吏前来上寿，用那些虚浮溢美之词歌功颂德，朕一定剃去他们的头发，处以髡刑，并命他们去边疆屯垦。"大臣们一听这话，便也不敢再建议刘秀封禅。

建武三十二年（56），这时的刘秀已经61岁了。春天时，刘秀读谶书《河图会昌符》，书中有一句写道："赤刘之九，会命岱宗。"刘秀对这句话有所触动。于是张纯等人再次上书建议刘秀去泰山行封禅之礼。既然"符命"已现，刘秀这次改主意了，直接批准了建议，下诏命令有关官员查考汉武帝元封时期封禅的旧典。刘秀本想图省事，打算利用汉武帝时的旧方石，将上奏天神的玉牒存放在里面，就算完成。可梁松等人据理力争，认为这样不合周礼。于是光武帝命令石工采用完整的青石刻制方石，本来要求五色俱备，刘秀认为差不多也就可以了。

正月二十八日，车驾启程东巡。二月初十，到达鲁国，前往泰山。二十二日清晨，泰山南麓之下燃起柴火，焚烧祭天，并同时祭祀众神，使用的礼乐，一如在京城南郊举行的祭天之礼。此项仪式结束后，刘秀乘坐御用挽车登泰山，午时到达山顶，更换祭服。下午刘秀登上祭坛，面向北方，尚书令献上玉牒及玉检，光武帝亲手用一寸二分的玉玺钤封。封好后，太常命骑兵2000余人抬起坛上的方石，尚书令将玉牒藏入其内以后，再用方石盖好，其后又由尚书令用五寸之印钤封石检。仪式完毕，刘秀再次叩拜，百官齐呼万岁。于是刘秀一行人又从原路下山。子夜时分，刘秀抵达山下，而群臣则直到次日清晨才全部下山。二月二十五日，众人又在梁阴祭地神，以高后配享，随同祭祀山川众神，一如西汉平帝元始年间在京城北郊举行祭地之礼的旧典。

所谓的"封禅"，有多种解释，一般认为，封指祭天，禅指祭地，而所谓封禅，就是在天下太平或者风调雨顺的时候，去泰山向上天"报告"一下，这就要求封禅的皇帝必须对自己的功绩有着绝对的自信，不然会招来天下的耻笑和上天的惩罚，因此中国古代去泰山行封禅大典的皇帝只有6位，刘秀即是其中之一。这次封禅之后，刘秀似乎完成了自己一生的事业，一年之后，在建武中元二年（57）二月初八，刘秀在南宫前殿驾崩，享年62岁。

皇太子刘庄即位，是为汉明帝。

一、守成固位

汉明帝刘庄即位的时候已经30岁了，摆在他面前的主要有三大问题，第一是巩固自己的地位并推行国政；第二是治理黄河；第三则是北边越来越严重的匈奴问题，而这几个问题也正好需要按照顺序来面对。或许刘庄本来以为对自己威胁最大的是大哥前太子刘强，没想到在这一问题上最让他头疼的竟是自己一母同胞的弟弟刘荆。

建武十七年（41），刘荆和众皇子一起晋封王爵，为山阳王。在刘秀的葬礼上，众皇子哭悼先帝，唯独刘荆一点儿悲伤的情绪也没有，相反却炮制了一封匿名信，信中鼓励刘强造反，还让他的仆人诈称此信是东海王刘强的大舅郭况所写。刘荆自以为得计，殊不知郭况作为大鸿胪，即使有心造反，又怎能用写信的方式落人口实呢？果然，刘强收到此信后又惊又怕，但也没慌，立即派人抓住冒充信使的奴仆，将原信封好，上呈明帝。明帝因刘荆是同母胞弟，便将此事保密，只是命令刘荆立即离开京城，移居到河南宫。

还没等汉明帝多想，他的这位大哥东海王刘强就已病入膏肓。汉明帝派使者和太医乘驿车前往诊治疾病，车马络绎不绝。明帝还下诏命令沛王刘辅、济南王刘康、淮南王刘延去东海国首府鲁城探望刘强的病情。

五月二十二日，刘强去世。临死前，他还上书叩谢皇恩，书中写道："我是个短命之人，留下的孤儿寡妇还要让皇太后和陛下操心忧虑，我真是又悲伤又惭愧！我的儿子刘政是个幼童，本当勉强继承我的爵位和封土，但这必定不是保护他的万全之计，我请求交还封国，将东海国恢复为东海郡。如今天下刚刚经历了大变故，我盼望陛下加倍奉养皇太后。我已经行将就木，言辞不能表达全部心意，愿一并向各位亲王辞别，想不到我们兄弟竟永远不能再相见了！"

明帝见到这封遗书，十分悲痛，亲自跟随太后出城，临幸津门亭，为刘强举哀。同时命令大司空持御赐符节督治丧事，对刘强的赏赐赠送超过寻常的礼仪，并命令朝廷的将作大匠留在东海国，兴建王陵祭庙。由此可以看出，不管以后为君怎样，刘庄对待他的几位兄弟可谓是真心实意，很讲究手足之情，不过他的兄弟们可未必都和他一样。

山阳王刘荆回到封地之后很不甘心，私下聘请利用星象占卜吉凶的术士，与他们一同谋划，希望天下发生变乱。明帝听说了此事，便将刘荆改封为广陵王，命他前往广陵国就封。谁知这刘荆到了广陵之后还不消停，又召来相面的术士，说道："我的容貌和先帝相像。先帝30岁时即位称帝，我如今也30岁了，可以起兵了吗？"相面的术士听后，原地向有关官员告发了此事。结果刘荆惊慌恐惧，将自己囚禁到狱中。

明帝听闻后虽然无奈，但还是特别加恩，不对事情进行追究，只是下诏不许他统治封国的官员和百姓，只可继续享用封地的租税收入。并命令封国国相和中尉对他严密监护。结果不久，刘荆又让巫师进行祭祷和诅咒的活动。明帝只好下诏，命令樊宏之子、长水校尉樊鯈等人联合审判此案。这案子事实明了，基本无须多问，樊鯈等人迅速结案并上书，请求将刘荆处死。

明帝生气地说道："你们因广陵王是我弟弟的缘故，所以要杀他，如果是我的儿子，你们敢这样吗？"樊鯈回答道："天下是高祖皇帝的天下，不是陛下的天下。根据《春秋》大义，君王至亲不得有弑君谋逆的图谋，有则应该杀掉。我们因为刘荆是陛下同母之弟，陛下特别留意，恻隐有加，所以才上书请示。如果是陛下的儿子，我们早就专断诛杀了。"明帝叹息着表示赞许。转过年来二月，广陵王刘荆自杀，他的封国被撤除。

可事情还是没完，另一个野心勃勃的皇室子弟是楚王刘英。光武帝刘秀勤于政务，不好美色，后宫佳丽很少。刘秀一共有11个儿子，其中郭圣通育有五子，阴皇后育有五子，只有这位楚王刘英是许美人所生。刘英早年喜欢结交游侠，后来便沉迷于黄老之术。永平八年（65），楚王刘英给自己的国相（各封国的国相名为辅佐诸侯王，实则是皇帝派来监视诸侯王的）送上黄、白两色的细绢，并说："我身居藩属，罪恶累积得太多，为了感激您的恩德，特奉上些丝绸织品，来赎我的罪。"封国国相立即将此事转报皇帝。

汉明帝刘庄下诏给封国国相："楚王口念黄老的文章，崇拜佛陀的仁慈，斋戒念佛三个月之久，在佛前立誓，有何嫌疑值得悔过自责？命你将细绢还给他，再赐予食物，以资助他门下的僧侣和居士们。"之所以讲这件事，是因为这件事证明刘英一向十分谨慎恭顺。

据说在永平三年（60）时，汉明帝曾梦见金人，身长6丈，顶有白光，能在殿宇之上飞行。醒来后明帝便召见大臣询问，大臣说西域有神，名字叫佛。于是汉明帝便派人前往西域求佛，两名印度高僧摄摩腾、竺法兰以白马驮佛经入汉，这也是关于佛教传入中国的最早的正史记载。不过佛教初入中原时，并没有多少人信奉，贵族中，楚王刘英是第一个信仰佛教的亲王。或许对于刘英来说，自己的出身让他不得不谦恭礼让，可惜的是，他并没能隐忍到最后。

永平十三年（70），楚王刘英和方士制作金龟、玉鹤等物，并刻上文字，准备用作将来做皇帝的天赐凭证。有个叫燕广的男子，告发刘英与渔阳人王平、颜忠等编造符谶之书，蓄谋造反。朝廷将此事下交有关部门追查核实。主管官员请求处死刘英，明帝同样因手足亲情没有批准，只是将刘英的王位废掉，将他迁往丹阳郡泾县，赏赐五百户赋税。刘英的儿女妻子，包括生母许太后都没有受到牵连。刘英抵达丹阳郡后就自杀了。明帝下诏，以诸侯之礼将刘英葬在泾县。同时将原告燕广封为折奸侯。

后来，朝廷极力追究楚王之案，以至于这件事造成的影响前后延续数年，牵扯甚广：从京城的皇亲国戚、各路诸侯、州郡豪杰，直到审案官吏，因附逆而被处死、流放的数以千计，还有一些悬而未决的都关在监狱里。后来还是由于马皇后的提醒，明帝才幡然醒悟，这件事情也最终告一段落。

除了处理自己兄弟的事情之外，汉明帝刘庄还十分警惕那些功臣家族的势力。第一个被处理的就是在当时权势熏天的窦氏家族。

其实对于自己的处境，窦融一直都心存疑虑，曾经多次上书刘秀，甚至还为此找过皇帝的近臣传话，表示自己要辞官归隐，离开权位，但窦融越是表现得谦卑恭谨，刘秀就越是欣赏他，除了任命窦融做大司空，位列三公以外，刘秀还对窦氏子弟加以提拔。

到了永平二年（59），窦氏有一人位居三公（窦融），二人封侯（窦融封安丰侯，窦融的弟弟窦友封显亲侯），窦氏三位后人娶了公主为妻（窦融长子窦穆娶内黄公主；窦穆的儿子窦勋娶沘阳公主；窦友的儿子窦固娶涅阳公主，涅阳公主为刘秀之女，这一点也是窦固后来起复的原因之一），还有好几位俸禄 2000 石的高官。从祖父到儿孙，以及窦氏的私宅、官邸，都在洛阳，在皇亲贵戚功臣之中，窦氏的富贵程度无出其右。

窦融虽然谦恭，可他却对晚辈管教无方。永平二年（59）十二月，窦融堂兄之子、护羌校尉窦林被指欺君罔上，贪赃枉法，被捕入狱。事情的起因是在刘秀刚去世时，烧当羌首领滇吾发动叛乱，率军进攻陇西。永平元年（58）十一月，朝廷派捕虏将军马武、中郎将窦固等人率军 4 万讨伐羌人。永平二年（59）七月，马武击败烧当羌，滇吾败走。朝廷便任命谒者窦林为护羌校尉，驻扎在狄道（今甘肃省临洮县）。

窦氏家族世居河西，很得羌人信赖。于是滇吾的弟弟滇岸来向窦林投降。窦林被下属欺骗，误将滇岸当作羌人首领，便请旨封滇岸为归义侯，加尊号为汉大都尉。没想到第二年，滇吾来降，窦林又上奏说滇吾才是羌人首领，并与其一同进京面圣。

汉明帝刘庄对一族两位首领感到很奇怪，怀疑有假，便责问窦林。窦林理屈词穷，于是就撒谎说："滇岸就是滇吾，只是陇西话发音不同罢了。"汉明帝不信，追根究底，终于了解了真实情况，大怒之下将窦林罢免。正当此时，凉州刺史又告发窦林贪污，结果窦林被下狱，不久便死在狱中。窦林死后，汉明帝多次下诏责备窦融管教无方，窦融感到惶恐，上书请求辞职。汉明帝批准，命他回家养病。

可是窦氏的危机还没有解除，永平五年（62），窦固的长子窦穆捏造皇太后阴丽华的懿旨，命六安侯刘盯休妻，而把自己的女儿嫁给刘盯。刘盯妻子的娘家上书告状。刘庄听闻大怒，将窦氏做官之人全部罢免，并一律携带家属返回封地，只留窦融一人在京城。

窦穆等人西行至函谷关，明帝又下诏让窦氏返回京师，此时窦融去世，享年 78 岁，明帝以厚礼葬之。而窦穆等人回京之后，不知收敛，反而在家中出言不逊，明帝又下诏让窦穆及家眷返回老家居住，后来窦穆行贿地方官员，被太守缉拿下狱。最后，窦穆与儿子窦宣死在平陵县狱中，而窦穆的另一个儿子窦勋也受到牵连，死在洛阳诏狱。过了很久，明帝才让窦融夫人领着小孙子返回洛阳，住在昔日的宅邸之中。

从窦家的经历可以看出，汉明帝刘庄是个非常聪明，眼里揉不得沙子的皇帝，这样的人难免会刚愎自用，最无法容忍的便是大臣欺骗他。明帝还有性格多疑的一面，喜好用耳目窥探群臣的隐私，并以此为英明。公卿大臣经常受到斥责，陪伴近侧的官员甚至还被明帝殴打。有一次，汉明帝因事对郎官药崧动怒，用手杖责打药崧。药崧逃跑，躲到床底下，明帝十分愤怒，厉声喊道："郎官出来！"药崧便说："'天子穆穆，诸侯皇皇'，哪有皇上动手打郎！"明帝这才放过了他。

当时的朝堂可谓紧张异常，群臣为得到皇上的认可，争着表现出严厉苛刻的态度，希望以此来逃避罪责。

二、尊师与治河

汉明帝刘庄虽然为人比较刻薄，但并不昏聩。在他当太子时，就十分推崇儒学，登基以后，也非常重视太学生的教育。

永平二年（59）春三月，明帝亲临太学，主持了大射礼（即在祭祀之前，通过射箭的方法选拔人才的一种礼仪）。同年十月，汉明帝再次前往太学，第一次举行了养老礼，并同时任命李躬为三老，桓荣为五更。所谓三老，指深知三德之人（三德即正直、刚毅、柔顺），而五更则为精通五事之人（五事即容貌、言论、观察、广听、思考），这样的职务很明显属于虚职，但有较大的政治意义，李躬与桓荣都是当代名儒，相传汉明帝刘庄曾在幼年时跟随李躬学习，而另一位桓荣更是汉明帝做太子时的恩师，任命他们，充分说明了朝廷重视儒学以及尊师重教的态度。

在典礼上，三老身穿麻布大袍，头戴进贤冠，手持玉杖；五更和三老的装束一样，只是没有玉杖。明帝进入太学，直到礼殿，坐在东厢，派使节用安车（有座位的马车）迎接三老、五更前来礼殿讲堂。

明帝亲自到门口屏风处迎接，几人行过君臣之礼，便由汉明帝在前引导，自东阶引路，三老从西阶而上。到达阶顶，明帝依礼向二人作揖。三老登堂，面向东方，三公摆设几案，九卿将鞋放正。明帝亲自卷起衣袖切割祭肉，奉上酱汁请三老食用，手执盛酒的爵向三老敬酒。先祝进餐不梗，后祝咽食不噎。五更面向南方，由三公进奉肉、酒，礼仪和进奉三老相同。

仪式结束后，明帝召桓荣和他的学生登堂。明帝亲自讲论经书，儒生们则手执经书在明帝面前询问疑难。环绕在太学大门外的桥头观看和聆听的人，不计其数。于是明帝下诏，赐封桓荣为关内侯，三老、五更都终身享受2000石俸禄。并赏赐全国的三老每人1石酒、40斤肉。

汉明帝做太子时，曾跟桓荣学习过《尚书》。等他登基以后，仍以师生之礼尊奉桓荣。桓荣80岁以后，自感年老体衰，多次上书请辞，可明帝每次都对桓荣加倍赏赐。当时桓荣官居太常，汉明帝还曾亲临太常府，请桓荣面朝东方而坐（汉代"东向坐"为尊位），并为桓荣设置几案和手杖。同时集合文武百官和桓荣的学生数百人，连明帝本人也亲手拿着经书听讲。儒生们有离开座位向明帝提问的，明帝则谦虚地表示："有老师在此，朕怎敢讲解呢？"事后，明帝还将太官供应的食具全套赏赐给桓荣家。

每当桓荣患病，明帝便派使者登门慰问，同时，送食物的太官和前来诊病的太医接连赶来，络绎不绝。桓荣病重时，上书谢恩，请求奉还自己的爵位和封地。而明帝则亲临桓家问候病情。天子的马车一到街口，明帝便下了车，手抱经书来到病榻之前，手抚恩师桓荣，泣不成声，并赐给桓荣一应物品，停留许久才离去。从此，前来桓家探病的诸侯公卿们再不敢乘车直抵桓家大门，而是全都步行到桓荣床前拜见。

桓荣去世后，明帝亲自改换丧服吊唁送葬，在首山南麓赐给桓荣一块墓地。桓荣之子桓郁本应继承爵位，但他想让给哥哥的儿子桓汎（又名桓泛），但明帝不许。桓郁这才接受了封爵，但将封地上的田赋收入全部送给桓汎。后来，明帝又任命桓郁为侍中。

汉明帝即位之后，除了强调儒学的地位，还面临着一个积压很久的问题——治理黄河。黄河是中华民族的母亲河，但这位母亲的"脾气"可着实不太好。黄河在历史上多次泛滥，每次泛滥必然带来大规模的灾难，就以西汉为例，200 多年间，见于记载的黄河决口泛滥就有 12 次，最近的一次是王莽始建国三年（11），黄河在魏郡决口改道，导致沿途大片地区成为黄泛区，也间接成为赤眉军起义的原因之一。这时的汉明帝之所以下定决心治河，还有一个原因就是他得到了一位治河能人——王景。

王景字仲通，祖上是琅琊郡不其县（今山东省青岛市城阳区）人。他从小便学习《周易》，后来又广泛阅读各种书籍，尤其喜欢天文数术一类的学问。王景性格深沉，擅长的技艺很多，司空伏恭召他到府中任职，当时有人荐举王景能治水，汉明帝下诏要他与将作谒者王吴一道修建浚仪渠。王吴采用王景提出的低坝挡水的办法，才有效治理了当地水害。

在汉平帝在位时，黄河、汴水决口，冲坏河堤，直到现在还未能得到治理。建武十年（34），阳武令张汜上书说："黄河决口已经很长时间了，日日为害百姓，济渠淹了几十个县。河工修缮费用应该不难筹措，应该改建河堤，以安定百姓。"奏章送上去，刘秀马上就征调河工，准备整修黄河大堤。此时，浚仪令乐俊又上书说："往昔在武帝元光年间，人口繁衍很多，人们都沿着河堤垦荒种粮，而今黄河瓠子段大堤决口，已长达 20 多年，溃决河段不是一下就可以封堵的。如今当地居民稀少，田地广阔，黄河大堤虽然没有修筑，造成的水患也还是可以承受的。天下刚刚脱离战乱，现在又征伐大量的徭役，百姓必然怨声载道，不堪重负。这件事还是等天下安定之后再说吧。"刘秀看了这道奏疏，也就没有继续施行治水之事。再后来，汴河的水不断向东泛滥，水淹的面积也越来越大，原来设置水闸的地方，已经被淹没在黄河中间。兖州、豫州的百姓民怨很大，认为朝廷经常兴动其他劳役，却不先考虑百姓最急迫的事情。

永平十二年（69），汉明帝主持商议治理汴渠的事，就此召见王景，询问治水的地理形势和便利条件。王景陈述治水的利害，反应灵敏迅速，汉明帝很欣赏他。又由于他曾经配合王吴成功疏浚过浚仪渠，汉明帝便决定用王景治河。

夏天，朝廷征调几十万军民配合王景和王吴修筑渠道与河堤。从荥阳到千乘海口有1000多里，王景实地测量地形，打通山陵，清除水中沙石，直接切断大沟深涧，在要害之处筑起堤坝，又疏通引导阻塞积聚的水流，每10里修造一座水闸，使得水流能够来回灌注，不再有溃堤决口的风险。

虽然王景很注意节约工程费用，但花费还是以百亿计算。第二年夏天，水渠建成了。汉明帝亲自巡视，下诏书要求临近黄河的郡国复置负责河堤的官员，一如西汉的制度。王景由此名动天下，王吴和从事掾史们都被汉明帝增加了一级官爵俸禄。王景经三次升迁而担任侍御史。永平十五年（72），他跟随天子东巡，抵达无盐县时，皇帝称赞了王景的功绩，授予他河堤谒者一职，赐给他车马、细绢和金银。

经过王景治理的黄河，在后来的800多年中都没有发生大的改道，决溢也不多，应该说王景规划的黄河河道是比较合理的。

三、明德皇后

在汉明帝刘庄驾崩的前一年，他曾做过一个梦：梦中刘庄与自己的父亲刘秀以及太后阴丽华如生前一般相聚欢笑。醒来之后，明帝感到无限悲伤，无法入睡，起床翻阅历书，发现第二天就是吉日，于是就亲自率领文武官员出京祭扫。

当天，有甘露降到墓园树上。明帝命人收集甘露作为祭品。典礼完成，明帝从席垫上俯看御床，审视自己母亲阴丽华的梳妆用具，既而伏在母亲的床上哭泣，并诏令左右更换新的脂粉及化妆用具。左右侍从在旁侍奉，都被感动得潸然泪下，不能仰视。

永平十八年（75）八月初六，汉明帝刘庄在东宫前殿驾崩，享年48岁。他在遗诏中要求：不建寝殿，不建祭庙，只把他的牌位放在母亲皇太后阴丽华寝殿存放衣服的房间即可。明帝在位时，对外戚非常警惕，从马皇后到各级妃嫔，外戚没有一人封侯。连自己的姐姐馆陶公主替儿子求一个郎官的职务，明帝都没有同意，还赐钱千万作为补偿，并对文武官员说："郎官上应天际的星宿，将来还要到地方去做县长，假如用人不当，百姓就会因此受害，所以要一再考虑。"

尚书阎章的两个妹妹都在宫中做贵人（地位仅次于皇后）。阎章本人精力充沛，精通法令，依照正常考绩，早就应该受到提拔，担任更重要的官职，但刘庄因为他的外戚身份，一直都没有擢升他的官职。也正因为这个缘故，刘庄在位时的官吏都由恰当的人担任，百姓安居乐业，远近臣服，户口繁衍不息。

可是即位的皇太子刘炟并不这样想，他一心想要给几个舅舅封侯，可是阻止马氏外戚势力膨胀的人，竟是汉章帝刘炟的嫡母——马皇后。

这位马皇后原是伏波将军马援的小女儿。马援在最后一次出征五溪蛮时，死在军中。之前跟马援有过节的虎贲中郎将梁松和黄门侍郎窦固等人趁机诬陷他。由此马家日益衰落，多次被权贵们所欺侮。再加上马援的妻子蔺夫人因儿子去世而患上疯病。马皇后当时只有 10 岁，面对家中变故，毅然挑起了马家的担子，处理家事，管束仆人，如同成人一般。刚开始外人都不清楚这种情况，后来知道了都非常惊讶。

马皇后 13 岁时，堂兄马严做主，将马皇后和她的两个姐姐送入掖庭，其中马皇后被选入太子宫，侍奉太后阴丽华。入宫之后，马皇后对周围的妃嫔谦逊有礼，上上下下都和她相处得很好，因此，阴丽华也很喜欢她。

明帝即位之后，马皇后被封为贵人，明帝也非常喜欢她。不过马皇后一直没有儿子，后来汉明帝将贾氏生的儿子交给马皇后抚养，并对她说："人不一定要自己生儿子，怕的只是不精心养育爱护而已。"于是马皇后对这个孩子精心抚养，比对自己的亲生孩子还要用心，这个孩子就是后来的汉章帝刘炟。刘炟天性孝顺，母子相爱相依，没有一点儿隔阂。

后来皇帝到了册立皇后之时，还没有等到汉明帝刘庄开口，皇太后阴丽华就说："马贵人德冠后宫，她就是皇后的最佳人选。"马皇后做了皇后之后，越发谦虚恭谨，她喜爱读书，常常穿着宽大的白色丝绸衣服，裙子也不另行装饰。每逢初一、十五日，嫔妃和公主入宫请安，看见皇后衣服简单粗糙，还认为是特织的绸缎，等到近前细看，都忍不住笑起来。马皇后不只节俭谦逊，还能帮明帝处理政务。

当时，文武官员在朝会讨论时，有不能决定的事项，明帝多次让马皇后评论，结果马皇后分析的内容，无不入情入理，对明帝的决策多有助益。尽管如此，皇后却从不替娘家人请托私事。明帝对她的宠爱和崇敬日益加深，始终不曾衰减。

等到汉章帝即位，尊马皇后为皇太后。马太后亲自为明帝撰写《显宗起居注》，特意删去自己哥哥马防参管明帝医药事物的内容。这时，章帝请求她说："黄门舅舅朝夕侍奉先帝近一年，既没有公开的嘉奖，又不记录他的勤劳，这不是太过分了吗？"太后回答说："我不愿让后世之人听到先帝多次亲近后宫家属的事情，所以才不记录此事。"这时的汉章帝只有19岁，从后来的发展来看，汉章帝至少在这件事上并没有听从马太后的教导。

登基伊始，汉章帝除了将蜀郡太守第五伦任命为司空之外，还提拔了自己的三个舅舅：其中马廖获封卫尉，马防获封中郎将，马光则担任越骑校尉。但这几个人却不像马皇后那样低调。马廖等人热衷于结交宾朋，官吏士人争相趋附马家。

建初元年（76），汉章帝想给几个舅舅封爵，马太后不允许。适逢天下大旱，有人上书说是因为未封外戚的缘故，所以朝中一些官员再次上奏，请求依照旧制，将太后的兄弟封爵。这时，马太后特地下诏，以王莽的父辈五人封侯为例，指出外戚过于富贵有违天道，并强调自己的家族无法与阴氏家族相比，同时，马太后还斥责朝臣此举是为了向章帝献媚，不过想获得好处罢了。总之，太后坚决不同意册封自己几个兄弟的爵位。

同时，马太后还在诏书中说：自己身穿粗丝衣服，饮食不求香甜，不使用熏香饰物，左右之人更是只穿普通帛布，目的就是要为天下作出表率。本以为娘家人看到我的行为当会反思自责，但他们只是笑着说'太后只是一向喜爱节俭罢了'。前些时候，我经过濯龙门，看见我娘家门前车如流水，马如游龙，前来拜访的人络绎不绝，奴仆穿着绿色单衣，衣领和衣袖雪白，回头看我的车夫，实在是差得太远了。我之所以没有谴责他们，只是裁减每年的费用，是希望他们能知道羞愧，可他们却仍然懈怠，没有觉悟，知臣莫过于君，何况他们是我的亲属呢，我难道可以上负先帝，下损马氏先德，重蹈前朝败亡的覆辙吗？

章帝看到马太后的诏书后既悲伤又无奈，只好再次请求道："自汉朝建立，舅父封侯，犹如皇子封王，已是定制。太后固然存心谦让，可为何我不能对三位舅父加恩？况且卫尉马廖年老，城门校尉马防、越骑校尉马光都患病在身，一旦发生意外，将使朕永怀刻骨之憾。还是应当趁吉时赐封，不可延迟。"可马太后再次以马家没有军功，不能与中兴时的功臣相比为由，拒绝了皇帝的请求。

不仅如此，马太后还对三辅地区下诏："马氏宗亲如有因请托郡县官府，干扰地方政事之人，一律依法处置、上报。"母亲的坟土堆得稍高，马太后都要命马廖等人减低高度，同时，对于那些力行节俭的皇族，马太后都予以奖赏。太后自己还在濯龙园中种桑养蚕，并以此为乐。除此之外，她还经常与章帝谈论国家大事，并教授年幼的皇子读《论语》等儒家经典，在马太后的管理之下，后宫一派祥和之景。

建初四年（79），天下丰收，边境无事，四方太平，再次有朝臣上书，请章帝赐封三位舅父。四月十九，章帝下诏封卫尉马廖为顺阳侯，车骑将军马防为颍阳侯，执金吾马光为许侯。马太后听到消息后说："我年轻时，只羡慕古人青史留名，为了志向不顾性命。现在虽已年老，仍会告诫自己不要太贪，所以日夜警惕，想自我贬损，希望能践行此道，不辜负先帝。因此我感化引导我的兄弟，让他们与我共同完成这个志向，想在身死之日，不再遗憾。为何我这老人的志向不再被遵从？这恐怕要成为我百年之际的终身遗憾了。"

在太后的影响下，马廖等兄弟三人一同辞让封爵，愿降为关内侯（马廖等人受封的是列侯，为一等侯，而关内侯则是二等侯，有名号、食邑而无封地，且东汉的关内侯基本不世袭），但章帝不许。马廖等人只好接受了封爵，但又上书请求辞去官职，章帝应允。五月初二，马防、马廖、马光都以特进身份离开朝廷，回到宅邸养老。

建初四年（79）六月三十日，皇太后马氏驾崩，只有 40 多岁。

其实不管是阴氏还是马氏，我们都不难看出，除了汉明帝刘庄有意防备外戚之外，哪怕刘秀都没有对外戚加以特别的限制，而汉章帝本人更是认为舅父封侯是汉朝祖制，再加上章帝本人宅心仁厚，外戚势力在章帝朝的崛起也就在所难免，而外戚专权也成为东汉由盛转衰的首要原因。

不过现在，我们应该将视线转到边疆，从汉初开始，困扰两汉几百年的两大问题，都在这一时期得到了解决，那就是匈奴问题与西域问题。

第十章

北境强邻

西汉宣帝时期，匈奴单于呼韩邪曾到过长安朝见天子，并且表示臣服，后来在汉元帝时，呼韩邪单于还迎娶了汉朝册封的公主——宁胡阏氏王昭君。此后汉朝和匈奴保持了几十年的和平，直到王莽时期，除了我们之前说的"换印风波"以外，王莽处处都要彰显出自己的宗主地位，甚至强行干预匈奴的单于继承问题。

本来王莽时期匈奴贵族中有一支"亲汉"的势力，那就是王昭君的女婿、官居匈奴右骨都侯的须卜当。王莽当时为了讨伐匈奴，便派人将须卜当连忽悠带胁迫地弄到了长安，并强行册立须卜当为须卜善于（这名是王莽起的，实际善于就是单于的意思）。此前，大司马严尤早就跟王莽说过："须卜当住在匈奴的西边，他的部下从不袭扰边境，单于有什么动静，他还会向我们报告，这些都对我们非常有利，把他弄到长安来，长安只不过是多了个胡人罢了，让他留在匈奴才有用。"王莽不肯听从严尤的劝告，不但不听，还要派遣严尤和廉丹共同出击匈奴，并都赐他们姓"征"，号称"二征将军"，命令他们杀掉匈奴的栾提舆单于，让须卜当去代替他。

虽然后来王莽讨伐匈奴的事情不了了之，须卜当最后也在长安病死，但王莽这样做无异于得罪了匈奴，双方彻底撕破了脸皮，所以在西汉末年，匈奴几乎完全断绝了和中原王朝之间的官方往来。

一、汉匈和战

在刘秀平定天下的过程中，匈奴找到了一个代理人，就是我们之前说的卢芳，卢芳受匈奴的支持进入边塞，在九原县建都，夺取五原、朔方、云中、定襄、雁门五郡，并设置郡守、县令，配合匈奴军队一起侵扰、掠夺北方边境地区。这种局面持续了好多年，刘秀也曾派归德侯刘飒到匈奴出使，希望重修旧好，但此时的匈奴已经逐渐强大，态度非常傲慢，即使派遣使者复命，在边境也是一切照旧。

建武九年（33），隗嚣病死，吴汉率领王常等 4 位将军，率领 5 万多人到北方攻打卢芳的部将，结果匈奴来救，汉军失利。从此，匈奴觉得汉军也并非不可战胜，劫掠和骚扰日甚一日，于是刘秀干脆下令：朱祜驻屯常山郡、王常驻屯涿郡、破奸将军侯进驻屯渔阳郡、讨虏将军王霸为上谷郡太守，这几位将军的职责就是防备匈奴。可此时的匈奴有卢芳做向导，东边不好抢，就去北边，于是刘秀又派骠骑大将军杜茂率军镇守北方，杜茂与匈奴和乌桓交战了上百次，但战果寥寥，始终不能取胜。

到了建武十五年（39），匈奴袭扰边境已经变成了家常便饭，州、郡根本无法制止。二月，刘秀派吴汉率领马武、马成等人出击匈奴，结果连匈奴的影子都没有找到，无奈之下，只好迁徙雁门、代、上谷等三郡的官民 6 万余人，将他们安置到居庸关、常山关以东，来避开匈奴的骚扰。地方一空出来，匈奴左部便又辗转进入边境以内居住。朝廷为此非常担忧，在边塞增派士兵，每个据点的驻兵甚至达到数千人。

就在这一年，骠骑大将军杜茂因指使军官杀人而被免职。朝廷命扬武将军马成代替杜茂的职务。马成修缮要塞，每隔 10 里设有一个烽燧，以防备匈奴进犯。同时，刘秀命骑都尉张堪率领杜茂的部队，在高柳击败进犯的卢芳和匈奴。任命张堪为渔阳太守。张堪任职 8 年，匈奴不敢进犯边塞。他鼓励百姓从事农业生产，使他们生活富足。当地流传歌谣说："桑无附枝，麦秀两岐。张君为政，乐不可支！"

虽说张堪贡献了一个成语，可他的策略终究还是防守，并不能从根本上解决问题。建武二十年（44），伏波将军马援刚刚在交趾平叛归来，便向刘秀主动请求北上进击匈奴。这时的北方边境除了匈奴之外，还有乌桓和鲜卑两个部族，他们与东汉的北方五郡（代、上谷、渔阳、右北平、辽西）距离很近，往往早上出发，晚上就能到达边境，以至于这五郡之地城郭损坏，人民流亡。秋八月，马援到了地方，召集百姓，任命官员，修筑堡垒，亲率3000 骑兵出边塞作战，可还是无功而返。冬天一到，匈奴便又一次南下劫掠了上谷等郡。

这时的刘秀已经明白，要想平定匈奴，这样小打小闹是根本不起作用的，不过刘秀的运气还算不错，这时的匈奴，因为一场内乱而分裂了。

在匈奴的官制中，单于以下最大的是左贤王，其次为左谷蠡王，再次为右贤王，最后为右谷蠡王，这叫作四角，接下来，是左右日逐王、左右温禺鞮王、左右渐将王，这 6 人被称为六角，这 10 个人基本就是匈奴的权力核心，他们都是和单于同姓的贵族。

当初，匈奴单于舆的弟弟右谷蠡王知牙师按顺序应做左贤王（左贤王即王储，依照顺序日后可继位为单于）。但单于舆打算将左贤王之位传给自己的儿子，于是就杀死了知牙师。这时，舆的前任乌珠留单于有个儿子名叫比，是右日逐王，统领匈奴南边的八大部落。比见知牙师被诛，口出怨言道："若以兄弟次序来说，右谷蠡王应当继位；若论传子，则我是前单于长子，我应继位！"就此比与单于舆互生猜忌。

由于心生猜忌，日逐王比很少去单于王庭参与朝会。单于舆就派两名骨都侯去监督并统领比部下的兵马。等到舆死后，他的儿子蒲奴单于继位，比越发怒恨，于是就秘密派遣汉人郭衡去拜见西河太守，献上匈奴的地图，请求归附。监军的两名骨都侯对比的意图颇有觉察，适逢五月匈奴王庭龙城祭祀，他们便劝单于杀掉比。比的弟弟渐将王此时在单于帐中，闻知此讯，便赶紧去告诉比。于是比召集八部兵马四五万人，等待两骨都侯归来，要杀死他们。结果这两个人在将要到达时，发觉了比的计划，便逃走了。单于派出万名骑兵去攻打比，但将领见到比的军容强大，没敢进兵就撤回了。

匈奴南部的八大部落首领于是共同议定，拥立日逐王比为呼韩邪单于——这位呼韩邪单于并非是娶王昭君的那位单于稽侯狦，而是他的孙子比，比希望自己像祖父那样效忠大汉，才选择了这个封号。

比派使者前往五原塞，表示愿永远做汉王朝的藩属屏障，抵御北方敌人。刘秀将此事交付公卿商议。大家都认为："天下刚刚安定，中原空虚，而夷狄意图真假难辨，不可应许。"唯独五官中郎将耿国认为："应当依照孝宣皇帝的先例，接受归附，命他们在东面抵御鲜卑，在北面抗拒匈奴，做四方地方部族的表率，同时我们应该修复沿边塞的诸郡。"光武帝听从了耿国的建议。

建武二十四年（48）冬十月，由于日逐王比自立为单于，匈奴就此分裂为南北两部。比派使节到汉廷，愿做藩国，自称臣属。刘秀询问朗陵侯臧宫的意见。臧宫说："匈奴此时发生了饥荒瘟疫和分裂争斗，臣愿率5000骑兵北上立功。"刘秀笑着说："面对常胜将军，难以商议敌情。这事我还是自己考虑吧。"刘秀要考虑的其实很简单，以往的经验已经多次证明，要想出击匈奴，则必须像汉武帝那样，举全国之力，大军出塞，如果只是小打小闹，打不赢就折损军威，即使打赢了，匈奴还是会卷土重来，根本无济于事。

刘秀考虑的结果就是接受南单于称臣。第二年，南单于比便投桃报李，派他的弟弟进攻北单于的左贤王，并生擒之，同时向汉朝进贡，请求汉朝派使者监护,南北匈奴打了整整一个夏天。秋季,南单于派自己的儿子到汉朝做人质。刘秀下诏,赐给南单于官帽、腰带、印玺、车马、金帛、武器及日用物品。又从河东郡调粮 25000 斛、牛羊 36000 头供给南匈奴。命令中郎将率领免刑囚徒 50 人,跟随南单于,参与处理诉讼案件,并伺察动静。

到了年底,南单于便派使者呈送奏书,护送做新人质的王子到汉朝。汉朝则派谒者将上一次充当人质的王子送回单于王庭,并赐给单于和王后、左右贤王及以下官员彩色丝绸 1 万匹,此后每年如此,成为常例。于是,云中、五原、朔方、北地、定襄、雁门、上谷、代等八郡的流亡居民回到本地。汉朝派出谒者,分别带领免刑的囚徒修补城墙。并遣送内迁中原的边疆居民回到各县,对返归的人全都赏赐金钱、调粮供应。此时沿边城郭已成废墟,需要清除瓦砾,重新建设,刘秀还对之前迁百姓的事情很后悔。

有了南匈奴的内附,刘秀算是稳住了北方的边境。不久,北匈奴派使者到武威郡请求和亲。光武帝召集公卿在朝堂商议,大家莫衷一是,难以抉择。这时,皇太子刘庄说:"南单于新近归附,北匈奴害怕遭到讨伐,所以倾耳听命,争着要归顺汉朝。如今我们也没有为南匈奴出兵,却反与北匈奴交往,我担心南匈奴将生出二心,而想要投降的北匈奴也不会再来了。"这时的刘庄已经把这个问题看得很清楚了,刘秀也赞同刘庄的观点,就告知武威太守不要接待北匈奴使者。

这时,臧宫和马武觉得此时匈奴天灾人祸不断,应该举汉朝之力,一举荡平匈奴。刘秀则回复他们,其中一段说:"……今国无善政,灾变不息,百姓惊惶,人不自保,而复欲远事边外乎!孔子曰:'吾恐季孙之忧,不在颛臾。'且北狄尚强,而屯田警备,传闻之事,恒多失实。诚能举天下之半以灭大寇,岂非至愿!苟非其时,不如息民。"

这段话已经明确地说了,现在不打匈奴的主要理由就是国力不够,而且时机也不对,也未必能取胜,还不如让百姓休养生息。刘秀的这个态度,就表明了是想把匈奴的问题留给自己的儿子汉明帝刘庄，所以刘秀一面防守北匈奴，一面极力拉拢南匈奴。建武中元二年（57），南匈奴单于比去世，他的弟弟左贤王莫继位，是为丘浮尤鞮单于。刘秀派使者持玺书去册封他。从此这样的待遇就变为惯例了。

而汉明帝刘庄也确实尝试着解决过匈奴问题，只不过上手后，才知道想解决匈奴问题，绝没有那么简单。

二、北击匈奴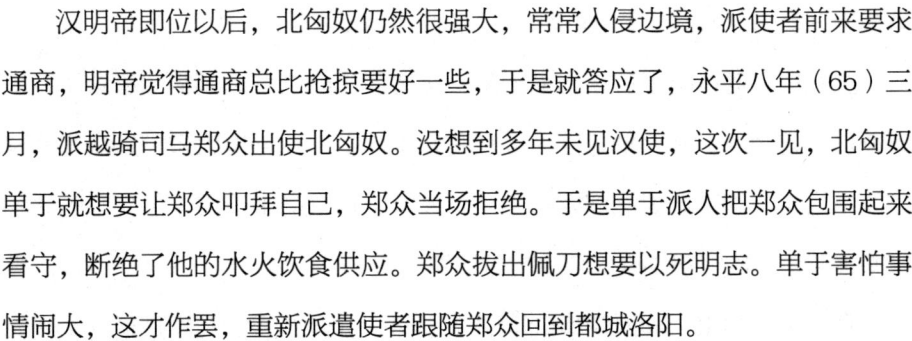

汉明帝即位以后，北匈奴仍然很强大，常常入侵边境，派使者前来要求通商，明帝觉得通商总比抢掠要好一些，于是就答应了，永平八年（65）三月，派越骑司马郑众出使北匈奴。没想到多年未见汉使，这次一见，北匈奴单于就想要让郑众叩拜自己，郑众当场拒绝。于是单于派人把郑众包围起来看守，断绝了他的水火饮食供应。郑众拔出佩刀想要以死明志。单于害怕事情闹大，这才作罢，重新派遣使者跟随郑众回到都城洛阳。

之前，大司农耿国曾上书说："朝廷应设置度辽将军，驻兵五原郡，来防备南匈奴逃亡。"明帝没听。结果南匈奴须卜骨都侯等人听到汉朝与北匈奴互通使者的消息，心生怨恨，准备反叛，于是秘密派人前往北匈奴，想让北匈奴派兵接应自己。

郑众出使匈奴时，就怀疑情况不对，便在半路伺机等候，果然抓到了须卜的信使。郑众便上书说："应当重新在边境设置大将，以防备南北匈奴互相联络。"这时明帝才点头同意，汉朝便开始设置度辽营，命中郎将吴棠代理度辽将军的事务，率领黎阳虎牙营的兵士，屯驻在五原郡曼柏县。

北匈奴虽然派使者入朝进贡，在边境上则是一切照旧，抢掠不断，致使边疆城镇大白天也要关闭城门。明帝同群臣商议，打算派遣使者回报匈奴来使。郑众上书劝谏说北单于不过是想离间汉朝和南匈奴的关系，同时希望西域三十六国继续依附自己，前一次派使者，单于已经非常傲慢，如果再派使者，怕是敌人以为奸计得逞，到那时，南匈奴王庭便会发生动摇，南匈奴久居内地，对我方地形了如指掌，万一叛逃，马上就会酿成严重的边患，所以干脆别理他，有度辽将军在，我们不回复他也不敢怎样。

汉明帝没有接受郑众的劝谏，而是再次派他做使者前往北匈奴。郑众又上书说："我前次奉命出使北匈奴时，因不肯行叩拜之礼，单于十分愤恨，曾派兵把我围困起来。如今我再次领命前往，定会遭到凌辱，我实在不愿自己手持大汉的符节，对着毛毡皮衣独拜。而如果我迫于形势向匈奴屈服，则将有损于汉朝的国威。"明帝还是不听郑众的劝谏，郑众不得已，只好动身。

出发后，他在路上接连上书力争，坚持自己的主张。搞得明帝烦了，下诏严厉责备郑众，并将他追回，囚禁在廷尉监狱。正赶上大赦，郑众才回到家乡。后来，明帝会见北匈奴的来使，才听到郑众与单于因礼仪相争的详细情况，于是再次征召郑众，任命他做了军司马。

其实要说起来，此时匈奴的境遇并不算好，最主要的问题是旱灾。在北方各地，往往旱灾过后就会发生蝗灾，再加上此时的北匈奴已退到漠北，社会经济发展更是无从谈起，在这样的情况下，南下掳掠汉朝边境几乎成了北匈奴的一项产业，是不可能说停就停的。而汉朝这边，在永平十二年（69）王景治河之后，社会生产得以恢复，史书记载这一年："天下太平，无人服事徭役，粮食连年丰收，百姓殷实富裕，谷价每斛三十钱，牛羊遍野。"

终于在永平十五年（72），处理完楚王刘英的事情之后，汉明帝开始考虑匈奴的问题了。

谒者仆射耿秉曾多次上书，请求北击匈奴，明帝也经常叫耿秉来讨论北击匈奴之事。永平十五年（72），汉明帝决心与匈奴一战，因显亲侯窦固曾在河西跟随伯父窦融处理边疆事务，明帝便让耿秉、窦固和太仆祭肜、虎贲中郎将马廖、下博侯刘张、好畤侯耿忠等人共同会商。不知道如果刘秀能看见这一幕该作何感想，明帝所倚重的将领中，耿秉是耿国之子，耿忠是耿弇之子，马廖是马援之子。多年之后，为国征战的事情还是落到了这些人头上。

耿秉说："从前匈奴有游猎部落的援助和其他地方部族的依附，所以很难将它制服。在世宗孝武帝得到武威、酒泉、张掖、敦煌等河西四郡及居延、朔方以后，匈奴便失去了富饶的养兵之地，断绝了与羌、胡的联系，势力范围只剩下西域，而西域不久前也归附了我们。所以，呼韩邪单于到边塞请求归属，乃是大势所趋。如今的南匈奴单于，情形与呼韩邪相似。但目前西域尚未依附汉朝，而北匈奴也没有挑衅作乱。我认为应当首先进攻白山，夺取伊吾，打败车师，派使者联合乌孙各国以切断匈奴的右臂。在伊吾还有一支匈奴南呼衍的军队，如果将他们打败，便又折断了匈奴的左角，此后就可以对匈奴本部发动进攻了。"耿秉的意思很简单，要想击败匈奴，必先征服西域，西域一旦归汉，匈奴也就失去了可依靠的盟友。

明帝对他的建议表示赞许。会商的大臣中有人认为："如今进攻白山，匈奴必定集合部队救援，我们还应当在东方分散匈奴兵力。"明帝也同意。十二月，任命耿秉为驸马都尉，窦固为奉车都尉，骑都尉秦彭为耿秉的副手，耿忠为窦固的副手，全都设置从事、司马等属官，出京屯驻凉州，准备出击。

永平十六年（73）春二月，汉军兵分四路，窦固和耿忠率酒泉、敦煌、张掖的汉军以及卢水羌、胡兵共 12000 骑出酒泉塞（今甘肃省高台县西北）；耿秉、秦彭率武威、陇西、天水招募的士兵以及羌、胡兵共 10000 骑出居延塞（今内蒙古自治区额济纳旗亚布热附近）；太仆祭肜、度辽将军吴棠统领河东、北地、西河、羌、胡以及南单于的军队共 11000 骑出高阙塞（今内蒙古自治区乌拉特中旗）；骑都尉来苗、护乌桓校尉文穆率太原、雁门、代、上谷、渔阳、右北平、定襄郡士兵以及乌桓、鲜卑的士兵共 11000 骑出平城塞（今山西省大同市）。

窦固和耿忠抵达天山，进攻北匈奴呼衍王，斩杀 1000 余人。又追击至蒲类海（今新疆维吾尔自治区东部巴里坤湖），夺取伊吾卢地区，设置了宜禾都尉，在伊吾卢城留下将士开荒屯垦。

耿秉和秦彭进攻北匈奴匈林王，横越沙漠 600 里，到达三木楼山后班师，没有遇到敌人。

来苗和文穆抵达匈河水畔，北匈奴部众已经全都溃散逃跑，这一路也没有斩获。

祭肜这一路比较曲折，由于祭肜与南匈奴左贤王信不合，他们出高阙塞 900 余里后，占领了一座小山，左贤王信便谎称此山是涿邪山，既然已经到达既定位置，没有遇到敌人，就回师了。祭肜和吴棠被指控犯有率军逗留、畏缩不前之罪，逮捕下狱，免去官职。祭肜作为经略辽东 30 多年的老将，此时的憋屈可想而知，此情此景，不知道他会不会想起飞将军李广。汉明帝没有处罚祭肜，释放了他，祭肜自恨没有建立功勋，出狱后几天便吐血而死。

临终时，祭肜对儿子说："我蒙受国家厚恩，却没有完成使命，身死而心怀愧恨。为臣之道，不可以无功而接受赏赐。我死后，你要将我所得的赏赐之物全部登记上缴，自己到兵营投军，在阵前效死，以称我心。"祭肜死后，他的儿子祭逢上书朝廷，一一陈述父亲的遗言。明帝一向器重祭肜，正要重新任用，听到他的遗言后，大为震惊，叹息良久。后来，乌桓、鲜卑部落每次派使者到京城朝贺，总要经过祭肜的坟墓祭拜，仰天大哭。辽东郡的官吏和人民也为祭肜建立了祠庙，四季祭祀。

不知道大家看到这里，是否想起了汉武帝第一次出兵匈奴时，卫青、李广、公孙敖、公孙贺各领一路兵马出击匈奴的事，这也正是卫青建功、崭露头角的初次亮相，而在这次战役中，汉军只有窦固一人杀敌建功，汉明帝将其擢升特进，这标志着窦氏在朝廷的重新崛起，也从此拉开了东汉外戚乱政的序幕。

从军事上来说，很明显这次战役的试探意味更大，或者说，汉军也想借这个机会向西域各国显示自己的存在，让西域各国知道强大的不仅有匈奴，还有大汉。从这一点说，这次出征的效果总体上还算可以，特别是在窦固军中出现了一位英雄，这时他只在军中担任副司马的职务，这个人就是后来威震西域的定远侯班超。

窦家和班家可以说是世交了，窦固是窦融的侄子，而班超则是班彪的儿子。班彪离开隗嚣之后就去了河西，深得窦融的信任，河西的许多事务都是班彪主持，而窦融上奏的奏疏也都是班彪帮他写的。后来无论是窦固对班超的提携，还是窦宪和班固的交往，都可以看出两家的关系很好。这次出兵，窦固在蒲类海大败匈奴，之后命班超和从事郭恂带36人，一同出使西域。

从蒲类海向西南行进，第一站就是鄯善国。班超等人抵达时，鄯善王广用非常优厚的礼遇来接待一行人，但是不久，广就变得非常的怠慢无礼。班超对手下军吏讲："你们没觉得鄯善王对我们的态度变得冷淡无礼了吗？这一定是北匈奴的使者也来了，鄯善王此时犹豫不决，不知如何是好，明白人料事于先，看这情形，恐怕鄯善王已有了答案。"

于是班超召来鄯善国的侍者，问："匈奴使者已经来了好几天，现在在何处休息啊？"侍者被问得非常惶恐，仓促间只好把情况如实说了。班超就把侍者关了起来，召集手下36位军吏，饮酒聚会；在酒酣耳热之际，班超故意激怒众人，说："你们诸位与我都身处边境异域，无非是想建功立业，来求得荣华富贵。但现在北匈奴的使者才来了几天，鄯善王就对我们如此无礼。如果匈奴使者让鄯善王把我们绑送到北匈奴去，我们连骸骨都得成为豺狼的食物，这怎么办呢？"

军吏们都表示："此刻身处危亡之地，生死跟从班司马。"

班超说："不入虎穴，焉得虎子？现在的办法，只有乘夜举火，进攻北匈奴使者。敌人不知道我们有多少兵马，必定会感到害怕，我们就趁机消灭匈奴人。只要消灭了他们，鄯善王一定会吓破胆，我们便大功告成了。"

这时军吏中有人说："这件事是不是要跟郭从事商量一下？"

班超大怒说："是凶是吉，就在今日。郭从事只是一个寻常文官，他听闻此事，必会因为害怕而暴露我们的计划，到时候我们便只能客死异乡，这不是壮士所为！"部下听了班超的话后，都一致称是，表示赞同。

当天刚入夜，班超便率领 36 人奔赴敌营。正赶上狂风呼啸，班超命 10 人持鼓埋伏在敌人驻地的后方，告诉他们，一见火起，便猛敲战鼓，大声呼喊。剩下的人全部手持兵器弩箭埋伏在门两侧，安排完后，班超顺风纵火，一时间 36 人前后鼓噪，敌人惊乱，班超亲手格杀 3 人，手下军吏斩杀匈奴正副使及随从 30 多人，其余上百人皆葬身火海。班超所部无一伤亡。

第二天，班超将此事告知郭恂，郭恂大惊，继而面色有变。班超心领神会，拱手对他说："从事虽未与我等一起行动，班超又怎忍心独占这份功劳呢？"郭恂这才转忧为喜。接着，班超请来了鄯善王，把匈奴使者的首级给他看，鄯善王大惊失色，很快事情传开，鄯善国举国震恐。班超对鄯善王晓以利害，好言安抚，鄯善王表示愿意归附汉朝，并把自己的王子送到汉朝作为人质。

班超归来后，向窦固讲述了出使经过，窦固非常高兴，将班超的功劳一一上报，并请求重新选派使者出使西域。明帝也对班超非常赞叹，下诏说："有班超这样的官员，为什么还要另派他人呢？现任命班超为军司马，让他去完成先前的功业吧。"

窦固接旨，又派班超出使于阗国，还想为他增加随行兵马，但班超只愿带领原来跟从自己的 36 人，他说："于阗是个大国，道路遥远，如今率领几百人前往，无益于显示强大。而如有无法预料之事发生，人多反而是累赘。"就这样，班超又领命出使鄯善国以西的于阗国，谁承想此一去，班超竟在西域度过了自己余生的大部分时光。

三、燕然勒铭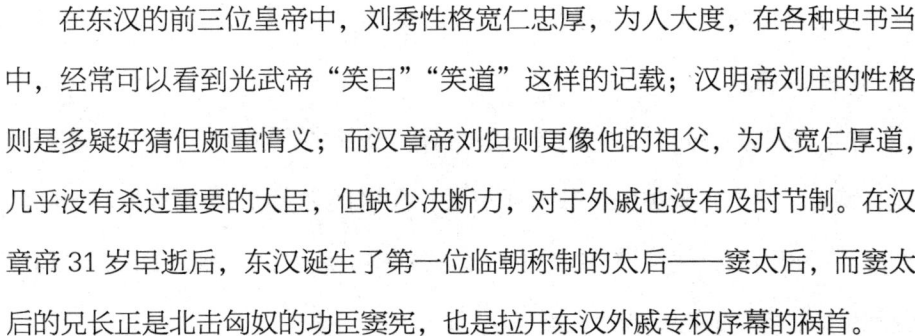

在东汉的前三位皇帝中，刘秀性格宽仁忠厚，为人大度，在各种史书当中，经常可以看到光武帝"笑曰""笑道"这样的记载；汉明帝刘庄的性格则是多疑好猜但颇重情义；而汉章帝刘炟则更像他的祖父，为人宽仁厚道，几乎没有杀过重要的大臣，但缺少决断力，对于外戚也没有及时节制。在汉章帝 31 岁早逝后，东汉诞生了第一位临朝称制的太后——窦太后，而窦太后的兄长正是北击匈奴的功臣窦宪，也是拉开东汉外戚专权序幕的祸首。

马太后去世以后，马家的问题逐渐浮现出来。顺阳侯马廖，为人宽厚，但过于软弱，是个老好人，作为马氏的"家长"，他根本无法约束马家子弟，以至于马防、马光等人奢侈无度，不可一世。校书郎杨终曾写信警告马廖，说："阁下地位尊贵，四海仰慕，可你的弟弟们年轻气盛，不但没有窦长君退让的胸襟（窦长君是西汉文帝刘恒之窦皇后的兄长，为人谦恭有礼，从不敢炫耀自己的富贵身份），反而喜欢结交一些轻浮市侩之辈，假若一直这样放纵他们，而不加以教诲，让他们认为自己的行为是理所当然的，回顾历史，我真为你们马氏家族担忧啊。"但马廖并没有听取这些意见。

当时马防、马光兄弟的财产之多，要以亿钱作为单位计算。马家在洛阳大兴土木，建筑奢华的宅第，房舍连绵不绝，府上食客多达数百人。马防利用自己在边境统兵的经历，大量放养牛马，向羌、胡部落勒索捐税。就连章帝都看不下去，多次下诏谴责马氏，剥夺了马氏的许多权力，马家开始走了下坡路，食客们也逐渐离散。

这还不算完，马廖的儿子马豫，任职步兵校尉，对自己为官所受的限制不满，在给友人的信中抱怨。经人告发，立刻有官员弹劾马豫，也一并弹劾马防、马光："生活奢侈，逾越本分，有辱天子圣明！应一律免官，遣回封国。"章帝批准。

在马家动身上路的前夕，章帝可能心存不忍，便下诏说："如果舅父一家全都遣返封国，每年四季祭祀先太后，舅家便没有人助祭，使朕感伤。现在，特准许侯马光，留在京师洛阳，闭门思过，朝臣不必再提异议，以成全我们甥舅之情。"

相比之下，马光比马防收敛一些，所以章帝才把他留下。稍后又加封马光"特进"之衔（朝见时位仅次于三公，在诸侯之上）。而马豫随马廖回到封国，不知何故，很快被再次逮捕，死在狱中。后来，章帝又下诏，命马廖返回京师。但此时的马氏早已没了当初的尊荣。

马家衰落以后，朝廷最大的外戚家族就是章帝窦皇后的窦氏家族。窦皇后的父亲是窦融的孙子窦勋，窦皇后从小聪明貌美，后被选入长乐宫，深得章帝和马太后的喜爱，建初三年（78）就被立为皇后。之后章帝就把窦皇后的两个兄弟都提拔为郎官。后来，皇后的兄长窦宪任侍中、虎贲中郎将，弟弟窦笃任黄门侍郎，二人同在宫中服务，经常受到赏赐。同时，二人还喜欢结交宾朋，当时章帝的大司空第五伦曾上疏言及窦宪不应受到如此恩遇，但章帝都没有听进去。

可这位窦皇后有着和马皇后一样的问题——无子，而宫中宋贵人生有太子刘庆，梁贵人则生有后来的汉和帝刘肇，窦皇后嫉妒二人，便利用自己得宠，多次在章帝面前诋毁二人，导致两位贵人都被章帝疏远。窦皇后还仿照马皇后抚养汉章帝的方式，养育梁贵人的儿子刘肇，但窦皇后生性嫉妒，想要专宠后宫，便设计诬陷梁贵人的父亲梁竦，以致梁竦被杀，梁贵人也忧愤而死。就这样，后宫妃嫔无不惧怕窦皇后，窦皇后也日益受到章帝宠幸。

当时，窦宪倚仗窦皇后的影响和势力，横行洛阳，京城中从亲王、公主，到阴家、马家等外戚，没有人不怕他。甚至窦宪曾用低价强买沁水公主的庄园，连公主都害怕他的权势而不敢计较。后来章帝出行时经过那里，指着庄园向窦宪询问，窦宪暗中喝阻左右的人，让众人不敢照实回答。后来真相大白，章帝大为愤怒，把窦宪叫来严厉斥责道："你好好想想此前窦家的过失，你这次侵夺公主的庄园，与当年赵高指鹿为马的行为有什么区别？想起来着实让人心惊。朕告诉你，国家抛弃你窦宪，就像丢掉一只雏鸟和腐臭的死鼠一般容易！"

窦宪听完大为恐惧，窦皇后也因此脱去皇后的衣饰深切地表示谢罪。过了很久，章帝的愤怒才告平息，命窦宪将庄园还给公主。章帝虽对窦宪的种种行为没有依法治罪，但也不再对窦宪委以重任了。

章和二年（88）四月初九，汉章帝去世，年仅10岁的汉和帝即位。窦太后临朝称制，窦宪东山再起的机会来了。他先是以侍中的身份，内主机密，外宣诏命。另外据章帝遗诏，窦宪的小弟窦笃做了中郎将，窦景、窦瑰为中常侍，这样一来，窦家兄弟虽然品级不高，但全围绕在皇帝身边做事，颇有实权。

窦宪这人还喜欢结交豪杰，牵朋引类。太尉邓彪为人谦和礼让，与世无争，是章帝倚重的大臣，窦太后很尊敬他，朝中百官也都很看重邓彪的意见，窦宪与之结交，奏请任命其为太傅。这下就像王莽当年利用孔光一样，窦宪有什么想法，想做什么事，都会鼓动邓彪在外朝上奏，自己再去找太后说情，这样一来，朝中内外事情没有办不成的。另外，屯骑校尉桓郁性情恬淡自律，而且桓氏家族几代人都曾做过皇帝的老师。窦宪也把他推荐上去，鼓动太后下诏，让桓郁在宫内中讲授经学，这样一来，内朝、外朝都有窦宪的亲信，朝中再也无人敢违逆窦宪的想法了。

此时的窦宪志得意满，嚣张跋扈，完全不知低调，性情急躁，处事果决，并且睚眦必报。当年谒者韩纾曾经审判过窦宪的父亲窦勋的案件，致窦勋获罪被捕。此时韩纾已死，窦宪居然派门客将韩纾的儿子杀死，割下首级在窦勋墓前祭奠。

齐殇王刘石的儿子都乡侯刘畅到京城来吊章帝之丧。这位刘畅向来行为邪僻——在东汉时，这个评价基本就相当于说这人会一些迷信的把戏。刘畅和步兵校尉邓叠是亲戚，多次往返京城，因邓叠的母亲受到窦太后的信任可以自由出入宫禁，窦太后听说后便也召刘畅前往。窦宪担心刘畅此去会受到太后宠幸，分去自己内朝的权力，竟然派刺客刺杀了刘畅，还将此事嫁祸给刘畅的弟弟利侯刘刚。后来事情败露，窦太后大怒，将窦宪禁闭在内宫之中。

窦宪此刻也知道自己触怒了太后，担心被杀，于是上疏称自己愿意去北地讨伐匈奴，以此赎罪。当时正赶上北匈奴遭遇天灾、内乱，南匈奴单于也奏请朝廷出兵北伐，当时的朝中对此事争议很大，基本上文臣大多不同意出战，以尚书宋意为代表的文臣们的意见大体有几条，第一是北击匈奴得不偿失，应该恢复光武帝时的策略，在北匈奴扶植傀儡，像南匈奴一样接受北匈奴成为朝廷外藩；第二是北匈奴和鲜卑人经常互相攻伐，朝廷可坐收渔利，如今一旦北匈奴被灭，鲜卑必然成为心腹大患。这两条意见倒也不是没有道理，而以耿秉为首的武将态度则简单多了，两汉这么多年都没能彻底解决的问题，现在正是最好的机会，还有什么可犹豫的呢？

最后窦太后力排众议，决定北伐。窦太后这么想很好理解，一方面她也渴望建功立业，另一方面也希望借此洗刷自己兄长的罪名。于是窦太后下诏，任命窦宪为车骑将军，授予最高等级的金印紫绶。窦宪的将军幕府也参照司空府的配置，同时命执金吾耿秉为副将，征调北军五校、黎阳、雍营、边境十二郡的骑兵及羌、胡军队一同出塞，这其中窦宪、耿秉的北军五校骑兵可是朝廷直属，精锐中的精锐，从这也能看出窦太后的私心。

和帝永元元年（89），窦宪与耿秉各率四千骑，加上南匈奴左谷蠡王师子率万余骑，从朔方鸡鹿塞（今内蒙古自治区磴口县西北）出兵；南单于屯屠河率领万余骑从满夷谷（今内蒙古自治区准格尔旗西北）出兵；度辽将军邓鸿和边境地区归附朝廷的羌、胡军队共八千骑，加上南匈奴左贤王安国的万骑，从翩阳塞（今内蒙古自治区固阳县）出兵。这次出兵与汉明帝时期的四路派兵不同，汉军此次的目标明确，那就是位于漠北的涿邪山，大军分三路挺进，一来便于补给，增强大军的机动性，二来也便于搜索前进，避免重蹈当年祭肜的覆辙，最终三路大军计划于北匈奴单于的所在地涿邪山会师。

出塞之后，由南匈奴带路，大军直奔涿邪山。三路大军中，窦宪出鸡鹿塞，距离最短，也最先赶到，但在涿邪山并没有发生战斗。此时汉军应是得到了一些消息，窦宪于是当机立断，在另两路大军还没到的情况下，派遣副校尉阎盘，司马耿夔、耿谭，率领南匈奴一万余精锐骑兵直奔东边的稽洛山，在此与北匈奴军大战，窦宪、耿秉率精锐随后赶到，北匈奴大败，单于逃走。汉军乘胜追击北匈奴各部落，到达了私渠比鞮海，共斩杀大部落王以下13000人，生擒者甚多，还俘获了各种牲畜百余万头。由副王、小王率众前来投降的北匈奴部众，先后有81部20余万人。

窦宪、耿秉出塞3000余里，扫荡匈奴势力，其间摧毁了匈奴的都城，据说还踏平了当年冒顿单于的坟墓，之后大军顺着翁金河谷南归塞内。在回程的最后一站，窦宪、耿秉登上燕然山，命令中护军班固刻石勒功，记述汉朝威德，然后率军回到五原郡。从此以后，燕然勒铭就和当年霍去病封狼居胥一样，成为历代武将的终极目标，影响深远。

2017年，蒙古国成吉思汗大学宣布，在蒙古国戈壁省中发现了一处摩崖石刻，经过中蒙两国联合考察队确认，此石刻为班固所作的《燕然山铭》。

这一尘封接近 2000 年的石刻，终于再次与世人相见。

当时，窦宪南归，派军司马吴汜、梁讽带上金帛财物送给北匈奴单于，亦欲招其内附。当时北匈奴内部大乱，沿途不断有匈奴残部归降，吴、梁二人到西海之畔才追上单于，这时二人手下已经有归降的匈奴军队上万人，二人向单于宣布汉朝威德，并以皇帝的名义进行赏赐，单于此时已别无选择，只好叩首接受。

于是梁讽向单于游说，让他效法南匈奴呼韩邪单于继续做汉朝的藩属。此时的单于自然同意，立即率领部众同梁讽一道南归。抵达私渠比鞮海时，听说汉军已经入塞，单于便派他的弟弟右温禺王带着贡物去汉朝做人质，随梁讽一同入京朝见。一行人进入五原郡，窦宪因北匈奴单于没有亲自前来，便奏报窦太后，把单于派来充当人质的弟弟赶了回去。

这时，窦太后以汉和帝的名义，封窦宪为大将军、武阳侯，食邑 20000 户。这显然是为了确立窦氏的地位，大将军这个职务也是参照霍光授予的。估计窦宪怕树大招风，就没有接受侯爵的封赏。按照东汉的制度，从建武二十七年（51），刘秀将原本的"三公"即大司徒、大司马、大司空改为司徒、太尉、司空以后，太尉应该是最高武职，往下依次为大将军、车骑将军、骠骑将军和卫将军。而此时窦宪做了大将军，朝中便有人提议，因窦宪功高，大将军的地位应位列于三公之上，窦太后也下诏同意。

当时，窦宪的弟弟窦笃为卫尉，窦景、窦瑰都任侍中、奉车都尉、驸马都尉。四家争相修建豪奢宅邸，极尽工巧。永元二年（90）六月，朝廷下诏封窦宪为冠军侯，食邑 20000 户；窦笃为郾侯，窦景为汝阳侯，窦瑰为夏阳侯，各享食邑 6000 户。只有窦宪推辞，没有受封。七月，窦宪率汉军出关，镇守凉州，以邓叠为副将。

北匈奴单于因为汉朝遣还他的弟弟，又派车谐储王等人来到居延塞，请求向汉朝称臣，并想入京朝见汉朝天子。窦宪上书请示后，朝廷派班固代理中郎将，与军司马梁讽一起去迎接北匈奴单于。之前南匈奴上书朝廷，建议出兵灭掉北匈奴单于，再将其部众与南匈奴合并，一同归汉。朝廷同意了南匈奴的请求，南匈奴果断出兵进击，在两军夹击之下，北匈奴单于受重伤逃走。班固等人一直走到私渠比鞮海，也没有见到人影，便转头返回。窦宪认为北匈奴单于此时势力微弱，便想趁机将其完全消灭。

永元三年（91），窦宪派右校尉耿夔，司马任尚、赵博等率兵出居延塞，在金微山再次大破北匈奴单于，斩首5000余级，这回北匈奴单于逃走后，便就此不知所终，北匈奴势力也就此灭亡。从此以后，困扰汉朝200多年的匈奴问题终于得以彻底解决。

第十一章

西域风云

根据《汉书·西域传序》记载，这一时期的"西域"是指阳关、玉门关以西，葱岭以东，昆仑山以北的大片区域，大体相当于今天的新疆维吾尔自治区加上中亚和俄罗斯的一部分，据说张骞出使西域之时，这片地区共有36国，后又分至50余国，这些国家按地理划分，主要有3个部分，其一是天山以北，有乌孙等国；其二是天山以南、塔克拉玛干沙漠以北，有车师、龟兹等国；其三则是塔克拉玛干沙漠以南，有于阗、莎车等国。班超一行人走的是最靠南的一条路。

当时，这里刚刚结束一场战争，大概在刘秀在位的末期，莎车国吞并了于阗国。汉明帝永平年间，原于阗国的将领休莫霸率众反叛，自立为于阗王。休莫霸死后，他哥哥的儿子广德即位，在广德执政期间，于阗国灭掉了莎车国，成为西域南道的霸主，从精绝国到疏勒国等13个国家都服从于于阗国。

不过虽然于阗国强大，但还是要受到北匈奴使者的监控。班超奉旨到达于阗国后，广德非常傲慢，接待班超也无礼仪可言，态度十分淡漠。而且于阗有信巫术的传统，巫师还对广德说："神已经发怒，问我于阗为何还要偏向汉朝，汉使有一匹黑唇黄马，快去找来给我做祭品。"

广德于是派宰相私来比拜访班超，要求赠马。班超此时早已暗中打探出了实情，便答应下来，但提出，巫师要亲自前来取马。不久，巫师来了，班超便立刻将其斩首，还抽了私来比数百皮鞭，之后班超将遍体鳞伤的私来比及巫师的首级一同送还广德，并责备他无礼。广德早已听说过班超在鄯善斩杀北匈奴使者的壮举，大为恐惧，于是马上杀掉匈奴使者，向汉朝投降。班超便重赏于阗王及其大臣，就此收服了于阗国。

班超之所以选择先到于阗国，主要是因为西域南道距离北匈奴较远，中间隔着塔克拉玛干沙漠，匈奴势力鞭长莫及。收服于阗国之后，班超将眼光投向了北方的疏勒国，疏勒国位于今天新疆维吾尔自治区喀什市附近，是西域南北两道的交会点，地理位置十分重要。

当时的龟兹国国王建是匈奴所立，依仗匈奴势力在西域北道横行霸道，建派兵攻破疏勒国，杀死疏勒国王，另立龟兹人兜题为疏勒王，自此以后，疏勒国便成为龟兹国的臣属。

永平十七年（74）春天，班超带人从小道向疏勒国进发。一行人行至距离兜题居住的盘橐城90里处时，班超下令停下，派手下的官吏田虑去招降兜题。班超告诫他说："兜题并非疏勒人，疏勒人不会服从他的命令。如果兜题不肯投降，你就直接把他抓起来。"

田虑领命，只身来见兜题。兜题见田虑年轻瘦弱，势单力孤，就非常轻视他，毫无归降之意。田虑趁其不备，上前制服了兜题。面对田虑的突然发难，兜题的左右毫无防备，一下陷入了混乱，纷纷惊惧奔走。田虑乘马疾驰报告班超。班超马上率人赶到盘橐城，将疏勒的文武官员全部集中起来，向众人讲述龟兹王的种种无道之举，并宣布另立原来被杀的疏勒王的侄子忠做国王，疏勒人非常高兴。新王和一班官员都请求诛杀兜题，但班超没有听从，说："杀他无益于大事，应该通过此人，让龟兹知道大汉的威仪。"于是下令释放了兜题，疏勒自此也得以平定。

至此，班超仅率36人，便在短短一年的时间内，使鄯善、于阗、疏勒三国重新臣服于汉朝。

一、十三壮士

就在汉明帝派四路大军北击匈奴的第二年，汉军的试探结束。

永平十七年（74）夏天，汉明帝再次派上次建功的耿秉、窦固和骑都尉刘张出敦煌郡昆仑塞，进攻西域。汉明帝当时也认识到，要想制服匈奴，必须先剪除匈奴的右臂。同时明帝还让耿秉和刘张都交出兵符，汉军全权由窦固指挥。此次出击，汉军共集结部队 14000 人，在蒲类海（巴里坤湖）击败了北匈奴驻屯白山（天山山脉东段）的呼衍王军团，然后进攻车师国。

车师国此时有两个王——车师前王和车师后王，车师前王是车师后王的儿子，两个王庭相距 500 余里，前者都城在交河城（今新疆维吾尔自治区吐鲁番交河古城），后者的都城在涂谷（今新疆维吾尔自治区吉木萨尔县）。

窦固认为，车师后王所在地路途遥远，山高谷深，一旦进攻他，汉军士兵必然遭受苦寒折磨，因而打算先进攻车师前王。但耿秉认为先去打车师后王才是完胜之道，后王一败，车师前王必将不战而降。还没等窦固拿定主意，耿秉便奋然起身，道："我愿担任先锋！"说罢翻身上马，率领所属部队先行向北进发。其他部队不得已只好一同进军，二人纵兵扫荡，斩杀了数千名敌人，缴获牛马万余头。

车师后王安得连续接到战败的消息，惊恐万分，六神无主，就准备开城迎接耿秉。此时，窦固的司马苏安想把功劳全部归于窦固，便纵马疾驰向前，超过耿秉，去对安得说："汉朝此次出征的主将是奉车都尉窦固，他是天子的姐夫，爵封列侯，你应先向他投降。"安得于是改派他的部将迎接耿秉，自己准备向窦固投降。

耿秉见车师后王没来，怒发冲冠，披甲上马，指挥他的精锐骑兵径直到窦固军营，说道："车师后王说要投降，到现在还不来，请让我去砍下他的脑袋。"窦固大惊说："将军且慢，那样就坏了大事！"耿秉厉声大喝："接受投降就如同遭受敌人攻击。"于是打马直奔安得。安得惊慌，便走到城门外面迎接耿秉，摘去王冠，抱住马腿投降。耿秉便带着安得去拜见窦固。车师前王也随之投降。车师便全部平定，大军凯旋。

窦固上书建议重新设置西域都护及戊己校尉。明帝同意，下诏将陈睦任命为西域都护，将耿弇之侄军司马耿恭任命为戊校尉，屯驻后车师金蒲城；将谒者关宠任命为己校尉，屯驻前车师柳中城。各置驻军数百人，留守西域。

耿恭到任之后，发布文告晓示乌孙国，宣扬汉室的威严和恩德，乌孙国中，从国王大昆弥以下，都非常高兴。派使者向汉廷献名马，并愿派王子入侍皇帝。耿恭就派使者携带着金银布帛，迎接其王子入侍汉朝皇帝。

永平十八年（75）三月，北匈奴单于派左鹿蠡王率两万骑兵进攻车师，耿恭得知后，派军司马带兵300人前往救援。路上，汉军遭遇匈奴主力，寡不敌众，300人全军覆灭。北匈奴杀死车师后王安得以后，又掉转兵锋，直指耿恭驻守的金蒲城。

耿恭登上城墙，亲自与匈奴作战。耿恭把毒药涂到箭头上，向北匈奴兵宣称："我们汉军之箭乃神箭，那些中箭之人的创口，必有异象发生。"说罢耿恭用强弩将箭射向匈奴大军，北匈奴的一些官兵中箭后，发现自己的创口全都翻起，又因毒热迅速溃烂，好像滚水沸腾一般。于是匈奴士兵军心大乱。正当此时，天降大雨，耿恭趁着风雨大作，率众出击，杀死杀伤大量敌军，其余敌军惊恐万状，纷纷说："汉兵果真像神一样，真是可怕！"于是解除了对耿恭的包围，引军退去。

经此一战，耿恭觉得金蒲城这个地方难以防守，而疏勒城（此疏勒城并非班超所在的疏勒国，而在车师后国境内）傍有涧水，适合坚守。夏五月，耿恭引兵据守疏勒。当年七月，匈奴再次来犯，耿恭做好准备，募集了数千人，主动出击，匈奴骑兵大败。

永平十八年（75）六月，西域形势剧变，焉耆和龟兹两国联合进攻西域都护陈睦，陈睦全军覆灭。北匈奴的军队乘势南下，将己校尉关宠围困在了柳中城，关宠上书求援。八月初六，明帝驾崩，朝廷忙着筹备国丧，所以暂时没有派出救兵。

其实耿恭也好，班超也罢，西域的官员之所以能够在西域纵横捭阖，并不是因为军队众多，而是因为西域各国都忌惮汉朝的实力。此刻见朝廷迟迟不发救兵，车师便再度反叛，配合匈奴一起进攻耿恭。幸亏车师后王夫人的祖父是汉人，这位夫人暗中将匈奴的情况告知耿恭，同时又为汉军输送粮食。

耿恭激励手下官兵顽强抵抗。几个月后，汉军粮食耗尽，陷入绝境，只能将铠甲、弓弩用水煮烂，吃上面的兽筋皮革充饥。耿恭和士卒患难与共，下决心同生共死，所以汉军将士全无二心。但饿死者日渐增多，城中只剩下数十人。北匈奴单于知道耿恭已身陷绝境，想让他投降，便派使者前去招抚耿恭，许诺只要他投降，便封他为白屋王，并把女儿嫁给他为妻。耿恭引诱使者登城，亲手将其格杀，在城头用火炙烤该使者的尸体。匈奴官属见此惨状，号哭离去，单于大怒，又增派援兵攻打耿恭，但仍然无法攻破疏勒城。

十一月，刚刚即位的汉章帝刘炟终于召集廷议，在御前讨论是否出兵援救西域。新就任的司空第五伦认为不该援救。司徒鲍昱反驳道："如今朝廷派人前往危险艰难之地，发生了紧急情况，便将他们抛弃，这种做法对外是纵容地方部族的暴行，对内则伤害效死的忠臣。如果此事还要衡量时势而采取权宜之计，以后边界太平无事则可，若是匈奴再度侵犯边塞作乱，陛下将如何驱遣将领？此外，耿恭、关宠两校尉仅各有数十人，而匈奴围攻他们，历久不能攻克，这是匈奴兵弱力竭的证明。我建议，可命敦煌、酒泉两郡太守各率领精锐骑兵 2000 人，多带旗帜，以加倍的速度日夜兼行，去解救急难。北匈奴的军队疲惫已极，一定不敢抵挡。在 40 天之内，足以返回边塞之内。"鲍昱所提的算是一个代价最小的救援计划。章帝也表示同意，随即马上派征西将军耿秉屯驻酒泉郡，代理太守职务；派酒泉太守段彭与谒者王蒙、皇甫援征发张掖、酒泉、敦煌三郡士兵及鄯善的军队，共 7000 余人，前往救援西域。

汉章帝建初元年（76）正月，酒泉郡太守段彭等人率军在柳中集结，进击车师前国的首都交河城，斩杀匈奴 3800 人，俘虏 3000 余人。北匈奴惊慌而逃，车师再度投降汉朝。

这时，已校尉关宠已经去世，谒者王蒙等人打算就此引兵东归。这时，耿恭手下的一位军吏范羌当时正在王蒙军中，本来他是受耿恭委派去敦煌领取过冬的寒服，后随大军出征，此时他坚持要求去救耿恭。但耿恭远在疏勒城，生死未卜，另外沿途山高路远，将领们都不敢前往，最后决定分出两千士兵交给范羌。

范羌从天山北道出发，去接耿恭，途中大雪纷飞，地面积雪一丈有余。援军经过艰苦跋涉，终于精疲力尽地到达了疏勒城下。夜间，耿恭等人在城中听到人喊马嘶，以为匈奴来了援军，大为震惊。但一会儿便听见有人在城下大喊："我是范羌，带领汉军前来接应校尉。"城中的人听到之后齐呼万岁。于是打开城门，将士们相拥而泣，随行而来的汉军将士无不动容落泪。

第二天，汉军撤出疏勒城，护送耿恭等人踏上归途。北匈奴派兵追击，汉军将士且战且退。由于疏勒国城中的士兵处于饥乏交困的状态，从疏勒城出发时，还有 26 人，沿途不断有人衰病而亡，到三月抵达玉门时，只剩下了 13 人。这 13 人衣衫褴褛，鞋履破洞，面容枯槁，形销骨立。中郎将郑众为耿恭及其部下安排沐浴，更换衣履，并上疏朝廷，这段文字可以看作对耿恭的评价，原文如下：

"耿恭以单兵固守孤城，当匈奴之冲，对数万之众，连月逾年，心力困尽。凿山为井，煮弩为粮，出于万死无一生之望。前后杀伤丑虏数千百计，卒全忠勇，不为大汉耻。恭之节义，古今未有。宜蒙显爵，以厉将帅。"

耿恭到达洛阳后，司徒鲍昱上奏朝廷，认为耿恭的气节超过苏武，应封耿恭为侯，加以褒奖，章帝拜耿恭为骑都尉，拜耿恭手下司马石修为洛阳市丞，拜军吏张封为雍营司马，军吏范羌为共县丞，其余 9 人皆补进羽林军。耿恭的母亲此前已经去世，汉章帝下诏追行丧礼，派五官中郎将亲自为耿恭除去丧服（除去丧服是君王"夺情"的表现，这可以说明章帝十分器重耿恭）。

每次讲到这个故事，我都会想，耿恭和这 20 多人，在天山北麓的小小疏勒城中，每日在说些什么？是什么支撑着他们抵抗城外的数万匈奴骑兵？耿恭是否会给这些将士讲起自己的伯父耿弇的往事？是否会说起父亲耿广当年在上谷击败彭宠的匈奴救兵？又或者只是给将士们讲讲洛阳的繁华，想着将来回乡了去过什么样的日子。这些我们都无从得知，甚至这 13 位壮士中，有 9 人我们都不知道他们的名字，可就是他们，在内无粮草、外无救兵的疏勒城坚守了整整 6 个月，只是为了保家卫国。

《后汉书》的作者范晔在赞中说：我初次读《苏武传》，被他在蛮荒之地坚持过艰苦生活，没有让大汉王朝蒙羞的精神所感动。后来读到耿恭坚守疏勒城的事迹，不觉喟然长叹，眼泪不知不觉间便流了下来。哎！道义重于生命，竟然能做到这样的地步吗？

这次救援行动结束，章帝也意识到汉朝在西域作战不力，便下诏将戊校尉、己校尉和西域都护一并撤销，并召班超回国，而此时的班超又在做什么呢？

二、班超定远

永平十八年（75），汉明帝去世，焉耆、龟兹趁机攻杀西域都护陈睦。陈睦一死，班超马上陷入了孤立无援的境地，而龟兹、姑墨等国还多次发兵攻打疏勒。班超固守在疏勒附近的盘橐城，与疏勒王忠互为掎角之势，虽然班超手下士卒兵力单薄，但还是坚持了一年多，不知道在这一年多里，班超有没有后悔自己年少时投笔从戎的选择。

班超是班彪的小儿子，和他哥哥班固博览群书、通晓古籍不同，班超从小就志向远大，虽然也读过不少书，但只观大略，不拘小节。大哥班固想完成父亲的遗志，完成前代史书，不料却被人告发，说他私著史书，明帝便下诏将班固关进京兆尹监狱。班超怕哥哥太老实，被严刑拷问又无法申诉，便立即赶到朝廷上书，说明兄长著书的本意。明帝看过班固的书，觉得他很有才华，就这样，班固因祸得福，被选为兰台令史，后又升为校书郎。而班超也和母亲一起，跟着班固来到洛阳居住。

当时，班固俸禄微薄，家中贫困，班超也要为官员抄书，以此来获得报酬，奉养老母。可抄书这种工作，时间久了难免让人觉得压抑，有一天，班超将抄书的笔扔在书案上，长叹道："大丈夫安能久事笔砚间乎？"可左右其他抄书郎都笑班超，班超说："小子安知壮士志哉！"

不久，明帝召见班固，问起班超在做什么，班固回答："为其他官员抄书，用薪酬来供养母亲。"明帝闻听，便任命班超为兰台令史，不过不久就因一些事而被免职了。直到明帝永平十六年（73），朝廷四路派兵，出击匈奴，奉车都尉窦固才将班超任命为副司马。班超率领一支汉军进驻伊吾，在蒲类海的大战之中，班超所部斩获甚多，窦固很欣赏他，才派他出使西域。

汉章帝建初元年（76），距离班超第一次到西域已经过去了三四年的时间，朝廷派兵救回了耿恭，但西域都护陈睦和己校尉关宠都在西域战死，朝廷的这次出征无非是找找颜面罢了，此战过后，汉章帝决定放弃西域，下旨让班超还朝。

班超此时恐怕心里也不对西域抱有什么希望了，就准备起程回国。汉使要走的消息一出，疏勒举国震动，君臣上下惊恐万分，疏勒国的都尉黎弇说："汉使若抛弃我们，我们必定会再次被龟兹灭国。我实在不愿见到汉使离去。"说罢，黎弇竟在班超马前拔刀自刎而死。

班超率部经过属国于阗，于阗王侯以下官员，都放声哭喊道："我们依靠汉使犹如孩子依靠父母一般，汉使千万不可离我们而去啊。"不少人还抱住班超的马腿，队伍甚至无法前进。班超见状，自知于阗父老绝不会让他东归，而此刻的他恐怕也已经改变了想法，想起他那在异域建功的伟大抱负。于是班超当即决定，暂不回朝，率部重返疏勒。

在班超走后，疏勒有两座城已经重新归降了龟兹，并且与尉头国联合起来，意图叛乱。班超将叛军首领逮捕，又率军击败尉头国，斩杀了600多人，才使疏勒再次安定下来。

建初三年（78），班超率领疏勒、康居、于阗、居弥兵共计万余人攻破姑墨石城，斩首700多人。班超想趁这个机会，安定西域诸国，因此他奏请朝廷增派兵力。班超在奏书中说，现在西域各国，都愿意投靠大汉，大国中只有龟兹、焉耆还没有投降。臣班超奉旨出使西域5年，胡人的情况我已了如指掌，可以趁此机会，打通西域葱岭的通道，降服龟兹。现在朝廷应该先立身处洛阳的龟兹质子白霸做龟兹王，并派步骑兵数百护送他去即位，而后，臣联合西域诸国，几个月便可擒获现任龟兹王。以夷制夷，才是上策。同时，臣注意到莎车、疏勒土地广阔肥沃，水草丰美，不像敦煌、鄯善等地土地贫瘠，我们在此驻军，粮食可以自给。况且姑墨、温宿二王，是龟兹所立，既非同种，更互相厌恶，观察其形势，早晚会发生叛乱，必会归降我们。如果姑墨、温宿两国来降，龟兹则不攻自破。最后，班超还动情地说，臣奏请陛下批准奏议，臣必将见机行事，即使有万分之一的希望，臣也要倾尽全力，死无所恨。臣区区一人，特地承蒙神灵保佑，希望自己不要僵卧沙场，而能亲眼看见西域平定，陛下高举万年之觞，在祖庙进献功劳，将这一大喜的决定昭告天下。

奏章呈上之后，汉章帝觉得汉军在西域可以成功，便诏令大臣廷议，决定继续向西域派兵，增援班超。平陵人徐干与班超一样，有在异域建功报国之心，主动上书请命，愿奔赴西域，支援班超。建初五年（80），朝廷任命徐干为假司马，拨给他减刑的罪人及自愿参军的兵士1000人，由徐干统领，增援班超。

此时距离班超上书朝廷已经过了两年，莎车以为汉朝不会出兵，就向龟兹投降，而疏勒都尉番辰，也背叛了汉朝。恰逢徐干领兵赶到，班超便和徐干合兵攻击番辰，番辰大败，被斩首千余级，缴获牲畜无数。击败番辰之后，班超便想进兵攻打龟兹。因乌孙兵强，于是班超上书朝廷，请求派使者安抚乌孙，使之与汉朝合作。章帝采纳了班超的意见。

建初八年（83），朝廷任命班超为西域将兵长史，并赐予战鼓等一应仪仗器具，任命徐干为军司马。另派卫侯李邑护送乌孙使者，赐乌孙大小昆弥及以下人等锦帛绸缎。李邑一行走到于阗时，正赶上龟兹进攻疏勒，他吓得不敢再往前走。为了掩饰自己的胆怯，李邑还上书给朝廷，说平定西域劳而无功，又诋毁班超左拥爱妻，右抱幼子，犹如生活在安乐乡之中，根本没有报国之志。

班超听闻后叹息不已，觉得自己可能被怀疑，于是就打发妻子返回中原。好在章帝深知班超忠勇，下诏严厉地斥责李邑说："即使班超拥爱妻，抱幼子，可那千余名西域将士，不都与班超同心同德吗？"命李邑接受班超节制。同时章帝告诉班超，李邑一到，即可留在西域做从事，听候你的调遣。

班超当即让李邑带着乌孙质子返回京师。徐干劝班超说："李邑之前诋毁你，企图败坏西域大业，现在为何不遵循陛下的旨意把他留下来，另派人护送质子呢？"班超说："你这样说可就没见识了。正因为李邑诽谤我，我才派他回国。我问心无愧，不怕别人诋毁，如果为了图心中快意，留下此人，那并非忠臣所为。"

建初九年（84），朝廷再派假司马和恭等四人，率领八百汉军增援班超。班超准备调集属国疏勒、于阗的兵马共同进攻莎车。莎车王派人私下和疏勒王忠联系，用重礼贿赂他，于是疏勒王忠就背叛了班超，占据乌即城，发动了叛乱。班超听说疏勒王造反，马上改立原疏勒国的府丞成大为疏勒王，然后调集兵力进攻忠。康居国此时派精兵援助忠，班超久攻不下。于是班超想了个办法，当时大月氏刚和康居联姻，班超就派人给大月氏王送了厚礼，让他对康居王晓以利害，于是康居王罢兵，把忠也带了回去，乌即城被再次收复。

汉章帝元和三年（86），原疏勒王忠从康居王那里借了一些兵马，返回故土，占据损中城，暗中勾结龟兹，派人向班超诈降，班超看穿了他的诡计，表面上答应接受忠的投降。忠大喜，轻装简从来见班超。班超为他举办酒宴，暗藏埋伏，在酒宴上，班超大喝一声，埋伏四起，军吏们当场斩杀了忠。班超又乘机击溃他的部众。西域南道从此之后便畅行无阻。

转过年来，班超调发于阗等属国士兵共计25000人，再攻莎车。龟兹王派遣左将军调集温宿、姑墨、尉头等国的军队，共计5万人救援莎车。班超见敌军势大，决定用计。他先是召集众将校和于阗王开会，并故意说："敌强我弱，不如我们各自散去。于阗军队从东边走，长史率军队从西边走，夜晚听到鼓声时，我们同时出发。"然后，班超偷偷嘱托人故意放松对龟兹俘虏的看管，让他们逃回去报信。这么做的目的是为了让龟兹军分兵，再逐个击破。龟兹王不知是计，听逃回来的俘虏说完后大喜，自己亲率一万骑兵在西边等着截杀班超，派温宿王率领 8000 人在东边阻击于阗军队。班超探知敌军已经出动，营中空虚，迅速命令诸部齐发，在鸡鸣时分，直扑莎车大本营。营中此时根本没有防备，军士奔逃，班超率部追斩敌军 5000 多人，获得的牲畜、财物更是不计其数。莎车国投降，龟兹等国的军队也随即撤走，这一仗以少胜多，让班超声名鹊起，威震西域。

三、万里封侯

班超在洛阳替人抄书的时候，有一次遇到一个相面的——这类迷信活动在当时十分流行，《后汉书》中许多大人物早年都有过"相面"的经历。这位相师一见班超便说："您现在不过是位布衣书生，但日后定可在万里之外建功，受封列侯。"班超很感兴趣，就让这位相师详细说说。相师指着班超说："您长着万里封侯的面相啊。"现在我们也无法知道班超当时的想法，只是这位相师所说之事，随着班超扬威西域，已并非遥不可及。

章和二年（88），在位 13 年的汉章帝在章德前殿驾崩，时年 31 岁。章帝的太子刘肇即位，年仅 10 岁，这就是汉和帝，由于皇帝年幼，窦太后便开始临朝听政，东汉外戚临朝的大戏也正式拉开了序幕。

此时的朝廷早已不是班超离朝时的景象。而西域的问题更是按下葫芦起了瓢，当初在汉朝对付疏勒王忠和进攻车师的时候，大月氏都出过力。就在班超击败莎车的同年，大月氏王派遣使者来到班超的驻地，向汉朝进贡珍宝、狮子等，并借机提出要娶汉朝公主为妻，被班超拒绝。班超拒绝的原因可能有两个，一是汉朝正值国丧，诸事不宜；二是西域各国的平衡不能打破，一个国王求亲如果应允，就会有更多的国家要求公主下嫁，到那时就不好办了。不过也因为此事，大月氏王对汉朝怀恨在心。

此时班超的注意力并不在大月氏，他正在观望，现在西域诸国，只有焉耆、龟兹还没有归附，而这两国之所以能支撑到现在，全是因为背后有北匈奴的支持，汉和帝刚刚即位，正巧前一年匈奴爆发了饥荒和内乱，朝廷命窦宪和耿秉出征北匈奴，这一仗如果打赢，那么平定西域就指日可待了。果然，窦固、耿秉一路北进，大败匈奴，此时的班超感觉机会来了。正当班超要行动时，之前求亲失败的大月氏便派人前来复仇。

汉和帝永元二年（90）夏天，大月氏的副王谢率兵七万，东越葱岭攻打班超。班超的军队在人数上处于劣势，大家都很恐慌。班超鼓励将士说："大月氏兵虽然多，但他们跋涉数千里，翻越葱岭前来作战，粮草运输不便，有什么可忧虑的呢？我们只需将谷物收割，坚壁清野，敌人便会因饥饿而投降。不过几十天就可以解决战事。"

大月氏副王谢进攻班超，汉军固守坚城，无法攻克，于是副王谢准备四处抢掠粮草，做持久战的准备，可是又一无所获，反而弄得士卒疲惫不堪。班超估计大月氏军队粮草将尽，一定会派人到龟兹求救，便预先在东边道上埋伏了几百名士兵。不久，副王谢果然派骑兵携带金银珠宝去龟兹求援。班超的伏兵一跃而起，将这伙人全部杀死，并派人拿着死者的首级给谢看。谢大为惊恐，只好遣使向班超请罪，表示愿意撤军，班超答应放他们回国。大月氏因而举国震恐，从此以后，每年都派人向汉朝进贡。

由于窦宪北征，北匈奴一败涂地。永元三年（91），龟兹、姑墨、温宿等国都投降了班超。朝廷任命班超为西域都护，徐干为长史，立白霸为龟兹王，派司马姚光护送他归国。班超和姚光命龟兹废掉原来的国王尤里多，另立白霸。姚光还把尤里多带回了京师洛阳。班超将西域都护府设在龟兹的它乾城（今新疆维吾尔自治区阿克苏市新和县西南），这里也是自西汉以来，西域都护府的所在地，徐干则继续驻守疏勒。此时，西域诸国中，只剩焉耆、危须、尉犁三国尚未归降。一来因为这些国家曾参与杀害了汉朝的西域都护陈睦，心怀恐惧，二来则是因为这几国仍然怀有二心，其余各国，都已经归附了大汉。

永元六年（94）秋天，班超征发龟兹、鄯善等八国军队，共计70000余人，还有官吏、商贾1400人，共同讨伐焉耆、危须、尉犁三国。大军行至尉犁国界，班超派使者晓谕三国国王："西域都护此次大军前来，意欲安抚三国。如果你们三国想改过从善，就应该派首领来迎接，届时，都护会赏赐王侯以下的官员，安抚完毕我们便会撤军。今天，先行赏赐你们国王彩色丝绸500匹。"

焉耆王广派左将北鞬支送来牛肉和酒，迎接班超。班超指责他说："你是匈奴侍子，掌握焉耆大权，我大汉的西域都护亲自前来，你们国王却不迎接，这都是你的过错。"班超手下人都劝他杀了北鞬支，班超不同意，说："此人的权力比焉耆国王还要大，现在我们还没有进入他们的国境就杀了此人，只会让焉耆产生疑虑。如果他们加强防备，扼守险要，我们该如何顺利抵达焉耆城下呢？"于是班超赏赐了北鞬支不少礼物，放他回国。焉耆王广见北鞬支安然归来，便亲率高官在尉犁迎接班超，奉献礼物。

但焉耆王并不想让班超进入国境，从班超那里返回之后，便下令封锁了焉耆的一处险要隘口"苇桥"，想借此阻挡汉军，班超便从别处率军涉水过河。七月的最后一天，汉军抵达焉耆，在距离焉耆城20里处的水泽边扎营。焉耆王见班超突然到来，大惊失色，想将国民迁往山中负隅顽抗。

焉耆国左侯元孟，过去曾在洛阳做人质，秘密派使者向班超报信。班超为了稳住焉耆国贵族，斩杀了元孟的使者，表示不信。并定下时间在军营宴请三国国王及大臣，声称届时将厚加赏赐。于是焉耆王广、尉犁王泛及北鞬支等30多人相继来到军营，焉耆国相腹久等17人害怕被杀，便逃入蒲类海，而危须王则压根儿没来。

宴会开始，大家坐定，班超突然变脸，质问焉耆王等人："危须王为何不来？腹久一千人等为何逃亡？"说罢便喝令武士把赴会之人全部抓获，并在当年陈睦所驻扎的旧城，将他们全部斩杀，并传首京师。同时，班超率军斩杀5000多人，俘获15000人，缴获马、牛、羊30余万头。之后，班超改立元孟为焉耆国王，为稳定局势，班超在焉耆停留了半年。

至此，西域50多个国家陆续向汉朝送去人质、称臣内附。

永元七年（95），此时窦氏已经覆灭，朝廷为了表彰班超的功勋，下诏封他为定远侯，食邑千户，后人也因此称班超为"班定远"。两年之后，班超还派手下的甘英出使大秦（即罗马帝国），甘英行至西海（波斯湾）而还。此时的班超已经60多岁，在西域20多年了，年老之后，班超也开始思念故土。

永元十二年（100），班超上书和帝，请求返回故乡，他的妹妹班昭也上书请求把班超召回。奏章送达后，和帝读罢，深受感动，于是下诏征调班超回朝。班超经营西域前后共31年。

永元十四年（102）八月，班超返回洛阳，此时71岁，被朝廷任命为射声校尉。多年征战，班超早已疾病缠身，胸肋之间常常隐隐作痛，抵达洛阳后，病情加重。汉和帝派中黄门前来探视，赐给医药，但已无济于事。一个月后，班超在洛阳去世。朝廷上下无不哀痛，和帝也派使者前来吊唁，赠送的礼品十分丰厚，班超定远侯的爵位被长子班雄继承。

一代英雄就此谢幕。

第十二章

外戚临朝

窦宪平定匈奴之后，在朝中的势力越发强大。很多刺史、郡守、县令都出自窦宪门下，这些人搜刮官吏百姓，一同进行贪污贿赂的勾当。尚书仆射郅寿、乐恢因为得罪了窦宪，相继被逼自杀。朝臣震慑，望风承旨。

窦氏兄弟当朝，贵重显赫。而窦景尤为骄纵，手下门客也依仗他的势力为非作歹。这些人肆意欺凌平民，巧取豪夺，凌辱妇女，搞得洛阳的商贾都闭门歇业，躲避窦氏犹如躲避仇敌一般。各级官员更是唯窦氏马首是瞻，无人敢于弹劾窦家，后来连窦太后都看不下去，下诏免去了窦景的官职，但仍享受特进的待遇。这个特进的职位地位仅次于三公，虽然没有实际的职务，但可以参与朝会，一般是朝廷对功臣的礼遇，窦太后这么做也是为了让兄弟收敛一些。

当初在北匈奴单于不知去向以后，单于的弟弟右谷蠡王于除便自称单于，率领几千部众活动在西域蒲类海一带，派使者到汉朝请求归附。窦宪主张直接立于除为单于，如南匈奴先例，但司徒袁安等人表示反对，理由也很充分，第一是这样做会伤害南匈奴的感情，第二则是更加迫切的问题，朝廷不愿意再在这些事情上面花钱。不过最终和帝还是采用了窦固的建议。

司徒袁安德高望重，见天子年幼，外戚专权，深感忧虑，言及国家大事，往往呜咽流泪。无奈当时窦氏势力太大。除去上文提到的四兄弟之外，还有窦宪的叔父窦霸担任城门校尉，窦褒为将作大匠，窦嘉为少尉，任侍中、将军、大夫、郎官等职务的窦氏子弟还有 10 余人。

当时窦氏父子、兄弟同为九卿、校尉，党羽遍布朝廷。永元四年（92），和帝封邓叠为穰侯，他的弟弟、步兵校尉邓磊，母亲元，还有窦宪的女婿射声校尉郭举、郭举的父亲长乐少府郭璜等人相互勾结在一起。其中元、郭举都出入宫廷，而郭举又深得窦太后的宠幸，这些人甚至要策划杀害已经14岁的和帝。

和帝暗中了解到他们的阴谋。当时，窦宪兄弟掌握大权，和帝与内外臣僚根本无法接近，一同相处的只有宦官而已。而且和帝认为朝中大小官员全都党附窦宪，不值得信任，只有他身边的中常侍、钩盾令郑众（和之前的大司空郑众是重名）为人谨慎机敏、颇有心计，重要的是他不谄媚窦氏，和帝便和他密谋，决定杀掉窦宪。

可窦宪常年出征在外，一旦贸然行动，又怕窦宪兴兵作乱，所以和帝决定暂且忍耐，等待时机成熟，再除掉窦宪。恰巧，永元四年（92），窦宪和邓叠全都回到了京城。当时的清河王刘庆很受和帝的恩遇，经常进入宫廷，留下小住。和帝准备采取行动，但心里实在没底，想借班固所著的《汉书·外戚传》一阅。但又惧怕左右随从泄露天机，不敢让他们去找，便命刘庆私下向千乘王刘伉借阅。

当天夜里，和帝将刘庆单独引入内室，又命刘庆向郑众传话，让他搜集皇帝诛杀舅父的先例。六月二十三日，和帝驾临北宫，下诏命执金吾和北军五校尉领兵备战，驻守南宫和北宫；紧接着关闭城门，逮捕郭璜、郭举、邓叠、邓磊几人，将他们全部送往监狱，即刻处死。并派谒者仆射收回窦宪的大将军印绶，将他改封为冠军侯，同窦笃、窦景、窦瑰四兄弟一并前往各自的封国。

和帝因为窦太后的缘故，不愿正式处决窦宪，而特意选派严苛干练的封国宰相对其进行监督。窦宪、窦笃、窦景到达封国以后，全都被强迫自杀，窦氏家族、门客中，因窦宪的提拔而出任官吏的全部被罢免。同时，念及亲情，和帝仍让窦太后居住宫中，但不再拥有权力，就这样，不可一世的外戚窦氏，就这样烟消云散，消失于历史的尘埃之中。

一、邓后称制

汉和帝诛灭了窦氏外戚之后，开始临朝听政，这时他才只有14岁。就在窦氏覆灭这年的夏季暴发了旱灾，接着引发了蝗灾。和帝下诏："今年郡国秋粮因旱灾、蝗灾歉收，损失十分之四以上的，不收田租、柴草；其他有损失不到十分之四的，按实际数额免除。"虽然蝗灾在七月，这条政令十二月才发出，但也能看出和帝并不是一个顽童，而是一位在政治斗争中早熟的少年天子。但这时的东汉，各种危机已经开始显现，就在蝗灾肆虐的这一年，武陵等郡的少数民族起事，烧当羌也聚众劫掠金城。

永元九年（97），窦太后去世，这件事又引出了一场关于汉和帝生母的风波。当初和帝刘肇的生母梁贵人忧愤而死，窦太后对外封锁消息，因此没有人知道皇太子刘肇是梁贵人所生。等到窦太后一死，真相便慢慢浮现。先是舞阴公主（刘秀女儿）的儿子梁扈，派他的堂兄梁禅分别向太尉、司徒、司空三府上书，提出："依照汉家旧典，皇帝一向尊崇母亲。然而梁贵人亲自生育天子，却没有尊号，请求三公为之申诉。"太尉张酺将事情如实上报给和帝，和帝震惊之余，哀痛良久，继而问道："您看应该如何？"张酺请求为梁贵人追加尊号，并加封仍在世的诸位舅父。和帝听从了这个建议。

恰在此时，梁贵人的姐姐梁嫕上书说："我父亲梁竦冤死狱中，尸骨到今日仍不能下葬。母亲年过七旬，跟弟弟梁棠等人一起，被放逐到远方绝域，不知道是死是生。请求陛下准许我掩埋父亲的朽骨，赦免我娘亲及弱弟的罪行，让他们返回故乡定居。"

和帝读罢，便下诏召见这位姨母，这才知道自己的母亲是谁和生母梁氏枉死的惨状。三公联合上奏，请求依照光武帝刘秀废黜郭后的先例，贬去窦太后的尊号，不应再让她与先帝合葬。此时墙倒众人推，见三公上表，文武百官也都纷纷上书附和。

汉和帝亲手写诏书回应百官，说："窦氏家族虽不遵法纪，但窦太后却常常克制自己。朕将她当作母亲，侍奉了10年，深思母子大义：依据礼制，为臣、为子之人没有贬斥尊长的道理。于恩，朕不忍使父母的坟墓分离，于义，朕亦不忍做出这种伤害窦太后的事情。而考察前代旧事，上官桀被诛杀，而上官太后也不曾遭到贬降罢黜。诸卿对此事不要再作议论。"之后，和帝下诏安葬窦太后，谥号章德。

汉和帝为人宽厚，也非常勤政，亲政之后，每日临朝听政，深夜批阅奏章，从不荒怠政事，多次下诏赈济灾民、减免赋税、安置流民，十分体恤百姓疾苦，在法制上也主张宽刑，而且在位期间，支持班超平定西域，还降服了叛乱的南匈奴。到了元兴元年（105），也是汉和帝在位的最后一年，据《后汉书·郡国志五》记载，这一年天下垦田面积达732万余顷，为东汉之最，全国共有户籍923万余户，人口达5325万余人，当时就有人将汉和帝执政的这10多年称为"永元之隆"。

但汉和帝执政也有一些明显的特点，对东汉后面的衰落有着深远影响。从好的方面来说，汉和帝相较于他的父祖三位皇帝，对符谶、祥瑞之类的事情兴趣不大；从不好的方面来说，则是重用宦官，同时也没能解决让自己深受其害的外戚问题。当然，从严格意义上来说，这两个问题又都不能全怪和帝，前者是因为窦氏专权，汉和帝无人可用；而后者则是东汉，或者说两汉一直以来的积弊问题。

外戚势力过大问题一直是困扰两汉的重大问题之一，但两汉的皇帝似乎很少从制度层面着手解决这个问题。刘邦的皇后吕氏擅权看似偶然，可实际上却显示了有汉一朝皇帝妃嫔众多，夫妻年纪相差甚远的一个事实，这也就导致汉朝皇帝驾崩之时，往往继任者的母亲可能还很年轻，肯定要临朝辅政。有鉴于此，汉武帝为了让儿子刘弗陵即位后独揽大权，便直接赐死了刘弗陵的母亲钩弋夫人，同时，命霍光、桑弘羊等人辅政，可实际上这样的方式并没有达到汉武帝预期的效果，刘弗陵即位时只有8岁，正是在他在位时，霍光完成了大权独揽的过程，刘弗陵21岁去世，继任的昌邑王刘贺不到一个月就被霍光废掉，接下来的宣帝朝，霍光控制汉宣帝的方法，就是将女儿嫁给汉宣帝做皇后，自己成为一名外戚。到了西汉末年，也是身为外戚的王莽夺取了汉家天下。

这样看下来，我们不难发现，西汉时期的外戚是否专权，主要取决于皇帝和皇后谁活得长，谁个性强。如果皇帝足够强势，手里的权力就有保障，就像汉哀帝，可以很轻易地就把王莽贬离权力核心，提升自己祖母的势力和王政君的势力并肩。可是到了东汉，皇帝面对太后，面对外戚，则变得一点儿还手之力都没有，这又是为什么呢？

第一是因为皇帝短命，整个东汉一共传了14位皇帝，享国195年。这其中最后一位的献帝是董卓所立，最后禅让于曹丕，在三国鼎立的动荡局面之中，根本没有实权。剩下的13位皇帝中，在位不足一年的皇帝共有5人，这5人中少帝刘辩被董卓逼死，质帝刘缵被梁冀毒死，剩下3人都是褓褓中的婴孩，其余的皇帝，除去光武帝刘秀之外，即位时超过18岁的只有明、章二帝，主幼国疑则需要太后辅政，所以东汉临朝称制的太后有6位之多。

第二则是由于开国功臣的势力太强。建武十三年（37）以后，开国功臣几乎在朝中没有实职，只享受功名禄位，可是他们的子弟却可以出仕做官，这样就使开国的功臣集团垄断了许多朝职，从东汉开国以来，所有的战役几乎都有耿氏、窦氏、邓氏等大族的身影。这让从西汉以来自下而上选拔人才的察举制形同虚设。

第三则是刘氏皇族与功臣集团的通婚，这样的通婚贯穿东汉的始终。根据《后汉书》的记载，如果不算追尊的皇后，真正侍奉过皇帝而被册立为皇后的共有15人，除去刘秀的阴皇后和郭皇后，以及汉献帝的伏皇后和曹皇后之外，中间的11位皇后中有10人是开国功臣集团的后代，这些女子的父兄子弟往往本来就在朝中任职，很容易就形成了内外朝联合专权的情况。

只要有外戚存在，朝中就必然存在党附的现象，那些不愿党附的纯臣便很难立足。而皇帝逐渐长大，想夺回权力或自保的时候，可以依靠的往往只有宦官，此类事件一旦成功，宦官便会掌权，而东汉的皇帝偏偏又大多英年早逝，除了光武帝刘秀、汉明帝刘庄以及最后禅位的献帝之外，剩下的皇帝没有活过36岁的，这样也就从客观上导致了即位的新君也必然年纪幼小，然后新一轮的外戚又会出现，前朝的历史又会重演。

汉和帝刘肇便依靠着宦官郑众除掉了窦氏，所以对其百般信任，先是任命他做大长秋，而且朝中事务经常与郑众商议，永元十四年（102），更是将郑众封为鄛乡侯，这是中国历史上第一位封侯的宦官，而宫中阉宦参与朝政也就是从郑众这里开始的。

元兴元年（105）十二月二十二日，汉和帝在章德殿驾崩，终年27岁，又一位太后和他的家族要登场了。

和帝驾崩当夜，刘隆便即位为皇帝。邓皇后也理所应当地被尊称为皇太后，大家看姓氏或许就能猜到，这位邓太后正是邓禹的孙女，他的父亲邓训曾做过护羌校尉，母亲阴氏是阴丽华堂弟的女儿。

邓皇后的名字叫邓绥，从小便聪明孝顺。邓绥5岁时，祖母很喜欢她，亲自为她剪发。但老夫人年事已高，眼睛不大好，误伤了邓绥的前额却没注意到，但邓绥忍着痛没有吭声。后来左右看到的人都觉得奇怪就问她，5岁的邓绥说："不是不痛，是因为太夫人怜爱我而为我断发，我不忍伤她老人家的心，所以就忍住了。"

受邓氏家学的熏陶，邓绥6岁就能读《尚书》，12岁就通读了《诗经》《论语》。她的志趣全在研究诗书典籍上，而不问居家事务。母亲常常批评她说："你不习女工（指女红）以供服饰之用，却沉溺于读书，难道你要当博士吗？"邓绥不敢违抗母亲，于是白天学习妇人必修的女红，晚间便诵读经典，家里人都叫她"诸生"。父亲邓训认为自己的女儿与众不同，所以无论大小事，往往和她详细讨论。

和帝永元四年（92），邓绥本应入选掖庭，但适逢邓训去世，邓绥日夜哭泣，整整3年不吃荤菜，脸色憔悴，以至于连家里亲人都认不出她了。从前太傅邓禹曾感叹地说："我统率百万之众，从来没有错杀过一个人，我的后代必定有发达的。"后来邓绥的叔叔邓陔也说："常听说能救活千人性命之人，子孙必定封爵。我兄长邓训担任谒者，派人修治石臼河，每年救活数千人。如果天理可信的话，邓氏家族一定会得到福报。"

和帝永元七年（95），邓绥入宫，此时她身长七尺二寸，才貌出众，转年冬天，邓绥进入掖庭做贵人时，刚刚16岁，由于她为人谦恭有礼，对周围的人，哪怕是宫人仆役，都广施恩惠。当时汉和帝的皇后是阴皇后，见到大家对邓绥的称赞日盛，不知如何是好，于是便制造巫蛊，诅咒邓绥，想以此加害她。后来事情败露，永元十四年（102），阴皇后被废，同年冬天，邓绥被立为皇后。

4年之后，和帝驾崩。之前，和帝曾有过10来个儿子都夭折身亡，之后出生的皇子就被秘密地送到民间养育，群臣无人知晓这些皇子都在哪儿。此刻和帝驾崩，邓皇后将皇子从民间接回，大家才知道共有两人，其中长子刘胜，身患久治不愈的顽疾；而幼子刘隆，出生才100多天。这样看下来似乎也别无选择，邓皇后将刘隆接回宫中，立为皇太子，并临朝摄政。结果大丧之下，邓太后就展示出了自己的智慧和手段。

当时，宫中丢失了一箱大珠。邓太后认为，如果审问起来，必会牵累众多无辜之人。于是她亲自审看宫人，察言观色，面对这样的压力，盗珠人当即自首认罪。再有，和帝宠幸的一个宦官叫吉成，侍从们一同诬陷他施用巫蛊害人。吉成被交付掖庭进行审讯，供词、证据清楚完备。但邓太后认为吉成是和帝身边的人，和帝对他有恩，平时尚且不讲自己的坏话，如今反而想用这种手段害自己，不合情理，便亲自下令传唤吉成，重新核实，结果真相大白，此事果然是出自侍从们的陷害。经过这两件事，宫中之人无不赞叹佩服，都认为太后圣明。

就这样，东汉迎来了执政时间最长的太后，从汉殇帝即位到邓绥去世的整整 16 年的时间，邓绥都是大汉朝廷这艘"巨轮"的掌舵人，但此时的东汉朝政早已千疮百孔，不复光武、明章时期的辉煌了。

二、和熹羌乱

可能是这位年龄仅有 100 天的皇帝刘隆身体不好，也可能是年龄太小，邓太后怕发生不测，于是就把清河王刘庆的儿子、当时 13 岁的刘祜和嫡母耿姬留在京城，住在清河王府设在京城的别院。这位耿姬是耿弇的曾孙女。

四月，邓太后一改做皇后时的低调谦逊，将自己的哥哥邓骘封为车骑将军、仪同三司，待遇与三公相同。邓骘的弟弟、黄门侍郎邓悝接替邓骘为虎贲中郎将，邓弘、邓阊二人也被封为侍中。这样，邓氏外戚集团基本形成，当然，这些人都是邓禹的后代。

没想到就在这一年的八月，刚刚即位的汉殇帝竟然驾崩了。众人将皇帝入殓后，灵柩停放在崇德前殿。邓太后赶紧召见了几位兄长，车骑将军邓骘、虎贲中郎将邓悝等都来到宫中，一起商议继位人选。

好在邓太后还算是有准备，当夜，便派邓骘持符节，用已封王的皇子才能乘坐的青盖车将清河王的儿子刘祜接来，在殿中斋戒。皇太后登上崇德殿，文武百官都穿上吉服陪同出席。刘祜被接引上殿，皇太后将他封为长安侯。随即下诏，将刘祜立为和帝后嗣。接着又撰写了册立皇帝的诏命。宣读完毕后，太尉徐防献上皇帝印信，刘祜正式即位，是为汉安帝。邓太后仍旧临朝摄政。

这时 25 岁的邓太后，面对的第一个问题，便是蔓延西北的羌胡叛乱。

羌人与匈奴不同，他们并不是统一聚居在哪一个区域，而是零散分布在陇右、河西以及青海湖以东的地区。汉武帝时期，开始设置护羌校尉管辖诸羌，光武帝建武九年（33），东汉也恢复了护羌校尉的设置，整个东汉时期，大规模的羌人起义一共爆发过五次，而造成影响最大的，甚至可以说直接导致东汉由盛转衰的一次羌人大起义，就发生在邓太后称制的汉安帝时期。

其实说起来邓太后和邓骘的父亲邓训就是一位出色的护羌校尉。在他管理羌人期间，放弃了原来汉朝官员一直采取的让羌、胡之间互相攻伐以达到制衡的手段，转而以恩德安抚，开放城池甚至自己的住所，让胡人的妻子进来，并派重兵把守，防止他们被羌人杀害，胡人因此都很感激邓训。

而对羌人，邓训则恩威并施，击灭羌酋迷唐的叛乱，同时安抚前来归附的民众，让他们回到原籍，或者分散到边关各处屯田。久而久之，邓训的威望便在羌人中树立起来。后来邓训死在了护羌校尉的任上，当地的宦吏、百姓、羌人和胡人每日去哀悼邓训的有数千人之多，有的羌人和胡人甚至用刀自刺，并杀死自己的狗马牛羊，说："邓使君已死，我们也一起死吧！"后来，邓训成为此地的城隍，直至今日。

汉安帝永初元年（107），骑都尉王弘西行迎接西域都护段禧归国，要征调金城、陇西、汉阳的羌人骑兵一同前往。郡县官府文告一出，引起了羌人的担心，他们害怕朝廷将他们骗去远方屯戍，不能再返回家乡，虽然勉强应征，但大军行进到酒泉的时候，已有不少人逃散叛离。诸郡各自派兵进行拦截，有些郡兵捣毁了羌人住宿的房屋。此举引发了羌人的反抗，其中滇零羌与钟羌两股羌人势力趁机大肆抢掠，切断了陇道。虽然这些羌人连像样的武器都没有，但郡县官兵还是无法抵抗，羌人占领城邑，羌乱就此爆发。

朝廷闻讯，命车骑将军邓骘和征西校尉任尚，率领屯骑、步兵、越骑、长水、射声等五营兵及各郡郡兵，共5万人，进驻汉阳，以防备羌军进攻。第二年正月，邓骘抵达汉阳。但各郡郡兵还没有到达，钟羌部落数千人便在冀县以西击败邓骘军，杀死1000余人。

冬季，邓骘再命任尚及从事中郎、河内人司马钧率领各郡郡兵，在平襄同滇零率领的数万羌军交战。任尚军大败，8000余人战死。这一战导致汉军主力尽失，于是羌军声势大振，朝廷已无法控制。战争让此地物资紧张，湟中地区各县的谷价，此时每石已达万钱，死亡的百姓多得无法统计，由于路途遥远，内地的粮秣无法救急，将作大匠左校令庞参让儿子庞俊上书建议撤军，邓太后同意，下诏命邓骘班师，留下任尚驻守汉阳，负责各军的调度。

虽然这一仗没打赢，邓太后还是派使者迎接邓骘，并将他任命为大将军。邓骘到达洛阳郊外，邓太后又派大鸿胪亲自出迎，中常侍前往郊外劳军。亲王、公主以下的群臣则在路旁等候。邓骘所得的恩宠和荣耀极为显赫，声势震动京城内外。

邓骘一走，滇零率军从陇西来到北地郡，众羌民推举滇零为天子，建立年号，号召居住武都的参狼部落，以及散布在上郡、西河郡一带其他支派的羌人部落一起叛乱，命他们切断陇西的交通线，并劫掠三辅地区。于是，一场全面动乱爆发，诸羌部落还向南侵入益州，击杀了汉中郡太守董炳。

永初三年（109）春天，朝廷又派骑都尉任仁负责督促各郡驻守的汉军，火速驰援三辅地区，但汉军屡遭失败，羌人士气大振，形势非常危急，当煎羌、勒姐羌等部落攻陷破羌县，钟羌又攻陷临洮县，生擒陇西郡的南部都尉。

第二年春天，滇零派人侵犯褒中，烧毁驿站，大肆掠夺百姓。于是汉中太守郑勤移兵驻守褒中县。不久，羌人再次进攻褒中，郑勤想攻打羌人。主簿段崇劝阻，认为敌人乘胜而来，兵锋难以抵挡，应该坚守，等敌人来攻。郑勤不听，率军出城交战，结果大败，3000多人被杀。段崇和门下掾史王宗等人挺身而出，保卫太守，与郑勤一同死在乱军之中。朝廷于是将金城郡迁到襄武。

正当羌人的变乱规模日益扩大、前线不断告急之时，一向跟汉朝交好的南匈奴也发动了叛乱，虽然被汉军击败，但南匈奴也不再臣服，一再袭扰边境。

在西北，汉军长期征战，却不见效果，西部军队所有的屯田都被荒废，朝廷只好下诏要任尚率领官吏士兵回到长安驻守，同时，撤回南阳、颍川、汝南三郡的将士，在长安设立京兆虎牙都尉，在雍县设立扶风都尉，如西汉时设置三辅都尉的旧例。

作为外戚首领的大将军邓骘此时焦头烂额，西部和北部均需要用兵，可是朝廷却没有那么大的力量。最后，邓骘想出一个主意——放弃凉州，先集中全力，对付北方叛乱的南匈奴。于是，邓骘召集四府（三公府加大将军府合称"四府"）重臣开会，将自己的政策解释为：好像两件破衣服，拆一件去补另一件，至少还能有一件完好，如若不然，两件衣服全都没法穿。大家纷纷表示同意。

此时，郎中虞诩上书太尉张禹说，邓骘的意见绝不可以实施。虞诩一共给出了三个理由：其一，先帝披坚执锐，好不容易得到的土地，不能舍弃；其二，如果放弃凉州，三辅地区就成了边塞，皇家祖庙便没了屏障；其三，自古关东出相，凉州出将，羌、胡军队之所以不敢占领三辅地区，正是因为有凉州在其背后，如果放弃凉州，一旦有人揭竿而起，驱使羌、胡军队为前锋，那么函谷关以西，恐怕就要落入敌手。主张放弃之人，用补破衣服打比方，认为至少可以保留一件，可事实上，凉州之事就好比一个恶疮，如不治疗，将使肌肤溃烂，永无止境。

于是太尉张禹便再次召开高层会议，大家一致同意虞诩的分析，但邓骘也因此记恨虞诩。

骑都尉任仁作战多次失败，并且手下军纪涣散，沿途大肆抢掠百姓，被朝廷用囚车征召送往廷尉诏狱，后来死在狱中。此时，护羌校尉段禧病逝，朝廷再次以前任校尉侯霸接任段禧，侯霸将护羌校尉的治所迁到张掖郡。

永初五年（111）春天，任尚也因为未能建功被征还免官。羌人接着入侵河东一直攻到河内，百姓惊慌，许多人向南渡过黄河逃亡。朝廷又派北军中侯朱宠率领五校营最精锐的士兵把守孟津渡口，并下诏要魏郡、赵国、常山郡、中山国修缮堡垒固守，沿途城堡多达616处。

羌人势大，各地官员都忙着上书要求朝廷迁徙民众，躲避敌人。

于是朝廷下诏，将陇西、安定、北地、上四郡民众迁至襄武、美阳、池阳、衙等四县。百姓留恋故土，不愿离开，各郡竟组织强拆，割掉他们的庄稼，拆毁他们的房屋，平掉军营土障，毁掉百姓积聚的财物。当时连年干旱，又有蝗灾，本就是饥荒年景，再加上官兵驱赶逼迫，抢劫掠夺，百姓们颠沛流离，四下分散，路上不断有百姓死亡，有的人丢下了老人小孩，有的人只能去做别人的仆人和小妾，四郡的民众损失超过一半。

此时，朝廷再次任命任尚为侍御史，进攻在上党羊头山的羌人，任尚获胜，还诱骗杀死了前来投降的200多人，朝廷总算可以撤去孟津的驻守部队，松一口气。

接下来的几年间，汉军和羌军一直在西北作战，但无论是护羌校尉侯霸，还是骑都尉马贤，在与羌人作战时，都不再有能力进行大兵团的决战，而是采用逐个击破，瓦解羌人联盟的方法。到了元初二年（115），新任的护羌校尉庞参决定对羌人发动心理战，以恩德和信誉感化羌人，使羌人首领号多等人率部众投降，庞参将其送往洛阳，朝见安帝，朝廷将其封为侯爵，发给印信后将其送回。之后，庞参将护羌校尉的治所由张掖迁回令居，河西走廊跟关中的道路才再次打通。

同年，朝廷任命班超的儿子屯骑校尉班雄，率军驻防三辅地区。任命左冯翊人司马钧，代理征西将军。司马钧督导关中各郡地方部队8000余人，庞参率领羌胡军队7000余人，两军分道并进，攻击北地郡的羌人皇帝零昌。庞参挺进到勇士（地名）东侧，被羌人将军杜季贡击败，率军撤退。

司马钧孤军深入，攻陷杜季贡的根据地丁奚城，杜季贡率军假装逃走。司马钧命右扶风太守仲光收割羌人庄稼，仲光却违背司马钧命令，在毫无戒备的情况下，深入敌区，中了羌军设下的埋伏，军队被拦腰攻击。司马钧在城中得到报告，对仲光的抗命行动大为愤怒，甚至拒绝援救。

冬十月十三日，仲光大败，全军覆灭，仲光以下官兵被杀的有3000人，司马钧精锐尽失，不能固守，随后撤退。庞参此前战败，不能在约定日期抵达战场，所以宣称有病，也退回驻地。司马钧、庞参都被捕下狱，司马钧自杀。

朝廷任命马贤接替庞参为护羌校尉，并再次起用任尚为中郎将，接替班雄，驻防三辅地区，战争又打了3年，才最终平定了这次羌乱。

这场战争从永初元年（107）爆发，一直持续到元初五年（118），前后共12年。战争连续不断，军队疲惫不堪，根本没有时间休整。东汉与羌人10多年的战争所消耗的物资，以货币计算，共计240多亿钱。各地府库完全被掏空，而且影响波及内地各郡。边境地区死亡的百姓更是无法计算，并州、凉州两地十室九空。东汉王朝也从此走向了没落。

三、再通西域

当初在班超归国之后，继任的西域都护就是后来平定羌乱的功臣任尚，这个人自大傲慢，作战英勇但缺乏谋略，也没有什么政治头脑。他在做西域都护之前，曾去问班超自己该从何做起。班超告诉他："塞外这些官吏和士兵，都是在内地因犯罪被迁徙塞外守边屯戍的。而西域各国，心如鸟兽，难以扶植，却又容易叛离。如今您性情严厉急切，但记住，水至清则无鱼，不用事无巨细，只总揽全局就好。"可是任尚却觉得班超不过尔尔，班超一走，任尚便改弦更张，没过几年，西域各国竟相继反叛。

汉殇帝延平元年（106），北地人梁慬被任命为西域副校尉，前去辅佐任尚。

梁慬刚走到河西，正赶上西域各国叛变，联合攻击驻扎在疏勒国的西域都护任尚。任尚上书朝廷求救，朝廷命梁慬率河西四郡的羌胡骑兵5000人前去救援。但还没等梁慬抵达疏勒，疏勒之围已解。朝廷旋即召回任尚，命骑都尉段禧继任西域都护，西域长史赵博为骑都尉。

段禧、赵博二人固守它乾城。这座城城垣较小，梁慬认为不够坚固，于是他便用诈术说服龟兹王白霸，表示愿到龟兹城跟白霸共同据守。白霸同意了，可龟兹官员跟百姓坚决反对，不过白霸概不接受。

梁慬一进入龟兹城，便急派将领迎接段禧、赵博入城，并在龟兹集结军队八九千人。龟兹国抛弃了国王白霸，与温宿、姑墨两国结盟，集结军队数万人。梁慬率军出战，大破联军，双方一连缠斗数月，联军终于败走。梁慬乘胜追击，杀敌万余，俘虏数千，龟兹的局势才稳定下来。

可此时的西域都护段禧几乎是个光杆司令，虽然保有龟兹，可其他各国仍然抵制汉朝。汉军困守龟兹，跟中原本土的道路完全断绝，连一份奏章报告都无法送出。因此，朝廷有官员建议，西域远在天边，又反复无常，军费支出没有尽头，国家已无力负担，应该撤销西域都护。于是在永初元年（107）六月，朝廷决定撤销西域都护，派骑都尉王弘率领关中军队，迎接段禧、梁懂、赵博以及在伊吾卢和柳中屯田的战士，将他们全部撤回内地。

元初六年（119），敦煌太守曹宗派长史索班率领1000余人驻扎伊吾，车师前王和鄯善王都到索班这里投降。几个月之后，北匈奴单于与车师后国联合进攻索班，索班战死，随后匈奴进攻车师前国，占据西域北道。鄯善王见状，焦急万分，派人向曹宗求救，曹宗奏请朝廷出兵5000人反击匈奴，替索班报仇，同时收复西域。

邓太后召班勇参加廷议。朝中公卿大夫多数主张关闭玉门关，增强守备，放弃西域。班勇上奏，首先回顾了西汉管辖西域的历史："从前孝武皇帝担心匈奴成为塞外百蛮的统帅，威胁汉朝边境要塞，于是凿空西域，阻断匈奴与西域的联系，当时，参加廷议者都认为这等于剥夺了匈奴的财富，斩断了它的右臂。后来王莽篡位，向西域索取的东西太多，贪得无厌，西域胡人愤怒至极，才背叛汉朝。"

其次班勇总结本朝的经验，说："光武帝中兴之后，未有闲暇考虑外事，所以匈奴自恃强盛，在西域为所欲为，横行霸道。到了汉明帝永平年间，匈奴多次进攻敦煌，河西诸郡不得不在白天关闭城门。孝明皇帝考虑国家大计，于是派虎将出征西域，因此匈奴逃往漠北，边境恢复安宁。到了永元年间，西域多地没有不归附大汉的。后来适逢羌人作乱，我朝与西域断绝往来。于是北匈奴开始欺凌西域诸国，摊派债务，加收租税，对西域各国招之即来，挥之即去。鄯善、车师都对匈奴怀有愤怨之心，想亲近汉朝，可惜找不到方法。此前西域各国之所以时常发生叛乱，全是由于管理不当。现在曹宗向朝廷请兵，不过是感到耻辱，想报复匈奴，而不去重温历史上出兵的先例，这是没有考虑此时的具体情况。"

接着，班勇谈到经营西域的要领之处："凡是想在异域建功之人，万中难有一人成功，如果兵连祸结，后悔就来不及了。何况现在朝廷府库尚未充盈，军队也没有后继兵力，如若贸然出兵，是向远方的夷狄显示自己的弱点，向天下暴露自己的短处，臣不能同意曹宗出兵的要求。"

最后，班勇提出了自己的策略，说："旧敦煌郡有营兵 300 人，现在应予以恢复，并重新设置西域副校尉，驻扎敦煌，一如永元年间那样。还应派西域长史统率 500 人驻扎楼兰，向西可挡住焉耆、龟兹的来路，向南可为鄯善、于阗壮壮声势，向北则可以抵御匈奴，向东亦可靠近敦煌。如此则万无一失。"

接下来，朝堂上围绕着是否出兵西域做了一番讨论，班勇舌战群儒，痛陈朝廷不能放弃西域的原因。

班勇奏罢，尚书问班勇："现在设立西域副校尉，有何好处？又设长史驻楼兰，有何利害之处？"班勇答道："从前永平末年，西域初通，起初派中郎将居于敦煌，后来在车师设副校尉，既管制胡虏，又节制汉人，使其不得有所侵扰，所以外夷心甘情愿归附大汉，匈奴也害怕我们的威势。现在鄯善王尤还，是汉人的外孙，如果匈奴得志，则尤还必死。这些人虽与鸟兽无差，但也知趋利避害。如果出兵屯驻楼兰，足以让他们归附，所以，我认为这样比较合适。"

长乐卫尉镡显、廷尉綦毋参、司隶校尉崔据反驳道："朝廷从前之所以放弃西域，是因为西域对中原无益，且费用难以供给。现在车师已属匈奴，鄯善也不能确保守信，一旦出现反复，你班勇能保证北匈奴不会为害边疆吗？"

班勇答道："现在中原设州牧，为的是防范郡县奸猾之辈，如若州牧能保证郡县没有奸猾之辈作乱，臣也愿意以腰斩为约，保证匈奴不成为边害。如今开通西域，则匈奴必然被削弱，其危害自然也就小了。总比归还他们的腑脏，接续他们的右臂要好吧？现在设校尉安抚西域，设长史招抚各国，如若放弃，西域必会绝望，之后便会倒向北匈奴，边境将再受侵害，恐怕河西的大门又要在白天关闭了。如果朝廷不广布恩德，而计较屯戍费用的问题，北匈奴一旦强大，难道是安定边疆的长远之计吗？"

群臣无言，于是太尉授意毛轸反驳道："如果设置校尉，那么西域就会不断派使者前来，要钱要粮将永无止境，给他吧，朝廷费用难以供给，不给又会失了其心。一旦诸国被匈奴胁迫，自然又来求救，那事情就又闹大了。"

班勇答道："假设现在让西域归附匈奴，让他们感戴大汉的恩德，只希望他们不到边境抢掠就可以了。可如果不如我们所想，匈奴凭借西域的丰足租税、众多兵马，侵扰边境，这无异于增强敌人的实力。设置校尉的目的，无非是为了宣扬汉朝威德，以此维系西域归附之心，不让匈奴觊觎中原，并没有消耗朝廷钱财的顾虑。况且西域之人要求不高，来此也不过是为了食物而已，现在一旦拒绝，让他们投靠匈奴，诸国联合侵犯并、凉二州，那么中原的耗费何止千亿？以此看来，设置校尉实在是有利。"

这场辩论着实精彩，班勇认为经营西域的目的，就是为了不让其落入敌手，危害边疆，西域可以作为中原的屏障。而诸位大臣的说法也没有错，此时的东汉朝廷，连年羌乱，南匈奴蠢蠢欲动，国库空虚，确实无力负担过多的费用。

同时，我们站在今天的角度来看，经营西域当然十分重要，但对于汉朝来说，难度太大。其一，路途遥远，如果西域都护不能像班超一样自给自足，要想为继十分困难；其二，还要有合适的人选，就以任尚为例，班超告诉他的方法，他嗤之以鼻，以这种态度是不可能搞好边疆事务的，护羌校尉也是如此；其三，最重要的还是朝廷本身，统治者必须对西域都护足够有信心，就像汉章帝信任班超一样，因为西域各国认的不光是汉朝，更多认的是西域都护本人，如果朝廷动辄生疑，随意撤换，那么这种信任关系就无法产生，自然西域就会屡生变乱。

邓太后之所以让班勇参加这一次的廷议，是因为邓太后很看重班勇，或者说班家的意见。但其他官员所说的也是事实，于是最后邓太后采取了一个折中的办法——恢复敦煌郡的营兵 300 人，设西域副校尉，驻扎敦煌。这个做法虽然又使西域得到了一定的控制，但西域校尉还是不能走出屯兵之地。后来匈奴果然多次与车师联合犯边，导致河西地区损失惨重。

所以在延光二年（123）夏季，朝廷又任命班勇为西域长史，率领士兵500 人进驻柳中。第二年正月，班勇到达楼兰，鄯善国随即归附汉朝，朝廷下诏表彰了班勇。可龟兹王白英还在犹豫不决，班勇派人游说，恩威并施，龟兹王白英终于率领姑墨、温宿两国前来投降。班勇于是征调龟兹的步兵骑兵万余人到达车师前国的都城，在伊和谷将匈奴伊蠡王赶走，俘获了车师前部 5000 余人，于是车师前部的西域北道再次开通。回来之后，班勇仍驻柳中，一边防守，一边屯田。

延光四年（125）秋天，班勇再调敦煌、张掖、酒泉的六千骑兵和鄯善、疏勒、车师前部的联军一起攻打车师后王军就，大获全胜，斩首俘获 8000多人、马畜 50000 余头，擒获军就和匈奴使者，将他们押到索班死的地方斩首，替索班报仇雪耻，并将首级传送京师。

永建元年（126），班勇另立车师后部王子加特奴为王，又派另一位属下杀了东且弥王，也另立了他的同族人为王，至此车师六国全部平定。同年冬天，班勇调集各国士兵攻打匈奴呼衍王，呼衍王败走，其部下 20000 余人全部投降。汉军还抓到了单于的堂兄，班勇命车师后王加特奴亲手将其杀死，让车师与匈奴结仇。北匈奴单于亲自率领万余骑兵进入车师后部，到了金且谷，班勇派假司马曹俊快速赶去救援。单于退走，曹俊追斩匈奴的贵人骨都侯，于是呼衍王便迁居到了枯梧河上。从此以后车师再没有了匈奴的踪迹，城池安宁。此时只有焉耆王元孟还未投降。

永建二年（127），班勇上书请求攻打焉耆王元孟，朝廷派敦煌太守张朗带领河西郡兵3000人与班勇配合。班勇调集西域各国联军40000余人，与张朗分两路出击。班勇走南道，张朗走北道，约定日期到焉耆会师。可是张朗之前戴罪在身，想立功赎罪，于是就先赶到爵离关派军中司马领兵上前作战，俘获敌人2000余人。元孟害怕被杀，便派使者请求投降，张朗便直接进入焉耆受降而归。但元孟不肯当面被捆绑，只派儿子到朝廷进贡。张朗因此得以免除死罪，但班勇因为没有如期赶到，被召还下狱，不久得到赦免。

班勇最后老死家中，汉朝也彻底失去了西域，等到西域再次并入中央王朝的版图，已经是唐朝的事了。

第十三章

宦官乱政

如果单看词意的话，宦官应该有两个意思，第一是指去势后的男性，第二则是指在宫中侍奉的人。早在商代的甲骨文中，就有对去势男性的记载，而《周礼》中更是明确记载了天子身边有内侍5人。可在东汉以前，并非所有的宦官都是去势的男性，比如宦官出身的赵高，他虽然担任宦官的职务，但他很有可能是一位正常的男性。到东汉光武中兴之后，宦官才开始全部使用去势的男性担任。

在汉和帝当政时期，东汉宦官正式粉墨登场。由于窦氏专权，和帝可以依靠的只有宦官。和帝驾崩后执政的邓太后与汉和帝一样，很信任宦官，许多议事场合，太后不便出席，都派宦官代为参加。也正因如此，宦官得以对朝政发表自己的看法，除了和帝信任的郑众以外，邓太后还重用中常侍蔡伦，对，就是改进造纸术的蔡伦。

蔡伦是桂阳郡人，据说很有才学，为人也忠厚谨慎，在和帝时，就做到了宦官中职位最高的中常侍。汉代的宦官都叫黄门，是因为这些人都在黄门待诏而得名。刘秀即位以后，将本来可以由士人担任的中常侍改为宦官担任。汉明帝永平年间规定，宦官中有中常侍4人，小黄门10人，后来逐渐增加为中常侍10人，小黄门20人。汉安帝时，继郑众之后，蔡伦也被邓太后封为龙亭侯。

汉安帝建光元年（121）三月，邓太后去世。此时的汉安帝刘祜已经27岁了，其实这些年朝堂中对邓太后临朝一直有不同的声音，就以《资治通鉴》的记载来看，从安帝永初元年（107）开始，几乎每年都有大臣上书请邓太后归政的事情发生，这其中还不乏邓家本族人的声音，只是每次有人提起，邓太后便会动怒，轻者将人降职免官，重者当场击毙，这种情况一直持续到邓太后去世的前一年。

安葬邓太后以后，汉安帝亲政，除下诏选拔人才之外，如何安置邓骘等人也是一个问题。安帝在幼年时，人们都说他聪明，所以邓太后将他立为皇帝。但等到长大以后，安帝却暴露出很多不好的品质，渐渐不合邓太后的心意。安帝的奶娘王圣看出了这个问题。

邓太后曾征召济北王和河间王的儿子们前来京城，其中，河间王的儿子刘翼相貌堂堂，邓太后认为他不同寻常，便让他做平原王刘隆的继承人，留在京城，这一情况颇像当年安帝留在京城等着接班的那一幕。王圣见此情况，又看到邓太后久久不归还政权，担心安帝会被废黜，就经常同中黄门李闰和江京围在安帝身边，一同诋毁太后，安帝每每听到，便感到怨愤和恐惧。

等到邓太后驾崩，先前因受处罚而怀恨的宫人便诬告邓太后的兄弟邓悝、邓弘、邓阊等人曾向尚书邓访索取废黜皇帝的历史档案，策划改立平原王刘翼。安帝听到后，回想往事，怒从心生，命臣下弹劾邓悝等大逆不道。废掉西平侯邓广宗、叶侯邓广德、西华侯邓忠、阳安侯邓珍、都乡侯邓甫德的爵位，将他们全部贬为平民。邓骘因没有参与密谋，只被免去特进之衔，遣回封国。邓氏宗亲一律免去官职，返回原郡。

同时，安帝还下诏没收邓骘等人的资财、田地和房产，将邓访及其家属放逐到边远的郡县。在郡县官员的迫害下，邓广宗、邓忠二人自杀。后又将邓骘改封为罗侯。五月初一，邓骘和他的儿子邓凤一同绝食而死。邓骘的堂弟、河南尹邓豹，度辽将军、舞阳侯邓遵，以及将作大匠邓畅，全部自杀。唯独邓广德因母亲与汉安帝的阎皇后是亲姐妹，得以留在京城。安帝重新任命耿夔为度辽将军。征召乐安侯邓康，任命为太仆。五月十七，将身居京城的平原王刘翼贬为都乡侯，遣回河间。刘翼回到河间之后，闭门谢客，深居自守，最终得以免罪。邓氏外戚就此覆灭。

此时的斗争其实无关对错，如果单就安邦治国来说，邓太后和兄长邓骘都堪称优良。邓骘身居大将军之位，选贤任能，弘农人杨震被称作"关西孔子杨伯起"，被邓骘聘为幕僚。当时，杨震已经50多岁，接连出任荆州刺史和东莱太守。在前往东莱郡的路上，途经昌邑，他先前所举荐的荆州茂才王密正担任昌邑县令。夜里，王密带着10斤黄金来送给杨震。杨震说："故人了解你，你却不了解故人，这是为何呢？"王密说："黑夜之中，没有人知道。"杨震说："天知，地知，你知，我知，怎能说没有人知道？"于是王密惭愧地离开了。杨震后转任涿郡太守，他公正清廉，有才能的人都在邓骘手下得到任用，发挥各自的才能。

一、小人干政

安帝亲政以后，将嫡母耿贵人的哥哥牟平侯耿宝任命为羽林左军车骑总监，将祖母宋贵人之父宋杨的4个儿子全都封为列侯，阎皇后的兄弟阎显、阎景、阎耀，全都担任卿、校，统御皇家禁军。从此，安帝内宠的权势开始兴盛。

不光是内宠，安帝认为江京当年曾迎接自己入宫即位有功，将他封为都乡侯，将李闰封为雍乡侯，并把二人全都提升为中常侍。江京兼任大长秋，与中常侍樊丰、黄门令刘安、钩盾令陈达，以及王圣和王圣的女儿伯荣在朝内外活动，这些人穷奢极欲，暴虐无常，利用伯荣能够出入皇宫的特权，一起从事串通奸恶和输送贿赂的勾当。而伯荣在这些人中最为奢侈荒淫，她与已故朝阳侯刘护的堂兄刘济通奸，刘济便娶她做妻子，后来刘济的官位达到侍中，竟然还以堂兄的身份继承了刘护的爵位。

司徒杨震多次上书指出这些人的谬行，安帝都不予理会，反而使这些小人对杨震怀恨在心。延光三年（124），安帝去东方巡视，中常侍樊丰、周广等人大兴土木，杨震派人调查，准备等安帝回京再上奏，结果几人反向安帝告状，说杨震是邓骘旧臣，于是安帝便收缴了杨震的印绶，将其遣回原籍。杨震来到洛阳城西的夕阳亭，对儿子和门生说：

"死者，士之常分。吾蒙恩居上司，疾奸臣狡猾而不能诛，恶嬖女倾乱而不能禁，何面目复见日月！身死之日，以杂木为棺，布单被，裁足盖形，勿归冢次，勿设祭祠！"

之后杨震便饮毒酒而死。弘农郡太守移良遵照樊丰等人的意思，派官吏在陕县扣留杨震的灵车，让棺木暴露在大道旁，并惩罚杨震的儿子们为驿站传递文书。路上的行人看见，都为他们落泪。

杨震死后，宦官们更加跋扈，很快他们发现了另一个有可能威胁他们的力量，那就是汉安帝的儿子太子刘保。

起初，太子刘保因为总是半夜惊醒，不能安居，就住在王圣的家中，刘保的乳母王男、厨监邴吉等人认为王圣家的房子刚修缮过，犯了土禁，不能让刘保长住，这一下得罪了王圣。于是王圣、江京、樊丰等人杀掉了太子的乳母王男和厨监邴吉，这二人的家属也被流放到比景县。太子刘保非常思念王男和邴吉，屡屡为此叹息。江京、樊丰觉得害怕，怕将来留有后患，就找到了同党——阎皇后，这位阎皇后才貌俱佳，很得安帝的宠幸，但缺点是生性嫉妒，安帝临幸了宫女李氏，生下了刘保之后，李氏便被阎皇后用毒酒鸩杀，随着刘保被立为太子，而且日益年长，阎皇后也怕将来刘保即位后会报复自己，此时正好江京等人抛来橄榄枝，于是两伙人一拍即合，决定凭空捏造证据，罗织罪名诬陷太子和太子身边的官员。

结果安帝听信了阎皇后一伙人的谣言，竟然召集群臣讨论废黜太子的事宜。安帝的舅舅大鸿胪耿宝和皇后的哥哥阎显是同党，平素里一贯以逢迎上意为能事，此刻见安帝正在气头上，便一致同意，认为应当废黜太子——可是汉安帝只有这一个儿子。

太仆来历、太常桓焉、廷尉张皓提出异议，这几人也不敢明着反对江京集团，只说太子年少，并不知晓王男、邴吉的奸谋，还是应该选好老师好好教育，废黜太子事关重大，应该三思。结果安帝就是听不进去。退下之后，张皓又上书强调，太子是国之根本，不能轻易废立，但安帝还是发布诏书将皇太子刘保废黜，贬为济阴王，居住在德阳殿西侧的钟楼下。

废太子的诏书一下，太仆来历约集光禄勋祋讽，宗正刘玮，将作大匠薛皓，侍中闾丘弘、陈光、赵代、施延，太中大夫朱伥等10余人，一同到鸿都门进谏，说太子并无过失，不应无故废黜。此时的汉安帝和他的左右亲信都感到不安，来历等人越是这样，他们就越觉得废太子是明智之举，商量之后，安帝派中常侍用诏命威胁群臣说："父子一体，本是天性，现在之所以以大义割断亲情，乃是为了天下。来历、祋讽等人不识大体，与众小人一同鼓噪喧哗，表面上看是忠诚正直，而内心却是在希求以后的好处。以谏诤掩饰邪念，违背正义，这难道是侍奉君王之礼吗！朝廷广开言路，所以姑且全部宽恕尔等，倘若继续执迷不悟，则朝廷定让你们见识刑法威严！"

此话一出，劝谏的人都很害怕，将作大匠薛皓本来就是个修房子的，此时首先叩头道："臣等自然服从诏命。"来历一见，非常气愤，当廷诘问薛皓说："刚才一道进谏时说的是什么话？而现在你又背叛它！大臣食君之禄，处理国家大事，原来可以如此反复无常吗？"

众人见皇帝把话说得死死的，就逐渐各自起身退下。只有来历独自一人，守在鸿都门下，一连几天都不肯离去。安帝因此大怒，来历的母亲是汉明帝刘庄的女儿，而来历的儿子则娶了汉安帝的亲妹妹刘直得，本来安帝很信任来历，不然也不会封给来历太仆这样的高官，但此刻安帝大发雷霆，尚书令陈忠便指使手下各位尚书一同上奏弹劾来历等人。安帝就这样将来历兄弟免官，还削减来历的封国赋税收入，贬黜来历的母亲武安公主，不许她入宫觐见。

可是唯一的太子被废黜，那继承人该怎么办呢？可能王圣、江京等人还没想过这个问题，毕竟安帝才 31 岁，可转过年来的三月初十，安帝就在南巡的途中忽然去世，享年 32 岁。

从后面的一系列反应来看，皇后等人一点儿准备都没有，此时和阎显、江京、樊丰等几人聚在一起商量说："如今皇帝死在南巡途中，废太子济阴王刘保却留在京都洛阳。陛下驾崩的消息一旦传出，如果公卿大臣集会，拥立济阴王继承帝位，将给我们招来大祸。"

于是几人谎称皇帝病重，将尸首抬上卧车，所过之处，贡献饮食、问候起居，和往常一样。车队急行 4 天，三月十三便返抵皇宫。十四日，派司徒刘熹前往郊庙、社稷，祷告天地。当晚发丧，尊阎皇后为皇太后，临朝主政，任命其兄阎显为车骑将军、仪同三司。

此时的阎太后踌躇满志，以为自己可以像前任邓太后那般长期独揽大权。既然要长期掌权，那就应该选立一个年幼的皇帝。阎太后和自己的兄弟阎显等人在禁宫中定策，决定迎立济北惠王的儿子、北乡侯刘懿继位。而济阴王因在此前已遭废黜，反而不得上殿在棺木前哀悼父亲，刘保因此悲痛号哭，饮食不进。宫廷内外文武百官，无不为之动容。

俗话说：人心隔肚皮，做事两不知。刘懿刚刚即位，阎显顾忌大将军耿宝位尊权重，威望又高，就与自己昔日的同党翻了脸，指使有关官吏弹劾说："耿宝和他的同党中常侍樊丰、虎贲中郎将谢恽、侍中周广、野王君王圣、王圣的女儿王永等人，互相结党营私，作威作福，大逆不道。"

于是阎显下令将樊丰、谢恽、周广等人下狱处死，家属流放比景（今越南北部）。耿宝和侄儿林虑侯耿承也被贬为亭侯，遣回封国，耿宝在途中自杀。王圣母子被流放雁门。之后，阎显又任命其弟阎景为卫尉，阎耀为城门校尉，阎晏为执金吾，兄弟同居权力中枢，准备大展拳脚，好好享受一番。

可是人算不如天算，延光四年（125）十月，北乡侯刘懿病重，中常侍孙程对济阴王的谒者长兴渠说："济阴王是皇帝嫡子，原本并无过失，先帝听信奸臣谗言废黜太子。如果北乡侯的病不能痊愈，我愿与你联合除掉江京、阎显，此事没有不成功之理。"长兴渠表示同意。此外，宫中的中黄门、先前曾担任太子府史的南阳郡人王康，以及长乐太官丞、京兆人王国等宦官也都赞成孙程的意见。

同时，在宫里，江京也对阎显说："北乡侯的病很难痊愈了，继位人应该提早确定，何不早做准备，征召诸王之子，从中选择可以继位的人呢？"阎显认为有道理。可是十月二十七，北乡侯刘懿就去世了。阎显急忙禀告太后，暂时秘不发丧，再征召诸王之子进宫，关闭宫门，驻兵把守，秘密商议大事。

十一月初二，孙程、王康、王国和中黄门十几人在西钟楼下秘密聚会，每人撕下衣襟盟誓。初四，京都洛阳和 16 个郡国发生地震。当晚，孙程等先在崇德殿集合，然后进入章台门。当时，江京、刘安和李闰、陈达等人正好都坐在宫门之下。

就这样，孙程和王康一齐动手，斩杀江京、刘安和陈达。因李闰长期在宫中掌权，众人都很信服他，想让他来领头拥立新君，所以举刀胁迫李闰说："你必须答应拥戴济阴王为帝，不得动摇！"李闰同意，大家将他扶起来，都到西钟楼下去迎接济阴王即皇帝位，当时济阴王刘保只有 11 岁。

接着，宦官们以济阴王刘保的名义召集尚书令、仆射以下官吏跟随御车，进入南宫。孙程等留守宫门，断绝内外交通。刘保登上云台，召集公卿百官。派遣虎贲和羽林卫士分别驻守南宫和北宫的所有宫门。

阎显此时正在宫中，闻讯后惊慌失措，不知如何是好。小黄门樊登劝阎显用太后诏命，征召越骑校尉冯诗、虎贲中郎将阎崇率军驻守平朔门，以抵御孙程等人。阎显依计行事，引诱冯诗入宫，并对他说："济阴王即位，不是皇太后的旨意，皇帝玺印还在这里。如果你能尽力为皇太后效劳，可以封你为侯。"太后也派人送来印信说："能拿获济阴王者，封万户侯。拿获李闰者，封五千户侯。"冯诗等人虽都承诺效忠，但报告说因仓促应召，带兵太少。阎显便派冯诗和樊登去左掖门外迎接增援的将士，刚到宫门，冯诗就找机会斩杀樊登，归营固守。

而另一位阎显的弟弟卫尉阎景也仓促从宫中返回外府，带兵抵达盛德门。孙程传诏书命尚书们逮捕阎景。当时，尚书郭镇正卧病在床，一听到命令，立即率当值的羽林卫士从南止车门出来，正遇上阎景的手下拔刀大喝："不要挡道！"郭镇立即下车持节宣读诏书，阎景大怒道："什么鸟诏书！"随即举刀砍向郭镇，但刀法欠佳，没砍中。郭镇拔剑反将阎景击落车下，羽林卫士用戟当胸将阎景叉住，将其活捉，送至廷尉狱囚禁，阎景当夜就死去了。

十一月初五，刘保派使者入北宫，夺得皇帝玺印，正式即位，史称汉顺帝。接着刘保以皇帝身份亲临嘉德殿，派遣侍御史持符节，将阎显及其弟城门校尉阎耀、执金吾阎晏一并下狱处死，家属全都流放比景，将太后迁往离宫。初六，打开宫门，撤走宫中驻军。初九，皇帝下诏给司隶校尉，说："只有阎显、江京的近亲应当被诛杀，其他的人，均须从宽处理。"

同时，汉顺帝将拥立自己的 19 位宦官全部封为列侯，获封最多的孙程食邑万户，最少的也有千户食邑，这些人号为"十九侯"。同时，汉顺帝还根据等级，分别赏赐这些宦官车马、金银和钱帛，除此之外，还擢升孙程为骑都尉。

在外朝，当初反对废太子的诸大臣都得到封赏，擢升将作大匠来历为卫尉。祋讽、闾丘弘此前已病故，顺帝便将他俩的儿子都任命为郎官。朱伥、施延、陈光和赵代，也都得到提拔任用，后来官至公卿。

当年十二月，杨震的门生虞放、陈翼到宫门为杨震鸣冤。皇帝下诏，任命杨震的两个儿子为郎，赠钱一百万，用三公的礼仪将杨震改葬在华阴潼亭。远近之人全都赶来吊丧。此时有一只一丈余高的大鸟降落在灵堂之前，郡太守府将此情景呈报朝廷，皇帝为杨震的忠心所感，下诏再用中牢（即一羊、一猪）祭祀杨震。

转过年来的正月，汉顺帝前往东宫朝见阎太后。十几天后，阎太后就去世了。又一次的宫廷斗争结束了，外戚集团覆灭，随之而来的，又是一个宦官当权的时代。

二、跋扈将军

汉顺帝刘保为人软弱，缺乏主见。就在他即位的第一年，虞诩接替陈禅担任司隶校尉。到任数月，虞诩就上奏弹劾太傅冯石和太尉刘熹，顺帝便下诏将他们免官，不久又上奏弹劾中常侍程璜、陈秉、孟生、李闰等人。这时百官都感到不满，指责他苛刻。三公上奏弹劾他说："虞诩违反常法，于盛夏之季，大肆逮捕和关押无罪之人，吏民深受其害。"虞诩也向顺帝上书，为自己申辩说："法令是整顿风俗的堤防，刑罚是驾驭百姓的衔铁和缰绳。然而，现在的官府，州一级把政事分派给郡，郡一级再分派给县，层层往下推卸责任，百姓怨恨，投诉无门。并且，当今的风气，都以苟且容身为贤能，尽忠职守为愚蠢。我所查获的贪赃枉法案件，各种各样，盘根错节。三公因恐被我举报，竟先来诬陷我，我将追随春秋时的直臣史鱼的脚步，向皇上尸谏！"顺帝看了虞诩的奏章，就没有对虞诩降罪。

同时，由于自己是靠宦官拥立登上宝座的，所以汉顺帝对待宦官的恩宠比前两朝更加有过之而无不及，甚至汉顺帝在了解事情时，也总是倾向于相信宦官所说。

中常侍张防利用权势，接受贿赂和请托，虞诩曾多次请求将他法办，但都被搁置，奏章也没有回音。虞诩这人是个倔脾气，非常生气，就自己将自己绑了，走入监狱，并上书顺帝说："过去，安帝任用樊丰，废黜皇室正统，几乎使社稷灭亡。现在，张防又玩弄权势，亡国之祸，将再降临。我不忍心和张防同列朝廷，谨自囚廷尉狱以报，免得让我重蹈杨震的覆辙！"

奏章呈上后，张防知道拖不下去了，就在顺帝面前流泪哭诉，就这么一哭，虞诩就被定罪，被遣送到左校罚做苦役。即便如此，张防仍然不肯放过虞诩，一定要置其于死地。两天之内，虞诩被传讯拷打了4次。狱吏都劝虞诩自杀，虞诩回答说："我宁愿伏刑刀死在闹市，让天下人都知道！如果不声不响地自杀，谁能因我之死明辨是非呢？"

这时，浮阳侯孙程和祝阿侯张贤相继请求面见顺帝，孙程说："陛下当初和我们起事的时候，常痛恨奸臣，深知他们会使国家倾覆。而今即位以后，自己却又纵容和包庇奸佞，又怎么能责备先帝不对呢？司隶校尉虞诩为陛下尽忠，却被逮捕囚禁。中常侍张防贪赃枉法，证据确凿，反而陷害忠良。今观天象，客星守羽林，是宫中有奸臣的征兆。应该急捕张防下狱，以堵塞上天所降的灾异。"当时，张防就站在顺帝背后，孙程大声呵斥张防说："奸臣张防，还不滚下殿去！"张防迫不得已，小步疾走退入东厢。孙程又对顺帝说："陛下，请立即下令逮捕张防，不要让他去向您的乳母求情！"

顺帝征求尚书们的意见，尚书贾朗跟张防素来交情很好，争辩说虞诩有罪。顺帝疑惑地对孙程说："你们先出去，朕正在考虑此事！"同时，虞诩的儿子虞凯和太学学生100余人，举着旗帜，等候中常侍高梵的车子，向高梵叩头流血，申诉虞诩被冤枉的情况。高梵入宫后将情况如实报告给顺帝。结果，张防因罪被流放到边疆，尚书贾朗等6人，有的处死，有的免官，并于当天释放虞诩。孙程又上书陈述虞诩有大功，措辞甚为直率激烈。顺帝深受感动，又任命虞诩为议郎。几天后，虞诩又被擢升为尚书仆射。

虞诩是东汉中期最为后世称道的名臣之一，从他的遭遇也不难发现，汉顺帝是一个缺乏决断，甚至难以明辨是非的皇帝，总是过于轻信身边的宦官，虽然此时他只有十几岁，但这个特点却贯穿了他整个19年的执政生涯，宦官集团也在这一时期成为东汉朝廷的一股常规力量，在参与很多国家大事时，几乎和外朝的大臣没有什么分别了。

除了朝政之外，顺帝在选皇后上同样缺乏决断。永建六年（131），汉顺帝16岁，当时在后宫的贵人中，受到宠爱的共有4人，顺帝不知应该选定哪一位。这时，身边的宦官便提出了一个公平而原始的建议——抽签，美其名曰由神灵来决定人选。这么做士大夫们很显然是无法接受的，尚书仆射胡广与尚书郭虔、史敞联名上书进谏，说抽签这种方法未必能得贤，最好的办法是，除了4位贵人外，再增选良家女儿，从其中再物色品德最好的；如品德一样好，则物色年龄较大的；如年龄一样大，再挑选外貌美丽的，这才是正道。

可能是对那4位贵人并不满意，也有可能是顺帝本身也没有主意，听了几位朝臣的建议，顺帝便决定另选皇后。永建三年（128）的时候，汉和帝刘肇的生母梁贵人的侄女，即乘氏侯梁商的女儿梁妠被选进皇宫，当时只有13岁，被封为顺帝的贵人。大臣一说皇后首要的品质是贤淑，汉顺帝便想起了她。

这位梁贵人的父亲梁商，是开国功臣陵乡侯梁统的后人。梁妠的家教很好，知书达理，据说她从小就喜欢读书，九岁便能背诵《论语》，还努力学习《诗经》，并将"列女图"放在身边，时刻以此要求自己。父亲梁商觉得自己这女儿很不寻常，是自己家积了阴德换来的福报。梁妠入宫以后，汉顺帝很喜欢她，常被召唤侍奉顺帝，有时她会推辞，并引用《诗经·周南·螽斯》中的话，告诉顺帝要"思云雨之均泽"，顺帝因此觉得她是最贤淑的女子。

转过年来，贵人梁妠被册立为皇后。皇后之父梁商也被赐为特进，位在三公之下。不久，又被任命为执金吾。阳嘉二年（133），又封梁商的儿子梁冀为襄邑侯，但梁商没有接受。转过年，顺帝又想任命梁商为大将军，梁商不愿接受，就称病不上朝。这种情况持续了一年有余，顺帝派太常桓焉拿着圣旨到梁商家里去授官，梁商这才接受任命，做了大将军，梁氏外戚也就正式登场。

梁商这个人虽然有一定的能力，但是过于谨慎，甚至可以说是怯懦，而且像顺帝一样，也缺乏决断力。他知道自己是因为外戚的身份才能位居大将军之职，所以做事非常谦恭温和，选贤举能，他前后举荐了汉阳人巨览、上党人陈龟为掾属，李固、周举为从事中郎。这让他在京师洛阳赢得了一片喝彩之声，人们都称梁商为贤辅，顺帝则更是干脆把国政都交给他处理。每次遇到荒年，梁商就把自家收取的稻谷运到城门处，赈济那些无粮的灾民，并且从不提及是大将军的恩惠，只说是国家的救助。他还严格约束自己的宗族，不要凭借权势胡作非为。

但因为梁商为人软弱，这就让他不得不亲近那些在皇帝面前搬弄是非的宦官，当时，小黄门曹节等人逐渐得到汉顺帝的信任，权势渐长，梁商就主动派儿子梁冀、梁不疑与宦官结交。但一些宦官却嫉恨梁商深得皇帝信任，反而想陷害他。当然，由于汉顺帝不信，这样的诬陷也没有成功。

不过梁商对儿子的教育并不成功，他的长子梁冀就是一个十足的"混世魔王"。梁冀几乎有着世家子弟能想到的所有问题：游手好闲，横蛮放肆，又好酒贪杯，擅长的都是射箭、弹棋、格五、六博、蹴鞠、意钱这类东西，还喜欢带着鹰犬打猎，骑马斗鸡。

据史书记载，梁冀这人长得"鸢肩豺目"，眼神空洞，毫无神采可言，说话也含糊不清，学问更是只能记个账而已。永和元年（136），梁冀被任命为河南尹。梁冀在任上纵情享乐，为所欲为，做了许多违法乱纪之事，梁商的亲信、洛阳县令吕放，把上述情况都报告给了梁商，梁商因此责备了梁冀。梁冀便怀恨在心，竟派人在路上刺杀了吕放。但梁冀又怕这件事被他父亲发觉，于是就把罪行强推到吕放的仇人身上，并请求任命吕放的弟弟吕禹为洛阳县令，让他来逮捕刺杀吕放的凶手。同时，派人将吕放的宗族、亲戚和宾客等100余人全部诛杀。

汉顺帝永和六年（141），梁商病重，不久去世。灵枢还未下葬，汉顺帝便命梁冀接任梁商做了大将军，任命他的弟弟梁不疑为河南尹。三年之后，建康元年（144）八月，汉顺帝驾崩，2岁的太子刘炳即位，梁皇后再次临朝。以太尉赵峻为太傅，大司农李固为太尉，参录尚书事。

半年之后，汉冲帝永憙（嘉）元年（145）正月初六，两岁的皇帝就在玉堂前殿驾崩。收到征召的刘姓诸王和王子们受诏来到洛阳，清河王刘蒜及渤海孝王刘鸿的儿子刘缵成为候选人，清河王刘蒜为人严肃庄重，行动举止遵循法度，三公九卿都从心里归服，而刘缵此时年仅8岁。

当时天下盗贼四起，西北的羌乱也没有平定，太尉李固就建议梁冀确立皇帝，应以年长为宜，但梁冀不听，与太后在宫中决策。最后用封王的皇子乘用的青盖车迎接刘缵进入南宫，即位为帝，这就是汉质帝，而清河王刘蒜则被遣回封国。

质帝即位以后，梁太后将朝政交给三公等辅政大臣，李固所提出的建议，太后也大都予以采纳，许多作恶的宦官，一律被排斥和遣退。此时的天下人都期望政治清平，然而这一切都让梁冀深恶痛绝。有很多之前顺帝任命的官员其实都是因为结交宦官才被任用，本身并没有什么才能，李固执掌朝政之后，先后被免职的有100多人，这些人也曾和梁冀一起希望扳倒李固，但是太后都没有理睬。

本初元年（146），汉质帝已经9岁了，非常聪明。有一次早朝时，他眨眼看着梁冀，说："此跋扈将军也！"梁冀听到以后，对质帝深恶痛绝，便起了歹心。闰六月初一，梁冀让质帝身边的侍从把毒药放在汤饼里，给质帝进上，质帝吃完不久，便毒性发作，痛苦难当，派人急速传召太尉李固。李固进宫，走到质帝榻前询问质帝得病的来由。质帝这时还能讲话，说："我吃过汤饼，现在觉得腹中堵闷，给我水喝，我还能活。"梁冀这时也站在旁边，阻止道："恐怕陛下呕吐，不能喝水。"话还没说完，质帝就已经驾崩了。李固伏在质帝的尸体上号哭，并弹劾侍候质帝的御医。梁冀担心会泄露下毒的真相，因此对李固更加痛恨。

三、厕内定计

在商议确定继承帝位的人选之前，李固和司徒胡广、司空赵戒一起给梁冀写信，陈述此次选择十分重要，关系到汉家存续。梁冀于是召集三公、2000石官员和列侯，共同讨论继承帝位的人选问题。李固、胡广、赵戒及大鸿胪杜乔都认为，清河王刘蒜德行高尚，血统尊贵，应立为皇位继承人，朝廷的文武官员，也全都归心于刘蒜。

然而，这时又是宦官起了作用，有一次中常侍曹腾去拜见刘蒜，而刘蒜没有向他施礼，曹腾便煽动宦官们憎恨刘蒜。当初，被邓太后选中准备接班安帝的平原王刘翼被逐回河间国以后，他的父亲河间王刘开曾请求分出蠡吾县，将刘翼封为蠡吾侯，顺帝批准了。刘翼去世后，他的儿子刘志继位为蠡吾侯。梁太后想把妹妹嫁给刘志为妻，于是就征召刘志来京都洛阳。刘志抵达夏门亭时，正遇上质帝驾崩，梁冀便打算趁机立刘志为帝。但群臣在白天朝会时都拥护刘蒜，梁冀非常不满，却又无可奈何。

夜间，曹腾等人来拜访梁冀说："将军几代都是皇亲国戚，又亲自掌握朝廷大权，宾客布满天下，难免有许多过失。假如清河王真立为皇帝，那么将军不久就会大祸临头了！不如拥戴蠡吾侯为帝，富贵则可以长久保全。"梁冀赞成他们的意见，下定了决心。

次日，重新召集三公九卿进行讨论。梁冀在会上咄咄逼人，言辞激烈，诸位官员感到害怕，都表示愿听大将军的命令，唯独太尉李固和大鸿胪杜乔坚持原来的主张。梁冀厉声喝道："罢朝！"

李固仍认为刘蒜是众望所归，有被立的可能，于是再次写信劝说梁冀，梁冀更加愤怒，便去劝说梁太后，先将太尉李固免职，之后改立三公。经过梁氏兄妹的一系列操作，刘志得以顺利即位，史称汉桓帝，当时15岁。梁太后仍然临朝听政。

自从李固被罢免以后，原来的大鸿胪杜乔成为朝中正义声音的代表，建和元年（147）六月，杜乔受封为太尉，多次与梁冀正面交锋，毫不妥协，正赶上洛阳地震，梁冀便以天降灾异为名，将杜乔免职。此时，宦官唐衡、左一道向桓帝诬陷杜乔说："陛下先前将即位时，杜乔和李固反对，认为您不能胜任侍奉汉朝宗庙的祭祀。"因此桓帝对杜乔和李固也心生怨恨。最终，就在这一年的十一月，梁冀先后诬陷并害死了李固和杜乔，并将二人的尸首放在洛阳城北的十字路口示众。

和平元年（150），梁太后下诏，还政于汉桓帝，一个月后，梁太后便去世了。从此以后，最后一个能限制梁冀的人也不存在了。安葬梁太后之后，桓帝下诏增封大将军梁冀食邑万户，连同以前所封，共计食邑30000户。弘农人宰宣生性谄媚，想讨好梁冀，就上书说大将军有周公那样的功勋，如今他的几个儿子都已经封了侯，那他的妻子也应该封为邑君。于是桓帝又封梁冀的妻子孙寿为襄城君，同时享受阳翟和租税，每年光封地的收入就达5000万钱之多，此外还按长公主的规格，加赐给孙寿红色的绶带。

转过年来，桓帝因为梁冀对自己有拥立之功，想用特别的礼遇来显示他的崇高地位，就召集朝中全部公卿，共同商议对梁冀的礼遇。官员们参照前朝，有人提出应授予梁冀见君不趋、称臣不名、剑履上殿等几项之前给过萧何的特权；有人要将定陶、成阳全封给他，这样梁冀的封地一共有 4 个县，和邓禹相当；还有人提议应参照霍光的标准赏赐给他金钱、奴婢、彩帛、车马、衣服等，即使是这样，梁冀还觉得他们奏请的礼遇不够优厚，很不高兴。

梁冀的妻子孙寿善于做出各种妖媚的姿态，以此来迷惑梁冀。而且孙寿生性刻薄，善嫉妒，梁冀被她牢牢掌控，对她是又爱又怕。梁冀所信任的管家奴秦宫，官居太仓令，可以出入孙寿的住所，与孙寿私通，从此威势和权力大增，州刺史和郡太守等 2000 石的高官，在赴任之前都要谒见秦宫，向他辞行。

梁冀和孙寿分别在街道两旁相对兴建住宅，房屋穷尽奢华，金银财宝和奇珍异兽满布其中。梁冀夫妇还大举开拓园林，从各处运来土石堆砌假山。他家的十里大道，有九里都紧傍池塘，林木深远、山涧流水，宛如天然生成，珍禽异兽在园林中飞翔奔跑。梁冀和孙寿共同乘坐人力辇车，在家宅之内就可以游玩观赏，后面还跟随着许多歌舞艺人，一路欢唱。

有时，府中甚至夜以继日地纵情欢歌。客人登门拜访和求见，也不许通报。求见的人只好向看门人行贿，以致看门人的家产都达到千金之多。进而，梁冀在京都洛阳邻近各县都修筑了园林，在洛阳城西还特意建了一处兔苑，面积纵横数十里。梁冀发布文书，命令当地官府向百姓征调活兔，然后将每只兔都剃掉一撮兔毛，作为标志。若有人胆敢猎取梁家的苑兔，甚至要判处死刑。曾有一位西域的胡商，不知道这个兔苑的禁令，误杀了一只兔，结果人们互相控告，因罪处死的竟达 10 余人。

梁冀又在洛阳城西兴建了一座别墅，用来收容奸民和藏匿逃犯。甚至抢夺良家子女，用来充当奴婢，多达数千人，并称他们为"自卖人"。与此同时，梁冀竟采纳孙寿的建议，罢免了许多梁姓家族成员的官职，表面上显示梁冀的谦让，而实际上却抬高了孙氏家族的地位。在孙氏家族中假冒虚名担任侍中、卿、校、郡守、长吏的，共有 10 余人，这些人全都贪得无厌、穷凶极恶。他们派自己的门客分别到所管辖的各县，调查登记当地的富人，然后给这些富人罗织罪名，将他们逮捕关押，严刑拷打，让这些富人出钱赎罪。家财不足的，因为出不起那么多钱，甚至活活被打死。

扶风富豪士孙奋，为人吝啬，梁冀曾送给他一匹乘马，要求借贷 5000 万钱，而士孙奋只借给他 3000 万钱。梁冀大怒，竟派人到士孙奋所在的郡县，诬告士孙奋的母亲是梁冀家里看守库房的婢女，曾经偷盗了白珍珠 10 斛、紫金 1000 斤后逃亡。梁冀用这个罪名，将士孙奋兄弟逮捕下狱，严刑拷打致死，并没收士孙奋的全部家产，共值约 1.7 亿钱。

另外，梁冀还派遣门客周游四方，甚至远赴塞外，为其征求各地的奇珍异宝，这些被派出的门客，往往都仗着梁冀的势力，在各地横征暴敛，抢男霸女，殴打地方官吏和士卒，所到之处，民怨沸腾，整个国家都因此陷入水深火热之中。

梁冀家族一门之内，先后有过 7 个侯、3 个皇后、6 个贵人、2 个大将军，女眷中享有食邑而称君的有 7 人，男丁中娶公主为妻的有 3 人，其他担任各级官吏的多达 57 人。梁冀把持朝廷威权，独断专行，长达 20 多年，穷奢极欲，嚣张跋扈到了极点。百官都不敢正视他，没有人敢违抗他的命令。汉桓帝则大权旁落，什么事都不能亲自过问，早已愤愤不平。

汉桓帝后宫有个贵人叫邓猛女，是已故邓太后的侄子邓香的女儿，梁冀为了巩固自己的地位，想要将邓猛女改姓梁，并将其认作自己的女儿，害怕邓猛女的姐夫——议郎邴尊从中破坏，竟将其害死。之后梁冀又想杀害邓猛女的母亲宣氏。宣家和中常侍袁赦一家是邻居，当梁冀派的刺客爬上袁赦家的屋顶，准备翻进宣家时，被袁赦发觉。于是袁赦擂鼓聚集众人，通知宣家。宣氏急忙奔入皇宫，向桓帝报告。

桓帝一听，勃然大怒。于是单独招呼小黄门史唐衡跟他上厕所，在厕中，桓帝问："朕的左右侍卫，和皇后娘家不和的，都有谁？"

唐衡回答说："中常侍单超、小黄门史左悺和梁不疑有仇。中常侍徐璜、黄门令具瑗，经常私下对皇后娘家人的放纵骄横表示愤慨，只是不敢开口罢了。"

桓帝随即将单超、左悺叫进内室，对他俩说："大将军梁冀兄弟在朝廷专权，横行霸道，三公、九卿以下，都得按照他们的想法行事，现在，朕要诛杀他们，二位意下如何？"

二人回答说："梁冀兄弟确是国贼，早应该诛杀。只是臣等力弱，不知圣意如何罢了。"

桓帝又说："确实如你们所说，那么，请二位为我秘密谋划此事。"

二人又说："谋划此事并不困难，怕只怕陛下心中狐疑不决。"

桓帝答道："奸臣威胁国家，应当定罪伏法，有什么可犹豫的呢！"接着，命人把徐璜、具瑗叫来，桓帝和5个宦官共同定计，同时，桓帝还将单超的手臂咬破出血，以此盟誓。单超等人对桓帝说："陛下如今既然已下定决心，那么千万不要跟任何人再提起此事，免得引起猜疑。"桓帝应允。

梁冀此时并非没有觉察，他其实已经怀疑单超有异动，但苦于没有证据，便派中黄门张恽入宫住宿，以此来防范意外变故。具瑗得知后，就命属吏逮捕了张恽，罪名是"擅自从外入宫，图谋不轨"。

具瑗这边已然出手，桓帝便也登上前殿，召集各位尚书前来，指责梁冀意欲不轨。并派尚书令尹勋持节统率丞、郎以下官吏，全部手执兵器，守卫尚书省和内阁，将所有代表皇帝和朝廷的符节收集起来，送进内宫。又派遣具瑗率领左右御马厩的骑士、虎贲、羽林卫士等，一共凑了1000多人，和司隶校尉张彪一同包围梁冀的府第。派光禄勋袁盱持节入府，收缴了梁冀的大将军印信，将他改封为比景都乡侯。梁冀自知大势已去，就和他妻子孙寿在当天双双自杀。

梁冀的两个弟弟梁不疑和梁蒙在此以前已经去世。汉桓帝下令，将梁氏和孙氏家族，包括他们在朝廷和地方的亲党，全部下诏狱，不论男女老幼，一概押往闹市斩首，尸体暴露街头。受牵连的官员有很多，被诛杀的就有数十人。太尉胡广、司徒韩演、司空孙朗，都因阿附梁冀被捕入狱，审判后以减死罪一等论处，免去官职，贬为平民。

此外，梁冀的旧时属吏和宾客，被免官的共有300余人，整个朝廷为之一空。当时，这件事是突然从皇宫中发生的，三公九卿等朝廷大臣都惊慌失措，洛阳城的大街小巷骚动哗然，犹如鼎中沸水，数日之后，方才安定下来。

梁冀死后，百姓们无不称快，纷纷奔走庆祝。桓帝下令没收梁冀的财产，由官府变卖，收入共计30余亿钱，全都上缴国库，朝廷因此减免了此年的一半租税，并将梁冀的园林开放，土地分给贫民耕种。不可一世的梁氏外戚，就此灰飞烟灭，而新一轮的宦官掌权却又开始了。

第十四章

党锢之祸

上中学的时候，我们都学过诸葛亮的出师表："亲贤臣，远小人，此先汉所以兴隆也；亲小人，远贤臣，此后汉所以倾颓也。先帝在时，每与臣论此事，未尝不叹息痛恨于桓、灵也……"其实东汉从和帝以后，皇帝基本上都没有什么作为，相反每一个都有自己的缺陷，为何刘备总是叹息痛恨桓帝和灵帝呢？很简单，因为前边的皇帝，顶多算是平庸，只有这两个人，才真正称得上"昏君"二字。

延熹二年（159），到了论功行赏的时候了，桓帝下诏将单超、徐璜、具瑗、左悺、唐衡等五名定策诛杀梁冀的人，同时封为县侯，其中单超食邑 2 万户，徐璜等 4 人各 1 万余户，当世称他们为"五侯"。并擢升左悺、唐衡为中常侍。又将参与扳倒梁冀的外朝官尚书令尹勋等 7 人都封为亭侯。

从汉桓帝登基，到现在已经过去 13 年，朝政一直由梁冀把持，此刻汉桓帝刚刚重掌政事，也想有一番作为，再加上天下官员很多之前都是梁冀的党羽，此时被贬、被杀的有很多，导致各地官位出缺的很多，汉桓帝让官员推荐贤士，但此时的东汉，清谈之风已经兴起，许多人根本不愿意出仕做官。尚书令陈蕃向桓帝举荐豫章人徐稚、彭城人姜肱、汝南人袁闳、京兆人韦著、颍川人李昙等 5 位贤士。桓帝给几人都送去了安车钱帛，礼仪周全地征聘他们，但他们都不肯应诏为官。

同时，汉桓帝还着手恢复了之前被梁冀陷害的大臣的名誉，如李固、杜乔等人，并寻找他们的后代进行封赏。这一时期，由于封爵和赏赐都过滥，宫内的内宠太多，陈蕃上书劝谏，桓帝采纳了陈蕃的建议，下令释放了宫女 500 余人。

桓帝曾经在游览上林苑时，语气和缓地询问侍中爰延说："朕是一个什么样的君主？"

爰延回答说："在汉王朝的君主中，陛下属于中等。"

桓帝又问："何以见得？"

爰延又回答说："尚书令陈蕃管事时，国家得到治理，中常侍黄门参与政事时，国家混乱。所以说，臣子们可以辅佐陛下您为善，也可以辅佐您作恶。"

桓帝说："过去，朱云曾在朝堂上折断栏杆强谏成帝，而今你又当面指责朕的过失，朕知道自己的缺点了。"于是，任命爰延为五官中郎将，后又擢升，官至大鸿胪。但桓帝也并没有因此就疏远宦官。后来爰延还是因为上书建议桓帝疏远儿时玩伴河南尹邓万世而被免官，回归故里。

不过没过多久，汉桓帝就装不下去了，对于大臣的谏言越来越懒得理会，反而将朝政尽数交给宦官，这些宦官飞扬跋扈，迫害朝臣。寇恂的曾孙侍中寇荣，性格矜持清高，很少跟人交往，因此遭到权贵的憎恨。

寇荣堂兄的儿子娶桓帝的妹妹益阳长公主为妻，而桓帝又纳寇荣的孙女做妃子，所以桓帝左右的宦官亲信也对寇荣越发嫉妒，于是共同诬陷寇荣有罪。寇荣被免官，和宗族一道回到本郡。地方官吏根据朝廷权贵们的暗示，对寇荣进行迫害。寇荣害怕不能免罪，就前往京都洛阳，准备到宫门上书，为自己辩解。走到中途，幽州刺史张敬又以寇荣擅自离开边郡住所为理由，追加了弹劾他的内容。桓帝于是下诏逮捕寇荣。寇荣逃亡流窜了好几年，遇到朝廷大赦也不能免罪，备受贫穷困苦的折磨，于是在逃亡中向桓帝上书陈述忠心，指责朝中官员沆瀣一气，残害忠良，结果桓帝看到奏章后更为愤怒，竟下令诛杀寇荣，寇家从此就衰败了。

总之，在桓帝时期，宦官们为所欲为，最终竟酿成了中国历史上有名的"党锢之祸"，这也基本预示着东汉的灭亡。

一、何谓党人

西汉初期，刘邦曾下令命各郡国推举人才，后来逐渐演变成了贯穿汉代的一种选拔人才的制度，全称叫"征辟察举制"，这其中，"征辟"指的是皇帝和大臣自上而下征召民间人才；而"察举"则是各地方根据实际情况按名额自下而上推荐"孝廉"之人，再经过一些大官的审核，便可出仕为官。这套制度在东汉建国时，基本予以保留。

可是，由于刘秀平定天下，主要靠的是南阳与河北的势力，这些功臣在建武十三年（37）后，虽然很多都不在朝中任职，但其政治影响仍然很大，这些功臣的子弟基本垄断了一大部分的官职，甚至几乎垄断了皇后的人选，也间接导致了外戚专权的局面。汉桓帝一共有过3个皇后，第一个是梁太后的妹妹梁皇后，第二个则是前文提到的邓猛女，邓猛女在后宫专横跋扈，嫉妒成性，延熹八年（165）被废，当年冬天册立窦氏家族的贵人窦妙为皇后，窦妙的父亲窦武再次成为外戚新贵。由于窦武为人比较清正，士人们都很愿意和他结交。

为了对抗宦官集团，当时的士人们也形成了以太尉陈蕃、外戚窦武、宗室刘淑以及河南尹李膺等人为首的党人，这些人在朝中互相依靠，当时的人都称赞这些人为君子，朝中公卿大臣，都以能与他们结交为荣。而这些党人与当朝宦官的矛盾几乎是不可调和的。

陈蕃字仲举，是汝南平舆（今河南省平舆县）人，祖父做过河东太守。陈蕃15岁时，所住的居所十分脏乱，他也不打扫，父亲的朋友同郡人薛勤来看他，对陈蕃说："你这孩子为何不打扫房屋，来迎接客人呢？"陈蕃说："大丈夫在世，应当清扫天下，哪能只清扫一间屋子呢？"薛勤明白这孩子有清扫天下的志向，非常惊奇。

成年后，陈蕃先是被举为孝廉，后又受到太尉李固的推荐，正式步入仕途，担任议郎，不久后又升任为乐安太守。这时，李膺担任青州刺史，素来以执政严格著称。青州诸郡的郡守听到李膺到任的消息，都纷纷要求离去，但陈蕃政绩清廉，独自留了下来。

陈蕃为人非常耿直。乐安郡有个叫赵宣的人，埋葬双亲之后不掩埋墓道，还自己住在里面，服丧 20 多年，乡里都在称颂他的孝心，州郡几次都以礼相请。有人将此人推荐给陈蕃，陈蕃问起赵宣的妻子儿女，这才知道他的 5 个儿女，居然都是在服丧期间生的。陈蕃得知后大怒，骂道："在墓道中养儿育女，是欺世盗名、迷惑百姓、玷污鬼神的行为，真是岂有此理！"于是直接将赵宣治了罪。

大将军梁冀的权势最为如日中天的时候，曾派人送信给陈蕃，请陈蕃办些私事，但陈蕃拒绝接见信使。送信的人得不到陈蕃接见，便采用了一些欺骗的手段，才见到了陈蕃。没想到陈蕃一听说是梁冀派来的使者，大发雷霆，当即将送信之人鞭打致死，陈蕃也因此获罪，被贬为修武县令。

陈蕃做太守时，郡人周璆洁身自爱，前后几任郡守延请，周璆都不肯赴任，只有陈蕃能够召他前去。陈蕃言谈中总是称他的字，非常尊敬他，还特别为他设置一方床榻，周璆走了，就把床榻悬挂起来，等周璆下次来坐。他的这一举动也被后世传为美谈。

陈蕃因为耿直的性格，得罪过很多人，所以仕途也是浮浮沉沉。延熹八年（165），陈蕃被封为太尉。在汉桓帝立皇后的过程中，陈蕃建议册立看起来更为贤良淑德的窦氏为皇后，所以汉桓帝驾崩以后，窦太后非常信任陈蕃，陈蕃也和窦武一起，成为这一时期党人的领袖。

窦武字游平，是安丰戴侯窦融的玄孙。在他年少时，便以精通儒家典籍和个人品德高尚著称，曾经在大泽之滨设坛讲学，不问政事，在函谷关以西很有名望。

延熹八年（165），窦武的长女窦妙被选入掖庭，被汉桓帝封为贵人，窦武也获封为郎中。由于当时的皇后邓猛女与受汉桓帝宠幸的郭贵人互相诽谤构陷，桓帝下诏废皇后。延熹八年（165）冬，在以陈蕃为首的群臣的建议下，汉桓帝封窦贵人为皇后，窦武也被提拔为越骑校尉，封槐里侯，食邑5000户。第二年冬天，桓帝又晋封窦武为城门校尉。

虽说都是校尉，但这个城门校尉要比窦武原来的越骑校尉重要得多。越骑校尉是北军五校尉之一，北军是东汉的精锐部队，分别由屯骑、步兵、越骑、长水、射声五位校尉统领，职位虽高，但实际上是个闲散官职。而城门校尉则不同，东汉基本只有皇亲贵戚才能担任这一职务，主要职责是守卫京师的各个城门，关系重大。

窦武在任职期间，征召名士，廉洁奉公，嫉恶如仇，从不接受贿赂。当时天下并不太平，西北羌乱频仍，粮食收成不好，百姓总是挨饿。窦武每次得到皇帝皇后的赏赐，自己从不独享，都会分发给太学学生，还在街头用车载着粮食饭菜，沿途施舍给贫民。

窦武哥哥的儿子窦绍，官居虎贲中郎将，为人散漫奢侈。窦武经常很严厉地训诫他，他却不以为意。窦武见其不听教诲，便上书请求桓帝将窦绍撤职，又自责自己不能对其有效地训教，应当先受处罚。从此以后，窦绍便遵守规矩，大小错误都不敢再犯。久而久之，窦武的名声传遍天下，成为天下士人竞相崇拜的楷模。

相比之下，刘淑的名气可能小一些。刘淑字仲承，祖父刘称曾担任过司隶校尉。刘淑从小学习儒家典籍，精通"五经"，常年隐居世外，设坛讲学，学生有几百人。州郡以礼相请，五府（"三公"府加上太傅府和大将军府，合称五府）接连征召，刘淑均不为所动。

永兴二年（154），司徒种暠推举刘淑，称他贤良方正，但被他托病拒绝。后来汉桓帝也听说了刘淑的大名，急切督促州郡官府，让他们用车将带病的刘淑送到京师。

刘淑不得已去了洛阳，应对皇帝所问的内容时，刘淑的回答堪称天下第一。不久，桓帝便提拔他做了尚书，刘淑采纳忠直之言，向天子提出意见，对国家可谓大有裨益。后来刘淑又升为侍中、虎贲中郎将。

和所有的党人一样，刘淑对宦官乱政也是深恶痛绝。他多次上书朝廷，建议罢免宦官，言辞恳切率直，桓帝虽然不听他的劝，但也没有加罪于他，反而因此更加敬重他，遇到不易决断之事，经常秘密咨询他。等到汉灵帝即位后，宦官更加猖獗，这些宦官诬陷刘淑与窦武等人勾结谋反，并让灵帝将刘淑投入监狱，刘淑旋即自杀而亡。

二、第一次"党锢之祸"

桓帝当政时，宦官依仗皇帝的庇佑，已经到了无法无天的地步。宛陵县的大族之人羊元群，在北海郡太守任上被罢免。他贪赃枉法，声名狼藉，卸任之时，竟然连当官的郡府中厕所里的装饰都被他摘下来运回家了。他一走，郡府成了毛坯房。河南尹李膺向朝廷上表，请求查处羊元群的罪行。结果羊元群向宦官们行贿，李膺竟被宦官们指控为诬告，反被下狱。

单超的弟弟单迁担任山阳郡太守，因为犯法被囚禁在监狱，廷尉冯绲将他拷打致死。于是宦官们互相结党，共同起草匿名信，诬告冯绲有罪。中常侍苏康、管霸专门用很便宜的价钱去买百姓的良田，州郡官府不敢责问，大司农刘祐向当地发公文，依照法令，予以没收。桓帝大为震怒，下令把刘祐、李膺和冯绲一道送往左校营，罚服苦役。

前者李膺等人获罪，太尉陈蕃多次向桓帝申诉几人所受的冤枉，请求桓帝加以宽恕，恢复他们的官职，言辞恳切，甚至泪下沾襟，但桓帝就是不肯接受。司隶校尉应奉上书，强调了几人的功绩和能力，桓帝这才下令免除三人全部的刑罚。过了很久，李膺被重新任命为司隶校尉。

小黄门张让的弟弟张朔担任野王县的县令，横征暴敛，德行不修。但因为畏惧李膺的严厉，做了坏事后就逃回京都洛阳，躲在他哥哥张让家的合柱中。李膺得知这个情况以后，率领吏卒破开合柱，将张朔逮捕，交付洛阳监狱，听完供词，立即处决。

张让向桓帝诉冤，桓帝便召见李膺，责问他为什么不先请求批准就加以诛杀。李膺回答说："从前孔子担任鲁国的大司寇，7天便把少正卯处决，而今我到职已经10天，害怕因拖延时间而获罪，想不到竟会因行动太快而获罪。我深知自己罪责严重，死在眼前，特地向陛下请求，让我再在职位上停留5天，一定拿获元凶归案，然后甘受烹刑，这才是我的愿望。"

桓帝被说得没词儿了，就回过头来对张让说："这都是你弟弟的错，司隶校尉有什么过失？"于是，免去了李膺的罪。经过此事，所有的黄门、中常侍，都谨慎恭敬，不敢大声呼吸，甚至连休假日也不敢出宫。桓帝觉得很奇怪，问他们究竟是怎么回事，大家一齐叩头哭泣说："我们害怕司隶校尉李膺。"

当时，朝政混乱不堪，四境刀兵不断，国家的法度都不能得到有效的伸张。只有李膺仍然维护朝纲，执法裁夺，因此声望一天比一天高，凡是读书的士人，能够被他容纳或接见的，都称之为"登龙门"。经学家荀爽曾去拜访李膺，为其赶车，回家后高兴地说："今日居然为李君赶车了。"由此可见李膺受人尊崇的程度。

士人集团还有一个重要的阵地，就是太学。太学学生共有30000余人，郭泰和贾彪是他们的首领。他俩和李膺、陈蕃、王畅互相褒扬标榜。学生中间流行这样一句赞美他们的话：

"天下模楷，李元礼；不畏强御，陈仲举；天下俊秀，王叔茂。"

朝廷内外受这样的风气影响，竞相以品评朝政的善恶得失为时尚，自三公九卿以下的朝廷大臣，无不害怕受到这种舆论的谴责和非议，都争先恐后地登门和他们结交。可当时的宦官集团已经到了无恶不作、无孔不入的地步，任何人只要能和宦官攀上一点儿关系，就可以横行乡里，鱼肉百姓。因此，士人集团与宦官集团的矛盾也日益尖锐，最终爆发了党人与宦官的直接交锋。

宛县有个富商名叫张汎，他和宫中的一位妃子沾亲，又善于雕刻值得玩赏的好物，经常以此送给宦官作礼物，因此，在地方上很有地位。张汎仗势欺人，横行霸道，岑晊和贼曹史张牧说服太守成瑨，将张汎等人逮捕。不久朝廷颁布大赦，成瑨最终还是将张汎诛杀，并收捕他的宗族和宾客，被杀的有200多人，事后方才奏报朝廷。

小黄门晋阳县人赵津，贪污残暴，骄纵恣肆，成了全县的大祸害。太原郡太守平原人刘质，派遣郡吏王允将赵津逮捕，也是在朝廷颁布赦令之后，将赵津诛杀。于是中常侍侯览指使张汎的妻子，向朝廷上书替张汎鸣冤，宦官又趁着这个机会，诬陷成瑨和刘质。桓帝大怒，将成瑨、刘质二人征召回京，下狱囚禁。马上有官吏配合宦官的暗示，弹劾成瑨、刘质罪大恶极，应当绑赴市场，斩首示众。

中常侍侯览家在防东县，家族横行乡里，残害百姓。侯览母亲病故时，他回到家乡兴建高大的坟墓。东汉名士张俭此时正在此郡担任督邮，在得知侯览的一系列不法行为后，张俭便向朝廷上书，弹劾侯览的罪行，然而侯览伺机拦截张俭的奏章，使奏章无法上达天听。于是张俭干脆直接摧毁侯览母亲的坟墓和住宅，没收其所有的家赀和财产，再详细奏报侯览的罪状，但奏章仍然不能上达。

中常侍徐璜的侄子徐宣，担任下邳县令，手段残暴酷虐。他曾要求娶前汝南郡太守李皓的女儿为妻，但没有得手，竟率领吏卒冲进李皓家里，将李皓的女儿抢回自己家中，以玩闹的方式，将其射杀。东海国相汝南郡人黄浮听说这件事后，逮捕徐宣和他的家属，不分男女老幼，一律严刑拷问。掾史以下的属吏竭力劝阻黄浮，让他不要得罪徐宣，黄浮说："徐宣是国家的蟊贼，今天杀掉他，明天我以命相抵，死也瞑目。"于是即刻判处将徐宣绑赴市场斩首，尸体示众。之后宦官向桓帝控诉，桓帝又是大怒，翟超、黄浮两人都被治罪，判处髡刑，并送往左校营罚服苦役。

太尉陈蕃和司空刘茂联名上书劝说桓帝，请求赦免成瑨、刘质、翟超、黄浮等人的罪，桓帝很不高兴。很快有关官吏便对陈蕃和刘茂进行弹劾，刘茂不敢再言，而陈蕃仍单独上书，强调宦官们胡作非为，死有余辜，百姓渴望太平，希望桓帝远离宦官，改变朝廷中的不正之风。结果桓帝根本没有理睬他，而宦官们却更加嫉恨陈蕃和朝中的士大夫们，此后，凡是遇到陈蕃上呈有关选贤举能的奏章，都会以皇帝之名严加谴责，并加以驳回。宦官们虽然不敢直接加害陈蕃，但很多长史以下的官吏都受到了责罚。

当时朝廷中的公卿大都支持党人，平原郡人襄楷 10 天之内两次上书，指责朝廷阉宦横行，甚至说陛下无子也和宠幸宦官有关，言辞激烈，桓帝命尚书审理，最终襄楷获罪两年徒刑；符节令蔡衍、议郎刘瑜上书营救成瑨、刘质，因为言辞激烈，也都被治罪免官。而成瑨、刘质最终死在狱中。此二人一向刚强正直，通晓经学，是当时的社会名人，天下的人无不为此惋惜。而成瑨的属吏岑晊、张牧则因逃亡在外，幸免于难。

河南郡人张成精通占卜之术，他预先推算出朝廷将行大赦，于是就让他的儿子去杀人。司隶校尉李膺督促属吏，逮捕张成父子。不久，朝廷果然颁布赦令，二人按律应予以赦免。李膺此刻心中更加愤怒，就将张成父子处斩。但张成一向靠着自己的占卜之术与宦官结交，甚至连桓帝有时也会向张成询问占卜之事。于是宦官指使张成的徒弟牢修上书，控告李膺等人专门蓄养太学的游士，结交各郡派到洛阳求学的学生和门徒，结成朋党，诽谤朝廷，扰乱社会风气。奏章呈上后，桓帝盛怒，下诏各郡、各封国，逮捕党人，并且昭告天下，希望全国上下同仇敌忾，与党人决裂。

汉代的公文要想执行，除了需要皇帝的诏书之外，还需要三公联署，此次公文经过三公府时，太尉陈蕃直接将诏书驳回，并附言说："这次所搜捕的，都是在海内享有盛名、忧心国事、忠于国家的大臣，即便他们犯了什么罪过，也应该予以宽恕。岂有罪名暧昧不明就要全数下狱的道理？"

桓帝见陈蕃竟然拒绝联合签署诏命，更加生气，干脆直接下令，逮捕李膺等人，囚禁在黄门北寺监狱。李膺等人的供词牵连涉及的有太仆杜密、御史中丞陈翔以及太学学生陈寔、范滂等200余人。有的人事先逃亡，未能归案，朝廷则悬赏缉拿，派遣出去搜捕党人的使者，到处都可以见到。

陈寔说："我不到监狱，大家都没有依靠。"于是自己前往监狱请求囚禁。范滂被捕，送到监狱，狱吏对他说："凡是获罪系狱的人犯，都要祭拜皋陶。"范滂回答说："皋陶是古代的正直大臣，如果他知道我范滂没有犯罪，将会代我向天帝申诉，如果我犯了罪，祭祀他又有何用？"所以，其他的囚犯也都不再祭祀。陈蕃再次上书，极力规劝桓帝。桓帝讨厌陈蕃言辞激切，干脆假托陈蕃所荐非人，下诏免除了陈蕃太尉的职务。

当时，因党人之狱而被牵连逮捕入狱的人，都是天下知名的贤才。度辽将军皇甫规认为自己也是西州的豪杰，而竟没有被捕入狱，这实在是太丢人了。于是自己上书说："我以前曾经推荐过前任大司农张奂，是阿附党人。并且，我过去被判处送往左校营罚服苦役时，太学生张凤等曾经上书为我申辩，是为党人所依附，我也应该获罪。"皇甫规是边境大将，身系边防，朝廷看到他的上书，也没有过问，只是不予理会罢了。

陈蕃被免职后，朝中震动，再也无人敢替党人求情。后来还是城门校尉窦武出面，上书桓帝，言及利害，并上缴自己城门校尉、槐里侯的印信，桓帝怒气也稍稍化解，就派中常侍王甫前往监牢，审讯党人。

审讯之时，范滂等人颈戴大枷，手戴铁铐，脚挂铁镣，被布袋蒙住头，站在台阶之下。王甫逐一诘问说："尔等互相推举保荐，如唇齿一般结为一党，究竟有何企图？"

范滂慷慨陈词："仲尼之言，'见善如不及，见恶如探汤'，我是想善善同其清，恶恶同其污。本以为朝廷会鼓励我们这么做，没想到朝廷却说我们结党。古人修德积善，可以为自己谋取福祉。而今修德积善，却身陷死罪。我死后，愿将尸首葬在首阳山之侧，上不辜负皇天，下不愧对伯夷、叔齐。"王甫被范滂的言辞感动，命有关官吏解除他们身上的刑具。而李膺等人在口供中，又故意牵连出许多宦官子弟，宦官们也害怕事态继续扩大，于是以日食为由，请求桓帝大赦。六月，大赦颁布，党人200余人尽数回归故里，其姓名记录在三公府，终身不得录用。这便是第一次"党锢之祸"。

三、第二次"党锢之祸"

可是党人和宦官的斗争并没有就此结束，汉桓帝永康元年（167）十二月二十八日，桓帝驾崩。窦皇后被尊为太后，临朝听政。窦妙被立为皇后以来，很少能见到桓帝，桓帝所宠幸的人是田圣，可是桓帝的棺材还停在德阳前殿，窦太后就下令处死田圣。城门校尉窦武此时已是外戚和士人的双重领袖，在河间侍御使刘倏的建议下，窦武决定拥立解渎亭侯刘苌的儿子刘宏登基，年仅12岁的刘宏因此得以顺利即位，史称汉灵帝。

汉灵帝即位的第一件事，便是升城门校尉窦武为大将军。陈蕃也得到起复，获封太尉，和窦武以及司徒胡广统领尚书台事宜。

当初，窦妙被册封为皇后，陈蕃曾经出过力。所以在封诸窦氏外戚为侯的时候，窦太后也封陈蕃为高阳乡侯，并将大小政事全部交给陈蕃。于是陈蕃和窦武同心合力，辅佐皇室，当初的党人李膺、杜密、尹勋、刘瑜等都得到了起复，进入朝廷，共同参与政事。朝中气象为之一新。天下许多士人都在期望着太平盛世的来临。

然而，灵帝的乳母赵娆跟女尚书们，早晚都守候在窦太后身边，和中常侍曹节、王甫等人互相勾结，奉承窦太后。他们很快就得到了窦太后的宠信，窦太后多次颁布诏书将他们封爵拜官，陈蕃、窦武对此深恶痛绝。一次，在朝堂上议事时，陈蕃私下对窦武说："曹节、王甫等人，从先帝时起，就操弄国权，浊乱海内，此时如不诛杀尔等，以后更难下手了。"窦武很赞同陈蕃的意见，陈蕃大为高兴，用手推席起身。窦武于是找来与他志同道合的上书令尹勋，共同商定计划，谋诛宦官。

可是从后面事态的发展来看，几人商定的计划实在让人不敢恭维。窦武当年还没进京时就因品德高尚而小有名气，后来认识窦武的人，对他的评价大都是正直一类的词汇。这样的人做事循规蹈矩，难免缺乏决断力。就在几人商议后不久，发生了日食，陈蕃跟窦武说，应该趁这个机会建议太后废黜宦官。于是窦武去禀告太后，可这时的东汉已经积重难返，窦太后此时居然认为宦官参政是汉家旧典，认为只应诛杀其中有罪的人，怎能全都消灭呢？窦武反复劝谏，要求太后杀曹节等人，太后始终不忍，任自己的父亲如何劝谏，始终不下命令废黜宦官。

就在这个月，侍中刘瑜夜观星象之后，写信警告窦武、陈蕃，指出星辰错乱，对大臣不利，应该迅速确定大计。窦武见说服自己的女儿不成，便采用了第二招，命自己亲信的小黄门山冰担任黄门令，然后由山冰出面，弹劾和逮捕长乐尚书郑飒，送往北寺监狱囚禁。

这时，就连80岁的陈蕃都看不下去了，对窦武说："对于这批家伙，抓住就应当场诛杀，还用得着审问吗？"窦武不听，命山冰、尹勋、侍御史祝瑂共同审问郑飒。郑飒在供词中，牵连到曹节、王甫。尹勋及山冰根据郑飒的口供，立即奏请窦太后准予逮捕曹节等人，奏章交由刘瑜呈递。

九月初七，窦武休假，出宫回府。负责主管奏章的宦官得到消息，先行报告长乐五官史朱瑀。朱瑀私自拆阅窦武的奏章，大骂说："有罪的宦官自然可以诛杀，可是我们又有什么罪过，却要全都被灭族？"因而大声呼喊说："陈蕃、窦武奏请皇太后废黜皇帝，大逆不道！"连夜召集起一向亲近的健壮宦官、长乐从官史共普、张亮等17人，歃血盟誓，合谋诛杀窦武等人。

曹节一见情况紧急，急忙向灵帝报告说："请陛下赶快登上德阳前殿。"并且教灵帝拔出佩剑，做出振奋的样子，派乳母赵娆等在灵帝左右保护，收取符信，关闭宫门，召尚书台官属，持刀威胁他们撰写诏书。任命王甫为黄门令，持节到北寺监狱，逮捕尹勋、山冰。山冰怀疑诏书不是真的，拒不受诏，王甫当场格杀山冰，又杀尹勋，将郑飒释放出狱。

随后，王甫又率领卫士回宫，劫持窦太后，夺取皇帝的玺印。命中谒者守卫南宫，紧闭宫门，切断通往北宫的复道。派郑飒等持节，率领侍御史、谒者若干，前去逮捕窦武等人。窦武拒不受诏，骑马赶到步兵校尉军营，跟他的侄子、步兵校尉窦绍，共同射杀使者。召集北军五校尉营将士数千人，进屯都亭，窦武对军士下令说："黄门、中常侍谋反，努力作战者，封侯、重赏！"

陈蕃听到事情有变，就率领他的部属官员、门生故吏80余人，拔出刀剑，闯入承明门，一直走到尚书台门前，振臂高呼，说："大将军忠心卫国，黄门反叛，为何反说窦武大逆不道？"当时王甫出来，正好和陈蕃相遇，听见他的呼喊，斥责陈蕃说："先帝刚刚去世，修筑坟墓尚未竣工，窦武有何功劳？兄弟父子三人资财数万，重臣如此，不是无道，又是什么？你身为宰辅大臣，苟且互相结党，还要贼喊捉贼？"随即命武士逮捕陈蕃，陈蕃拔剑斥责王甫，言辞激烈，可武士最终还是将陈蕃拘捕，送到北寺监狱囚禁。小宦官用脚踢着陈蕃，得意地说："该死的老妖精，看你以后还能裁我们的人，扣我们的钱吗？"并于当天在狱中将陈蕃害死。

这时，护匈奴中郎将张奂正好被召回京师。曹节等人趁着张奂刚到，不了解个中情况，就假传皇帝圣旨，擢升少府周靖为代理车骑将军，加符节，与张奂率领五校尉营留下的将士讨伐窦武。

此时，天色破晓，王甫率领虎贲武士、羽林军等共千余人，出朱雀掖门布防，与张奂等会合。不久，抵达宫廷正门，与窦武对阵。这样，王甫的兵力渐盛，他教士兵向窦武军队大声呼喊说："窦武谋反，你们都是禁军，应护卫宫省，为何要追随反叛之人？先降者有赏！"

北军五营校尉府的官兵，常年宿卫京城，一向畏惧宦官，于是窦武的军队里开始有人投奔王甫，不久后，这些人几乎全部归降。窦武、窦绍被迫逃走，各路军队追捕包围，两人被迫自杀，宦官将二人头颅砍下悬挂在洛阳都亭示众。紧接着，又大肆搜捕窦武的亲族、宾客、姻戚等人，将他们全部诛杀。侍中刘瑜、屯骑校尉冯述，被屠灭全族。窦太后被宦官勒令迁到南宫，窦武的家属们则被放逐到日南郡。凡是陈蕃、窦武所举荐的官员，以及他们的门生故吏，一律免官，禁锢乡里，终身不得出仕。李膺等人虽然遭到废黜和禁锢，但天下的士人都很尊敬他们，认为是朝廷政治恶浊，盼能跟他们结交，唯恐不被他们接纳，而他们也互相赞誉，各人都有美号。

而宦官们对李膺等人深恶痛绝，所以皇帝每次颁诏，都要重申党禁。中常侍侯览及其党羽朱瑀上书检举说，张俭和同郡24人，互起称号，结成朋党，企图危害国家，而张俭是他们的首领。灵帝下诏逮捕张俭等人，但张俭被人保护出塞，幸免于难。

冬十月，大长秋曹节暗示有关官吏奏报，说："互相结党之人，有前司空虞放，以及李膺、杜密等人，请交付州郡官府严加拷问。"

当时，汉灵帝才14岁，问曹节说："什么叫党人？"

曹节回答说："互相结党的，就是党人。"

灵帝又问："党人有何罪过，一定要诛杀？"

曹节又回答说："他们互相串联，结为朋党，图谋不轨。"

灵帝又问："图谋不轨，是要做什么？"

曹节回答说："他们打算推翻朝廷。"于是，灵帝便批准逮捕了这些人。

有人告诉李膺说："应该逃了。"李膺说："侍君不辞艰难，犯罪不避刑罚，这是为臣的节操。我已60岁，生死有命，逃向何方呢？"随即主动前往诏狱报到，被酷刑拷打而死。他的学生和过去的部属都被禁锢，这便是第二次"党锢之祸"。

经历了这两场祸事之后，士人集团基本上已经对东汉朝廷不再抱有任何希望。而曹节因为诛杀窦氏和党人有功，汉灵帝嘉奖其为长乐卫尉，封为育阳侯。王甫升任中常侍，仍照旧兼任黄门令。朱瑀、共普、张亮等6人，都被封为列侯。另外，还有11人获封为关内侯。

从此，宦官更加放纵恣肆，横行霸道，东汉王朝的丧钟也开始敲响了。

第十五章

王朝末路

从宗教的角度来说，东汉是我国佛教和道教的萌芽时期，最迟在汉明帝时期，佛教已传入中国。至少在汉顺帝时，道教的名典《太平清领书》即《太平经》已经形成。也大约就是在顺帝、桓帝当政时期，在民间诞生了两个派别的道教，在中下层百姓当中广泛传播，其一是沛国人张陵创建的五斗米道，其二则是巨鹿人张角创立的太平道。

张陵又称张道陵，五斗米道也被叫作正一道，据说创立于蜀郡鹤鸣山。蜀郡这个地方，历来崇拜鬼神，再加上东汉末年，老百姓流离失所，五斗米道能为人治病驱邪，还为百姓修桥铺路，倡导官吏廉洁，教众友爱，因此在西部地区颇受欢迎。五斗米道经历了张陵、张衡、张鲁祖孙三代的传播，后来张鲁投降曹操，五斗米道也跟着北迁，逐渐发展到了中原地区。五斗米道的祖师称"张天师"，直至今日仍在江西龙虎山有其传承。

而另一个太平道则是由巨鹿人张角创建的，因《太平经》而得名，并将之作为主要经典，供奉"中黄太乙"为至尊天神。张角自称"大贤良师"，以法术、咒语等装神弄鬼的东西传授门徒。张角用念过咒语的符水治病，先让病人下跪，说出自己所犯的罪过，然后喝下符水。符水无效则为病人心念不诚，也有些病人喝完就此痊愈，于是，人们便将张角奉若神明。

张角派他的弟子走遍四方，不断吸引饥民入教。10 余年的时间，太平道的信徒便达数十万人之多，青州、徐州等八州之人，无不响应。有的信徒甚至卖掉自己的家产，前往投奔张角，信众塞满道路，尚未到达就中途死去的人数以万计。

一、黄巾起义

其实东汉的上层社会一直不乏炼丹修道之人，并非没有人注意到太平道的问题。

司徒杨赐就曾上书说张角诓骗百姓，如果强行镇压，可能会招致反叛，应命刺史、郡守清查流民，将他们分别护送回本郡，以削弱张角党徒的力量，然后再诛杀首恶，这样便可平息事态。马徒掾刘陶再次上书，建议灵帝直接悬赏捉拿张角等人。但灵帝对此并不在意，反而下诏让刘陶去整理别的书籍。

据说此时距张角创教已经有 10 多年了，太平道在张角兄弟的管理下，越来越像一个军事组织，所有教众分为 36 个方，大方统率万余人，小方统率六七千人，各方设置首领。张角对教众宣称："苍天已死，黄天当立，岁在甲子，天下大吉。"并用白土在洛阳各官署及各州、郡官府的大门上都写上"甲子"二字。他们计划由大方马元义等先集结荆州、扬州的党徒数万人，按期会合，在邺城起事。马元义多次前往京城洛阳，以中常侍封谞、徐奉等人为内应，约定于次年的三月初五，京城内外同时起事。

转过年来的中平元年（184），正是甲子年。刚进正月，张角的弟子济南人唐周就上书告发了太平道准备聚众起事的行为，朝廷因此逮捕了马元义，在洛阳车裂处死。灵帝下诏，命令三公和司隶校尉调查皇宫及朝廷官员、禁军将士和普通百姓信奉张角"太平道"的，处死了 1000 余人。同时还下令让冀州的官员捉拿张角等人。

张角等人得知计划已经泄露，便派人昼夜兼程前往各地，通知各方首领提前起事，一时间各方全都起兵，教众们个个头戴黄巾作为标志，因此当时人称他们为"黄巾贼"。二月,张角自称天公将军,他弟弟张宝称地公将军,张梁称人公将军。他们焚烧当地官府,劫掠城镇。州郡官员无力抵抗,大多弃职逃跑。不到一个月的时间,天下纷纷响应,京城洛阳为之震动。安平国和甘陵国的人民分别生擒了刘氏的安平王和甘陵王,响应黄巾军。

灵帝召集群臣商议对策。皇甫规哥哥的儿子、北地郡太守皇甫嵩认为,应该解除党人做官的禁令,并拿出宫中的钱、西园的好马,赏赐给出征的将士。灵帝询问中常侍吕强的意见,吕强说党锢的禁令已经很久了,若不赦免,恐怕这些人会跟张角联合起来,到时朝廷追悔莫及。灵帝很害怕事情闹大,就接受了吕强的建议,大赦天下党人,已经被流放到边疆地区的党人及其家属都可以重返故乡。与此同时,灵帝又征调全国各地的精兵,派遣北中郎将卢植征讨张角,左中郎将皇甫嵩、右中郎将朱俊征讨在颍川地区活动的黄巾军。

中常侍赵忠、张让等人都被汉灵帝封为侯爵,身份贵宠。灵帝常说:"张常侍是我公,赵常侍是我母。"这么一来,宦官们无所忌惮,纷纷大兴土木,仿照皇宫的式样修建宅第。一次,灵帝曾想登上永安宫的望台,观看皇宫周围的景致。宦官们生怕灵帝看到自己风光的宅第,便让中大人尚但劝阻灵帝,说:"天子不应登高,登高会使人民流散。"灵帝从此不再敢登较高的楼台亭榭。

等到封谞、徐奉为张角做内应的事情败露,灵帝斥责诸位常侍说:"你们常说党人图谋不轨,将他们全都禁锢起来,有人甚至遭到诛杀。现在党人倒是在为国家出力,你们反与张角勾结,该不该斩?"宦官们都叩头说:"这些都是王甫、侯览干的。"于是从此开始,诸位常侍都收敛锋芒,各自将他们在外担任州、郡官员的亲属及子弟召回。

在宫中,由于灵帝的纵容,各位宦官已经可以用"黄巾贼"为借口给官员扣帽子了。侍中向栩向灵帝上书,抨击宦官。张让便诬告向栩与张角同心，要做张角的内应，将其逮捕。郎中张钧此时上书称"黄巾贼"之所以造反，全是因为十常侍放任党羽在州郡搜刮财富，百姓求告无门，才铤而走险，所以宦官该杀。灵帝把奏章拿给十常侍看，这些人全都吓得匍匐在地，结果灵帝反而斥责张钧，认为他是个狂人，十常侍怎么可能全都有罪？御史们看出了灵帝的心思，便上书诬陷张钧私自学习黄巾道。结果张钧很快就被逮捕，并死在狱中。

黄巾军刚刚起事，势头正盛，南阳黄巾军首领张曼成进攻并杀死太守褚贡；汝南黄巾军在邵陵击败太守赵谦所率的官军；广阳黄巾军杀死幽州刺史郭勋及太守刘卫。灵帝询问太尉杨赐有关黄巾军的情况，杨赐据实以对，灵帝不快，反而借口杨赐进剿黄巾军不力，将其免官。

事实上朝廷早有动作，皇甫嵩和朱俊分两路，共率军4万去讨伐颍川的黄巾军，结果颍川的黄巾军将领波才先是率军击败朱俊，进而将皇甫嵩围困在长社涎县城。此时皇甫嵩发现黄巾军的营寨所设之处周围布满荒草，适逢狂风大作，于是皇甫嵩便让士兵全都手持成束苇草上城。另派一批勇士，偷偷地越过包围圈，放火烧草并高声呐喊。与此同时，城上的军士也一齐点燃火把，与之呼应。此时，皇甫嵩率军从城中擂鼓呐喊而出，直捣敌阵。黄巾军大惊，四散奔逃。

这时，恰好骑都尉、沛国人曹操率兵赶到。五月，皇甫嵩、曹操与朱俊会师，几人合力再次出战，大败黄巾军，斩杀数万人。灵帝因此封皇甫嵩为都乡侯。这位曹操便是后来的"乱世奸雄"，只是这时的他还年轻，是十常侍之一的宦官曹腾养子曹嵩的儿子。

颍川胜利后，皇甫嵩、朱俊乘胜进攻在汝南郡和陈国的黄巾军，在阳翟追上了黄巾军将领波才，将其击败，在西华又击败了黄巾军的另一将领彭脱。黄巾军的剩余部众或降或散，三郡的叛乱被全部平定。皇甫嵩上书报告作战情况，将功劳归于朱俊。朝廷擢升朱俊为镇贼中郎将，封西乡侯。灵帝下诏，命皇甫嵩继续讨伐东郡的黄巾军，而朱俊则去南阳郡作战。

另一路北中郎将卢植率军连续击败张角，斩杀和俘虏黄巾军一万余人，张角等退保广宗县城。卢植率军将广宗城包围，修筑长墙，挖掘壕沟，制造工程器具，马上就要攻下广宗城。就在此时，灵帝派小黄门左丰到卢植军中视察。有人劝卢植贿赂左丰，卢植不肯。左丰怀恨在心，回到洛阳对灵帝说："据守广宗的贼寇很容易攻破，然而卢植只是让军队躲在营垒里休息，等待上天诛杀张角。"灵帝闻听大怒，派人用囚车将卢植押解回洛阳，下狱问罪。同时，派东中郎将、陇西人董卓代替卢植前去进攻黄巾军。

夏季以来，几路讨伐黄巾的军队中，只有皇甫嵩这一路比较顺利。八月，皇甫嵩与黄巾军在苍亭大战，俘虏黄巾军将领卜巳。此时董卓进攻张角但未能取胜，受到灵帝处分。灵帝下诏，命皇甫嵩代替董卓，率军征讨张角。皇甫嵩为将，比较能体恤士兵，每次行军休息时，总是等到全军扎营完毕，他才去休息，士兵全吃上饭，他才去吃，所以很受士兵爱戴。

冬十月，皇甫嵩与张角的弟弟张梁在广宗县交战，张梁作为"人公将军"，他率领的黄巾军都是精锐，骁勇善战，皇甫嵩首战未能取胜。第二天，皇甫嵩关闭营门，让士兵休息，来观察敌军的变化。看到黄巾军情绪逐渐松懈，便趁夜点兵，在清晨鸡鸣之时，杀向敌军阵地。从早晨交战至傍晚，黄巾军渐渐不敌，最终大败亏输，乱军中张梁及黄巾军3万多人被杀，约5万人被逼落河中淹死。

打胜之后，汉军才知道张角在此前已经病故，于是汉军把他的棺材剖开，乱刀碎尸，张角的头颅被送到洛阳。十一月，皇甫嵩又在下曲斩杀了"地公将军"张宝，黄巾军被杀、被俘的共10多万人。灵帝闻讯大喜，立即任命皇甫嵩为左车骑将军，兼冀州牧，并封为槐里侯。

但朱俊这一路刚开始并不顺利。在此之前，张曼成曾经在宛城之下屯兵100多天，六月时，宛城中的南阳太守秦颉率军反击，斩杀了张曼成。结果黄巾军在张曼成被杀后，又拥立赵弘为统帅，人数再度扩大，竟达到 10 余万人，并攻占了宛城。

朱俊率军与荆州刺史徐璆等人合兵将宛城包围，从六月攻到八月，也没能攻克。有人向灵帝提出将朱俊调回。司空张温上书认为朝廷应该用人不疑，而且临阵换将是兵家大忌，应该再给朱俊一些时间。灵帝这才打消换帅的念头。不久后，朱俊发动进攻，将赵弘斩杀。

可没过多久，黄巾将领韩忠再次占据宛城对抗朱俊。朱俊这次让士兵们敲击军鼓进攻宛城西南角，黄巾军全都赶赴该处抵御。朱俊却亲率精兵袭击宛城的东北角，登上城墙，韩忠则退守内城，惊慌失措，要求投降。诸将都愿意接受，但朱俊认为此时受降，是放纵敌人的做法，对那些遵纪守法的百姓也不公平。于是对韩忠发动猛攻，但未能攻克。朱俊登上土山，观察黄巾军的情况，认为敌军是困兽之斗，应该打开包围圈，集中兵力攻城。果然，包围解除以后，城内守军无心再战，准备出城逃命，结果被朱俊乘势攻击，斩杀万余人。

黄巾军败逃之际，南阳太守秦颉杀死韩忠，剩下的黄巾军又推举孙夏为统帅，再次占领宛城。朱俊再次发起猛攻，他手下的司马孙坚率领部下首先登上城墙，旋即攻下宛城。孙夏逃走，朱俊追至西鄂县的精山，再次击败敌人，此时黄巾军已溃不成军。其他州、郡也接连诛杀黄巾余众，每郡都有数千人。

其中，豫州刺史王允击败黄巾军后，从收缴物品中查出宦官首领张让门下的宾客与黄巾军往来联系的书信，便将这些信件上报朝廷。灵帝知道后大发雷霆，斥责张让。张让叩头请罪，灵帝竟也就没有再追究。于是张让怀恨在心，找机会就诬告王允，将其下狱。后来是大将军何进与杨赐、袁隗一起上书营救，王允才得以免死。

而平定黄巾之乱最大的功臣皇甫嵩却没有得到应有的封赏，反而是有通敌嫌疑的宦官张让等 10 余人连皇宫都没有出过，却因讨伐张角有功被封侯。皇甫嵩征讨张角时，途经邺城，看到中常侍赵忠建造的住宅超过法定的规格，就上奏朝廷建议将赵忠的宅第予以没收。此外，中常侍张让曾私下向皇甫嵩索取 5000 万钱的贿赂，被皇甫嵩拒绝。于是这二人联名上奏皇甫嵩久战不胜，没有战功，白白消耗国家钱粮。于是灵帝便将皇甫嵩召回洛阳，收回他左车骑将军的印绶，并削减其封邑 6000 户。

二、荒淫灵帝

虽然勉强平定了黄巾之乱，但东汉王朝此时已是风雨飘摇。

在西北，持续多年的羌乱导致雍州、并州等地十室九空，自和熹邓太后平定羌乱以来，大规模的羌人起义又爆发了两次，朝廷为了平息叛乱，花费数百亿钱，完全掏空了府库。

在西南，从光武帝平定公孙述以来，西南地区的叛乱虽然规模不大，但层出不穷，张陵的孙子张鲁自称天师，在这一地区广泛传播"五斗米道"，世人称之为"米贼"，在蜀地、汉中有非常广泛的群众基础，后来张鲁也在乱世中割据汉中数十年之久。

在东北，自从北匈奴被灭以来，南匈奴在北方蠢蠢欲动，同时东北的乌桓、鲜卑等民族的袭扰更加频繁，他们侵略州府，杀死地方官，军队动辄数万人，战斗力十分强悍，东汉的将军们只能疲于应付，根本没有实力征服他们。

而在中原大地上，只要有人能和宦官扯上点儿关系，便可以横行乡里，鱼肉百姓，再加上天灾频发，朝廷的救济又不及时，导致各地盗贼肆虐，地方官吏动辄被杀，即使镇压，也往往是摁倒葫芦起了瓢。

灵帝建宁二年（169）夏四月，在大殿的龙椅中发现了一条青蛇。第二天，京城就刮大风，降冰雹，拔起大树100余棵。灵帝下诏让公卿上书讨论是何原因导致天气异常，于是大司农张奂上书说天象异常是因为窦武、陈蕃是忠臣却被处死，对皇太后的恩遇也不周到，所以上天降下责罚。灵帝虽然认为很有道理，但询问中常侍后发现，宦官们都很反感这番话。而此时的朝廷，宦官们的政治影响力越来越大，有许多事皇帝甚至也没法自主决定。

而许多宵小之徒更是上演了狐假虎威、空手套白狼的一幕。中常侍张让府中有一位负责掌管家务的奴仆，威权显赫。凉州人孟佗家资富足，倾尽所有与这位奴仆结交，对其他的家奴也都一样巴结奉承，毫不吝啬。因此，家奴们对他大为感激，问他想要什么。孟佗回答说："我只希望你们向我一拜就足够了。"家奴们一听，满口答应。当时，每天前往求见张让的宾客很多，门口"堵车"常有几百甚至上千辆之多。有一天，孟佗也前往晋见，故意晚些到，排在后面。此时那位奴仆总管率领府中奴仆前来迎接，就在路旁大礼参拜，引导孟佗的车辆驶进大门。宾客们见此情景，全都大吃一惊，认为孟佗和张让的关系非同寻常，便争相送给孟佗各种珍贵的礼品。孟佗将这些馈赠的物品又分送给张让，张让大为欢喜。因此，孟佗被任命为凉州刺史。

而宦官能如此胡作非为，全是因为汉灵帝的纵容。熹平元年（172），有人在朱雀门上书写："天下大乱，曹节、王甫幽禁谋害太后，公卿尸位素餐，没有进谏忠言之人。"灵帝下诏，命司隶校尉刘猛负责追查搜捕查办此事，每10天作一次汇报。刘猛认为这写的与实际相符，因此消极怠工，不肯加紧搜捕。过了一月有余，仍然没有搜捕到相关人犯。刘猛被贬为谏议大夫，灵帝又命御史中丞段颎接替刘猛。派人四处追查，包括在太学游学的学生在内，因此事被逮捕和关押的有1000余人。曹节等人又指使段颎找借口弹劾刘猛，最终刘猛被罚去左校营服苦役。

随着年纪渐长，汉灵帝逐渐开始喜欢上文学创作，亲自撰写《皇羲篇》

50 章，还遴选太学中能创作辞赋的学生，集中到鸿都门下，以便随时召见。后来，善于起草诏书和擅长书写鸟篆的人，也都加以征召引见，达到数十人之多。侍中祭酒乐松、贾护投其所好，又引荐了许多没有品行、趋炎附势之徒，夹杂其中。每当灵帝召见时，这些人就说一些民间街头巷尾的闲言碎语给皇上听，灵帝非常高兴，往往对他们越级提拔。

除了文学，汉灵帝最喜欢的事情就是攒钱，不是为国家攒，而是自己攒私房钱，为此，在光和元年（178），朝廷开设"西邸"，公开卖官鬻爵，按照官位高低收钱不等。中国古代很多朝代都有卖官的行为，但很少有像灵帝这样出卖"实缺"的卖法。俸禄等级为 2000 石的官卖钱 2000 万，400 石的官卖钱 400 万，这个钱正常晋升的官职也需要交，只是减半，如果有德行出众者，则至少要出三分之一的钱。凡是卖官所得的钱，在西园另外设立一个钱库贮藏起来。

后来，廷尉崔烈通过汉灵帝的保姆程夫人，想买司徒一职，由于是熟人介绍，崔烈又是九卿之一，平时名声很好，因此只花费 500 万钱就当上了司徒。拜官之日，灵帝亲自参加百官聚会，看着司徒崔烈春风得意，灵帝回头对身边的宦官说："后悔没坚持一下，这司徒本来可以卖到 1000 万钱的。"结果程夫人在旁回答："崔公可是冀州名士！起初哪肯买官，还不是亏老奴牵线，陛下怎么反而不知道我的好心呢！"从此，崔烈的名望也日渐衰退。

灵帝还根据每县的大小、贫富等好坏情况，将县令等官职售以不同价格。有钱的富人先交现钱买官，贫困的人到任以后照原定价格加倍偿还。灵帝还私下命令左右的人出卖三公、九卿等朝廷大臣的官职，崔烈担任的司徒位列三公，原价就是 1000 万钱，诸卿卖 500 万钱。灵帝收得盆满钵满，这些钱都进了他的私库，他还经常跟周围人感叹桓帝不懂得经营，连一点儿私钱都没有。

灵帝可谓"生财有道"，每次各郡、国向朝廷进贡，都要先精选出一部分珍品，送交管理皇帝私人财物的中署，叫"导行费"。中常侍吕强上书规劝说，普天之下的财富，无不生于阴阳，都归陛下所有，何必有公私之分？但灵帝置若罔闻，依旧故我。

光和四年（181），灵帝在后宫修建了许多商业店铺，让宫女们行商贩卖，导致后宫中相互盗窃和争斗的事情屡有发生。灵帝自己也穿上商人的服装，与行商的宫女们一起饮酒作乐。同时，灵帝喜欢在西园玩狗，狗的头上戴着文官的帽子，身上披着绶带。灵帝手执缰绳，亲自驾驶着四头驴拉的车子，在园内来回奔驰。京城的人竞相仿效，一时间"洛阳驴贵"，售价几乎与马价相等。

自黄巾军起事以后，灵帝开始留心军事。因为其信任宦官，小黄门蹇硕便在这种情况下脱颖而出，据说他身体健壮，又通晓军事，灵帝很信任他，甚至连大将军何进也要听从他的指挥。

中平五年（188）八月，灵帝下诏设置西园八校尉。任命小黄门蹇硕为上军校尉，虎贲中郎将袁绍担任中军校尉，屯骑校尉鲍鸿担任下军校尉，议郎曹操担任典军校尉，赵融担任助军左校尉，冯芳担任助军右校尉，谏议大夫夏牟担任左校尉，淳于琼担任右校尉，都由蹇硕统一指挥。

蹇硕非常厌恶大将军何进，就与诸常侍合作，准备采取调虎离山之计，共同劝说灵帝派何进西征韩遂，灵帝同意。何进暗中获悉他们的阴谋后，便上奏请求派袁绍到徐州和兖州去募集军队，等到袁绍回来后，大军再出发去征讨韩遂，这明显是一条缓兵之计，没想到灵帝也同意了。

中平六年（189）四月十一日，汉灵帝在南宫嘉德殿驾崩。汉灵帝曾经有过多个皇子，但好几个都夭折了。所以何皇后为他生皇子刘辩时，不敢留在宫中，而是送到宫外一位叫史子眇的道人那里抚养，因此被称作"史侯"。后来王美人生了皇子刘协，由灵帝生母董太后亲自抚养，因此被称为"董侯"。汉灵帝更喜欢小儿子刘协，曾想废长立幼，但以何进为首的外戚势力很强，汉灵帝之所以设置西苑八校尉，其实就是为了分割何进的军权。在灵帝病重之时，他更是托孤于小黄门蹇硕，让其扶立刘协为帝。

汉灵帝驾崩后，蹇硕计划诛杀何进，立刘协为帝。蹇硕以议事为名，召何进入宫，何进也没多想，即刻乘车前往。蹇硕手下的司马潘隐与何进早就有交情，在迎接何进时用眼神示意他。何进大惊，马上驾车抄近路跑回自己控制的军营，称病不再进宫。

四月十三日，皇子刘辩登基，年 14 岁，史称汉少帝。登基后少帝便尊何皇后为皇太后，临朝称制，改年号为光熹。少帝下诏封刘协为渤海王，并擢升后将军袁隗为太傅，参录尚书事，让他和大将军何进共同管理宫廷机要。

这时，宦官与外戚的矛盾已经公开化，一场惊天的巨变即将在这座见证东汉 100 多年历史的洛阳城中发生。

三、玉石俱焚

少帝登基之后，何进独揽大权，对蹇硕想杀自己这件事非常愤怒，正想报复。袁绍劝说何进不如趁此机会将所有宦官一网打尽。

这位袁绍可不是一般人，他出自汝南袁氏一族，汝南袁氏是东汉末年最为显赫的家族之一，袁家的高祖袁安曾做过司徒，袁安的儿子袁敞曾任司空，袁安的孙子袁汤做过太尉，袁汤的儿子袁逢也曾担任司空，而袁汤的幼子袁隗此时在朝中担任太傅，袁家可谓"四世三公"。袁绍则是汝南袁氏的第五代"掌门人"，他和弟弟五官中郎将袁术在当时也是广有才名，受到天下英雄豪杰的称赞。

何进因为袁家家世显赫，很看重袁绍，于是便接受了袁绍的建议。他征召何颙、荀攸及郑泰等20余位贤者入朝。任命何颙为北军中候，荀攸为黄门侍郎，郑泰为尚书，何进与他们推心置腹，这些人也都对宦官集团恨之入骨。

那日何进出宫逃走，蹇硕也知道放虎归山，大祸临头，便写信给中常侍赵忠、宋典等人说："大将军何进兄弟控制朝政，独断专行，如今与天下党人密谋，要诛杀先帝的左右亲信，并消灭我们，现在只是因为我统率禁军，所以他才迟迟没有动手，我们应该联手，关闭宫门，尽快将何进逮捕处死。"中常侍郭胜与何进是同乡，何太后与何进能有今天，他也帮了大忙，因此他当然更偏向何进一方，于是郭胜与赵忠等人商议后，拒绝了蹇硕的提议，并将蹇硕的信拿给何进看。四月二十五日，何进便令黄门令逮捕蹇硕，将其处死，同时将禁军的指挥权收到了自己手上。

解决了蹇硕以后，何进的下一个目标则是和自己同为外戚的骠骑将军董重。董太后是灵帝的生母，在灵帝执政时就干预朝政，灵帝去世以后，董太后便成了董太皇太后，她是宦官们的保护伞，多次与何太后正面冲突，仗着自己是长辈，董太皇太后曾私下骂道："你现在气焰嚣张，不就仗着你哥哥吗？我命骠骑将军董重砍下何进的头颅，还不是易如反掌？"董太皇太后的自信不知从何而来，何进此时官居大将军，又是朝中领袖，何太后是少帝生母，无论从势力上还是道理上，董氏外戚都不具备与何氏外戚较量的条件。

果然，何太后听说后，将此事告知何进，五月，何进便与三公一同上奏说："董太皇太后派前中常侍夏恽等人与州、郡官府相互勾结，搜刮财物，都存在她所住的永乐宫。按汉家旧典，藩国的王后不能留住京城，请将其迁回本国。"何太后下诏批准。

五月初六，何进便率军包围了骠骑将军府，逮捕董重，并罢免其职务，董重自杀。董太皇太后又惊又怕，一个月之后，在六月初七这一天，董太皇太后便突然暴毙。虽然解决了董氏外戚，但何进一家也失去了人心。

　　这时，袁绍又向何进建议说："过去窦武想诛灭宦官，却反被其所杀，只是因为走漏消息。北军五校的士兵一向畏惧宦官的权势，而窦武却要用他们，所以自取灭亡。如今将军兄弟统领禁军，部下用命，一切尽在掌握，此乃天赐良机。将军应该一举为天下扫除大害，垂名后世，机不可失！"

　　何进和窦武不一样，窦武当年谋划诛灭宦官，可以说是为了朝廷，而何进更多的是在意自己的权柄。不过两人在具体执行时的优柔寡断倒是差不多，何进听了袁绍的建议之后，就向自己的妹妹何太后建议，请求撤换中常侍及以下的宦官，并委派三署（汉代五官署、左署、右署合称三署）郎官代替。何太后不同意，说："从古至今，都是宦官负责内宫事务，这是汉家传统，不能废除。何况先帝刚刚驾崩，我怎能衣冠楚楚地与士人相对共事呢？"何进难以违背太后，便打算暂且诛杀几个最为跋扈的宦官。

　　不过何氏外戚的意见也并不一致，何太后的母亲舞阳君和弟弟何苗多次收受宦官们的贿赂。这几人知道何进要诛杀宦官，就屡次向何太后进言阻止，他们说："大将军擅自杀害左右近侍，独断专行，必将削弱国家。"于是何太后心中疑虑，认为他们的话也不无道理。而何进新近掌权，他对宦官也是投鼠忌器。何进虽然渴望除去宦官，得天下美名，却又无法当机立断，就这样，事情便又拖了下来。

　　这时，袁绍又建议何进征召四方豪杰进京，这时的东汉地方上有许多军队，大多是为了防备羌人与匈奴人，袁绍建议让他们各自率军向京城洛阳进发，以此来威胁何太后，何进同意了这一计划——后面的事实证明，这是一个彻头彻尾的馊主意。

　　其实当时就有人对这个主意提出异议，主簿陈琳就曾劝阻何进说："俗话说'闭起眼睛抓麻雀'。微小之事尚且不能靠欺诈的手段，何况国家大事呢？如今将军总揽朝政，手握重兵，用这样的方法对付宦官，好比用炉火去烧毛发。只要您速发雷霆之兵，当机立断，对宦官动手，则上应天意，下顺民心，很容易达到目的。如果您不动用手中权力，却要征召外将入京，等到天下大军云集，强者必将称雄，这就犹如倒着持握武器，而将手柄交给别人，大功必定难成，只是为动乱铺就阶梯而已。"陈琳的分析很实在，这些驻外将领多年领兵在外，其部曲只知有将领，不知有皇命，本来就难以管束，而各地的边将还谁也不服谁，都聚到一起难免互相争斗，即使何进可以镇住他们，却也难免增加动乱的风险。

而典军校尉曹操听说这件事后，哑然失笑地说："在宫中侍奉的宦官，古今皆有，要惩治他们，只须除去首恶，一个狱吏就足够了，何必让各地豪杰入京！如果想将宦官一网打尽，事情必然败露，到时我就要见证这件事的失败了。"虽然很多人反对，但何进还是准备召董卓率军入京。

听说何进寻找的入京之人竟是董卓，侍御史郑泰劝谏说："董卓为人残忍，不讲仁义，又贪得无厌。假如朝廷想要依靠他，授以大权，他必将依仗权势为所欲为，危害朝廷。您作为皇亲贵戚，手握大权，本可依照大义自行裁断，去惩治那些有罪之人，实在不应该依靠董卓为外援。而且此时拖这么久，迟则生变，之前窦武的教训就在眼前，还请您速速决断！"尚书卢植也认为不应该征召董卓，但何进一概不接受。郑泰于是辞职离去，临走时对荀攸说："何进实在不是易于辅佐之人。"

董卓字仲颖，是陇西临洮人，性情粗暴刚猛，却很有谋略。年轻时，董卓曾在羌人的地盘游历，尽力和羌人首领们结交，等到董卓在家务农时，有羌人首领来投奔他，董卓把耕牛杀了，设宴款待他们。头领们都很感激他的情义，回去后各自给董卓送来了牲畜千余头。此后，董卓声名鹊起，被任用为州里的兵马掾，负责守备巡逻。董卓体力过人，战时能左右开弓射箭，当地的羌人和胡人都很害怕他。桓帝末年，董卓在中郎将张奂手下做军司马，一起去攻打汉阳地区叛逆的羌人，并将其击败，因此获封郎中，被赏赐绢9000匹。董卓对手下说："记功的是我自己，立功的则是将士们。"于是将赏赐悉数分给将士们，后来董卓逐步升任为并州刺史、河东郡太守。

从汉灵帝中平元年（184）一直到中平六年（189），董卓一直在西北与羌人作战。此时的东汉朝廷已经腐朽不堪，全国各地变乱不断，因此边疆的将领只要战绩过得去，能稳住局面，大多都会得到提拔。中平六年（189），汉灵帝曾征召董卓为少府，但董卓不肯就任，并上书说："臣的军队中，有来自湟中的士兵和羌人、胡人，都对臣说：'朝廷不发粮食，也不发薪俸赏赐，我们的妻子儿女饥寒交迫！'这些人拖住臣的车辆，使臣无法成行。羌胡之人，心肠险恶，很难驾驭，臣只好暂时在此停留，安抚众人，以后情势如何，臣将随时奏报。"当时的朝廷对这种情况毫无办法，只能默认。

灵帝后来病重时，下诏擢升董卓为并州牧，并命他将自己的军队交给皇甫嵩。董卓不肯放弃军权，再次上书说："臣承蒙陛下信任，掌兵十年。全军上下，感情深厚，他们眷恋臣的恩情，愿为臣效死。请求陛下允许我将这支军队带到并州，为国家戍守边疆。"皇甫嵩的侄子皇甫郦向皇甫嵩建议直接攻灭董卓的军队，但皇甫嵩只是上书奏明了这件事。于是灵帝下诏责备董卓，但董卓仍不肯服从，他率军驻扎河东郡，想观察时局的变化，伺机而动。

此刻董卓接到何进召他进京的命令，顿时觉得机会来了，马上带兵出发，同时上书说："中常侍张让等人，利用先帝宠幸之机，扰乱天下。臣曾听说扬汤止沸，不如釜底抽薪；烂疮虽痛，胜过内脏被蚀。从前赵鞅兴晋阳之兵，以清君侧，现在臣鸣响钟鼓到洛阳来，请求清除奸凶，逮捕张让等人！"

这时何进的弟弟何苗对何进说："我们当初一同从南阳来，出身贫贱，都是靠依附宦官，才有今日富贵。国家大事，又谈何容易？事情一旦做了，便覆水难收，还是应该多加考虑，与宦官们和解才是上策。"此刻的何进可谓进退两难，董卓一行已到达渑池，他才有点儿回过味儿来。于是派谏议大夫种邵拿着皇帝诏书去阻止董卓进京。但董卓拒不接受诏命，一直进军到河南。种邵在河南迎接慰劳他的军队，并劝他退军。董卓此时疑心洛阳有变，就命部下持刀威胁种邵。种邵大怒，以皇帝之名斥责众人，士兵们都害怕地散开。于是种邵上前当面责问董卓，董卓被问得没词儿了，只好率军撤到夕阳亭，驻扎下来。

袁绍见何进不让董卓入京，怕事情有变，再次用窦武的旧事劝说何进，何进于是任命袁绍为司隶校尉。袁绍命属下去侦察宦官动静，又派人催促董卓，让他们派人上奏，在奏章上声称要进军到平乐观。于是何太后大为恐惧，把中常侍、小黄门等宦官都罢免回家，只留下一些何进的亲信在宫中服侍。

何进等人密谋了这么长时间，消息很难不泄露，宦官等人此时也非常恐惧，想改变局面。张让的儿媳是何太后的妹妹，张让向她磕头，并请求她说："我现在犯下罪责，理应全家回到家乡。想到我家几代蒙受皇恩，如今要远离皇宫，心中恋恋不舍。我愿再入宫侍候一次，得以拜见太后，然后再退回家乡便死而无憾了！"这位儿媳向母亲舞阳君说情，舞阳君又入宫向何太后说情。于是何太后下诏，又让诸位常侍全都重新入宫服侍。

八月二十五日，何进进宫与妹妹何太后商量，请求诛杀十常侍。中常侍张让、段珪等人商议说："大将军何进自称有病，不参加先帝丧礼，不到皇陵去送葬，如今却突然入宫，他有何意图？难道窦武之事竟要重演吗？"宦官们派人去偷听，获知全部谈话内容。于是张让、段珪率领自己的党羽数十人，手持武器，偷偷从侧门进入，埋伏在殿门外，等何进出来，再假传太后的旨意召他入宫。何进刚到，张让等人就责问何进说："天下大乱，也不只是我们宦官的罪过。先帝曾经对太后发火，几近废后，我们流泪解救，每人都献出财产礼物，才让先帝消气。我们这么做，不过是要托身于何氏门下罢了，如今你竟想把我们都杀死灭族，这不是太过分了吗！"说罢，尚方监渠穆拔出剑来，在喜德殿前杀死何进。

事后，张让、段珪等写下诏书，命前太尉樊陵为司隶校尉，少府许相为河南尹。传旨的尚书见到诏书，觉得可疑，说："请大将军何进出来共同商议。"这时，一个中黄门将何进的人头扔给尚书，说："何进谋反，已被处决了！"

何进的部下吴匡、张璋在皇宫外，听到何进被杀害，打算率军入宫，但宫门已关闭。于是虎贲中郎将袁术与吴匡等共同进攻皇宫，用刀劈砍宫门，中黄门等则手持武器，死守宫门。适逢黄昏，袁术干脆纵火焚烧南宫的青琐门，想以此威胁宫中交出张让等人。

这时，张让等人到后宫禀告何太后，说："大将军何进的部下谋反，纵火焚烧宫室，并进攻尚书门。"于是众宦官挟持着何太后、少帝刘辩、陈留王刘协以及宫内的其他官员从天桥阁道逃向北宫。此时，尚书卢植手持长戈站在阁道的窗下，仰头斥责段珪，段珪惊恐，何太后趁机从窗口跳出，才得以幸免。

此时袁绍与何苗等率兵驻扎在朱誉门下，捉住赵忠（宦官头领之一）等人，直接处斩。何进的部将一向怨恨何苗不与何进同心，而且怀疑他与宦官之间有勾结，此时便号令军中说："杀死大将军的人就是车骑将军何苗，将士们愿为大将军报仇吗？"何进的部下全都流着泪说："愿拼死为大将军报仇！"于是吴匡就率兵与董卓的弟弟奉车都尉董旻一起攻杀何苗，并将其尸体扔在宫苑里。

京城洛阳已然大乱，袁绍趁机关上北宫门，派兵捉拿宦官，不论老少，一律杀死，共2000余人毙命，有多人因为未长胡须而遭到误杀。袁绍乘势率军进攻，扫荡宫禁，有的士兵爬上端门的屋顶，向宫内进攻。

张让、段珪等人被困在宫中，无计可施，只好带着少帝、陈留王刘协等数十人步行出宫。夜里，到达了黄河边上位于孟津东北的渡口小平津。既没有携带玉玺，也没有公卿跟随，只有尚书卢植、河南中部掾闵贡连夜赶到黄河岸边护驾。闵贡厉声斥责张让等人："今不速死，吾将杀汝！"于是举剑格杀数名宦官，张让等人又惊又怕，拱手作揖，又向少帝叩头辞别说："臣等死后，请陛下自己保重！"于是众宦官纷纷投入黄河自尽。

这时，闵贡和卢植赶到，救下少帝与陈留王刘协，扶着二人，连夜向南走，想回到宫中。走了几里，众人得到了百姓家的一辆板车，于是大家一齐上车，到达洛阳的客舍休息。

二十八日，众人找到马匹，让少帝独自骑一匹，陈留王刘协和闵贡合骑一匹，从客舍向南走，这时才逐渐有公卿赶来。此时，董卓率军来到显阳苑，远远望见大火，董卓知道有变，于是统军急速前进。天还没亮，大军到达洛阳城西。这时，董卓听说少帝在北边，就与大臣们一齐到北芒阪下奉迎少帝。

少帝见董卓突然率大军前来，吓得大哭。大臣们对董卓说："皇帝下诏，要军队后撤。"董卓反驳道："你们这些人身为国家大臣，不能辅佐天子，致使皇帝在外流亡，为何要军队后撤？"说罢，董卓上前参见少帝，少帝此时吓得魂飞魄散，说起话来语无伦次。董卓又与陈留王刘协交谈，问起事变经过，年仅9岁的刘协一一作答，从始至终，毫无疏漏。董卓十分高兴，觉得刘协贤能，便产生了废立之心。

至此，困扰了东汉100多年的外戚与宦官的问题，终于以双方互相火并、玉石俱焚的结局宣告落幕。董卓进京之后的第一件事，便是废黜了少帝刘辩，另立陈留王刘协为帝，刘协便是历史上有名的"汉献帝"。

合久必分的三国时代，便在此之后，缓缓拉开了序幕。

参考文献

期刊：

［1］安森垚．王莽的穿越之旅［J］．北方人，2020（03）．

［2］吴晓波．王莽变法：第一个"社会主义者"的改革［J］．春秋，2020（01）．

专著：

［1］（东汉）班固．汉书［M］．北京：中华书局，2012．

［2］（南朝宋）范晔．后汉书［M］．北京：中华书局，2012．

［3］（东汉）刘珍等撰，吴树平校注．东观汉记［M］．北京：中华书局，2008．

［4］（北宋）司马光．资治通鉴［M］．北京：中华书局，2011．

［5］易中天．易中天中华史［M］．杭州：浙江文艺出版社，2016．

［6］葛剑雄．中国人口发展史［M］．福州：福建人民出版社，1991．

［7］彭信威．中国货币史［M］．上海：上海人民出版社，1965．

［8］张向荣．祥瑞：王莽和他的时代［M］．上海：上海人民出版社，2021．

［9］公孙策．黎民恨：汉朝衰亡录［M］．海口：海南出版社，2016．

［10］王保顶．汉代士人与政治［M］．南京：江苏人民出版社，2018．

［11］栾保群．中国古代的谣言与谶语［M］．南京：江苏凤凰文艺出版社，2018．

［12］张文木．气候变迁与中华国运［M］．北京：海洋出版社，2017．

［13］马长寿．氐与羌［M］．武汉：崇文书局，2022．

［14］卿希泰，唐大潮．道教史［M］．南京：江苏人民出版社，2006．

［15］辛德勇．发现燕然山铭［M］．北京：中华书局，2018．

［16］谭其骧．中国历史地图集［M］．北京：中国地图出版社，1996．

［17］［日］西嶋定生．秦汉帝国：中国古代帝国之兴亡［M］．顾姗姗，译．北京：社会科学文献出版社，2017．

［18］［日］鹤间和幸．始皇帝的遗产：秦汉帝国［M］．马彪，译．桂林：广西师范大学出版社，2014．

［19］［日］三田村泰助．宦官：侧近政治的构造［M］．吴昊阳，译．南京：江苏人民出版社，2021．